Kurt Scherer

Mit Streß leben

Der Weg zum inneren Gleichgewicht

Neuhausen-Stuttgart

CIP-Titelaufnahme der Deutschen Bibliothek

Scherer, Kurt:
Mit Stress leben: d. Weg zum inneren Gleichgewicht/Kurt Scherer. –
4. Aufl. – Neuhausen-Stuttgart: Hänssler, 1988
  (TELOS-Bücher; 408: Telos-Taschenbuch)
  ISBN 3-7751-0198-5
NE: GT

TELOS-Taschenbuch 408
Bestell-Nr. 70 408
1. Auflage 1976
2. Auflage 1978
3. Auflage 1985
4. Auflage 1988
© Copyright 1975 Hänssler-Verlag, Neuhausen-Stuttgart
Umschlaggestaltung: Daniel Dolmetsch
Satz: St.-Johannis-Druckerei C. Schweickhardt,
7630 Lahr-Dinglingen
Druck und buchbinderische Verarbeitung: Ebner Ulm

Inhaltsverzeichnis

Vorwort 7
Mit Streß leben 8
Kapitel 1 Bejahe dich selbst 12
Kapitel 2 Nimm dir Zeit und nicht das Leben 18
Kapitel 3 Alles mit der Ruhe 29
Kapitel 4 Wie ich den alten Tag beschließe – beginne ich den neuen 40
Kapitel 5 Verwende Liebe verschwenderisch 57
Kapitel 6 Grund der Freude – Grund zur Freude 82
Kapitel 7 Dankbarkeit vermehrt die Qualität des Lebens . 92
Kapitel 8 Bewältigte Anfechtungen 103
Kapitel 9 Überwindung der Todesangst 125
Kapitel 10 Schöpferische Ruhe 138
Kapitel 11 Vernunft und Glaube 144
Kapitel 12 Gefühl und Glaube 149
Kapitel 13 Glaube auf dem Prüfstand 155
Kapitel 14 In der Krisis 159
Kapitel 15 Schuldbewältigung 165
Kapitel 16 Fragen zur persönlichen Gewissensforschung .. 177
Hörerechos 182

Vorwort

Der Begriff »Streß« wurde 1936 von dem amerikanischen Forscher Seyle in die Medizin eingeführt und wurde Ende der fünfziger Jahre zu einem allgemein üblichen Namen, etwa in dem Sinne eines körperlich, geistig oder seelischen Zustandes der Überforderung.

Der Verfasser, vielen bekannt durch den Evangeliums-Rundfunk, legt uns hier ein seelsorgerliches Buch von besonderer Art vor. Das, was Kurt Scherer schreibt, hat er erlebt, erlitten. Dies macht den besonderen Wert dieser Schrift aus. Hier spricht ein Seelsorger, der die »Seelsorge an der eigenen Seele«, wie es Erich Schick gesagt hat, selbst erlebte. Scherer schreibt selbst: »Da ich weiß, daß unzählige Menschen mit ähnlichen Fragen und Nöten zu kämpfen haben, will ich von meinem Erleben und meinen Erfahrungen zeugnishaft berichten.«

Sein eigener Glaube war immer wieder »auf dem Prüfstand«. Und wenn der Verfasser von »Schuldbewältigung« schreibt, spürt man in jeder Zeile, hier geht es sicher nicht um die Schuld des andern. Scherer erlebte die Anfechtungen, daß »gegen ihn gefochten wurde« und darf deshalb auch schreiben: »Dulden heißt reifen!«

Tiefe Einblicke hat der Verfasser in die leib-seelischen Zusammenhänge. Sehr behutsam schreibt er über seine geistlichen Erkenntnisse, z. B. bei der Entstehung von Neurosen.

Kurt Scherer lebt mit der Bibel. So sieht er auch keinen Zufall in der Tatsache, daß sich an das Gleichnis vom »barmherzigen Samariter« die Erzählung von »Martha und Maria« anschließt. Aber er sieht gerade darin tiefe Zusammenhänge in der Streßbewältigung.

Immer wieder wird der geschriebene Text durch ein Gebet unterbrochen. So wird diese Schrift zu einer Hilfe für den heute in ständiger Überlastung geplagten Menschen. Ich möchte mich den Worten des Verfassers anschließen, wenn er schreibt: »Mein Wunsch ist, daß Sie beim Lesen dieser Zeilen gesegnet werden und sich Ihnen ein Weg zeigt zu einer frohen und befreiten Christus-Nachfolge.«

Oberursel/Ts., im Juni 1975   Th. Stöckle
Hohe Mark

Vorwort zur dritten Auflage

Gerne komme ich der Bitte des Verfassers nach, auch ein Vorwort zur dritten Auflage zu schreiben.

Das Buch wurde vor fast zehn Jahren geschrieben. Mancher wird versucht sein, heute schon von dieser Zeit als von einer »guten alten Zeit« zu sprechen, erleben wir es doch am eigenen Leibe: Die Hetze des Alltags ist noch schlimmer geworden, die Termine jagen sich noch mehr, der Streß wurde noch größer.

Alle Gründe hierfür aufzuzählen, ist nicht möglich; doch eine Ursache möchte ich nennen, die in unseren Zeitanalysen nicht genannt wird: Die rasant zunehmende Gottlosigkeit.

Die Friede-losigkeit unserer Zeit (über hundert Kriege wurden seit dem Waffenstillstand von 1945 gezählt) steht in einer inneren Beziehung zur Gott-losigkeit. Streßbewältigung hat etwas mit Friede zu tun, Friede, »den die Welt nicht gibt«, der eben »höher ist als alle Vernunft« (Phil. 4,7).

Darum geht es letztlich Kurt Scherer in seinem Buch, und darum wünsche ich diesem Buch eine große Verbreitung, daß viele Menschen etwas davon erfahren möchten: Wenn wir auch im Streß leben müssen, wir in der Vergebung unserer Schuld leben dürfen.

Bettingen/BS (Schweiz), im Oktober 1984

Dr. Theophil Stöckle

Der Herr gibt mir das Arbeitstempo an.
Ich brauche nicht zu hetzen.
Er verschafft mir immer wieder einige ruhige Minuten,
eine Atempause,
wo ich zu mir kommen kann.
Er stellt mir beruhigende Bilder vor die Seele,
die mir wieder und wieder zur Gelassenheit verhelfen.
Oft läßt er mir die Dinge ganz mühelos und unversehens gelingen,
und ich kann erstaunlich getrost sein.
Ich merke: Wenn man sich diesem Herrn anvertraut,
bleibt das Herz ganz ruhig.
Obwohl ich eine Überfülle an täglichen Verpflichtungen habe,
so brauche ich doch nicht nervös dabei zu werden.
Seine stille Gegenwart befreit mich von aller Nervosität.
Weil er über aller Zeit und über allen Dingen steht,
verliert alles andere an Gewicht.
Oft – mitten im Gedränge – gibt er ein ermutigendes Erlebnis.
Das ist, als ob einer mir eine Erfrischung darreicht.
Freude erfüllt das Herz, und eine tiefe Geborgenheit
umfängt einen.
Ich spüre, wie mir daraus eine Tatkraft förmlich zuströmt,
und es ist mir klar geworden, daß,
wenn ich so mein Tagwerk ansehe,
eine große Ausgeglichenheit erwächst,
und Gelingen mir gegeben wird.
Darüber hinaus macht es einfach froh zu wissen,
daß ich meinem Herrn auf der Spur bin,
und daß ich allezeit bei ihm daheim sein darf.

(Psalm 23 nach Toki Hiyesnewi)

Die folgenden Überlegungen sind bei mir im Zeitraum der letzten dreieinhalb Jahre herangereift. Ein Herzinfarkt nötigte mich, meine Lebensweise neu zu überdenken und auch neu zu ordnen. Geholfen bei dieser Neuordnung meiner Lebenskonzeption haben mir Lebensführungen, in die ich hineingenommen wurde, auch Begegnungen mit Menschen, die fest im Glauben an Jesus Christus gewurzelt sind und das Lesen bestimmter Literatur. Es hat sich durch das Verarbeiten dieser Dinge bei mir eine neue Denkweise herausgebildet, eine Denkweise, die im Ansatz schon vorhanden war und gewiß auch bei vielen von Ihnen vorhanden ist, die aber nie aus dem Ansatz herausgekommen ist ins tatsächliche Bewußtsein. Es ist eine Denkweise, die sich so formulieren läßt: Geist, Leib und Seele sind unbedingt darauf angewiesen, eine Harmonie zu bilden. Die physische Gesundheit ist ganz stark verbunden mit unserem Gemütsleben. Und unser Gemütsleben ist ganz stark abhängig von unserer Gedankenwelt, von negativen und positiven Gedanken, die wir im Unbewußten wie im Bewußtsein bewegen und auch verarbeiten müssen. Nicht selten hat das eine ungesunde Streßsituation zur Folge.

Es ist meine Überzeugung, daß mehr als viele ahnen davon in Mitleidenschaft gezogen sind. Unter Streßsituation ist nicht nur – wie man das allgemein versteht – eine berufliche Überforderung zu sehen. Amerikanische Psychiater stellten eine Streßtabelle auf, die sehr aufschlußreich ist (WNZ vom 9. 1. 1973). Die größte Gefahr besteht demnach im Tod des Ehepartners mit 100 Streßpunkten, gefolgt von der Scheidung mit 73 Streßeinheiten, einer ehelichen Trennung mit 65, einer Gefängnisstrafe oder dem Tod eines nahen Familienangehörigen mit jeweils 63 Streßeinheiten. Eine eigene Verletzung oder Krankheit schlägt mit 53, eine Eheschließung mit 50, Verlust des Arbeitsplatzes mit 46, eine Versöhnung der Ehepartner, eine Pensionierung mit jeweils 45 und eine Schwangerschaft mit 40 Streßeinheiten zu Buche. Die amerikanischen Wissenschaftler glauben, daß ein Mensch nicht mehr als 200 »Lebensveränderungseinheiten« gleichzeitig ertragen kann.

Grundsätzlich ist Streß eine positive Lebenshaltung. Streß ist die Vorbereitung auf Situationen, in denen wir gefordert werden. Erst wenn die den Organismus fordernden Situationen anhalten, sich gleichsam aufeinandertürmen, ohne dem Körper Zeit zu lassen, sich anzupassen, können Erschöpfung und Zusammenbruch sich einstellen.

Zum Berechnen des persönlichen Streßindex einige andere Beispiele aus der Streßtabelle: Sexuelle Schwierigkeiten und Neuanfang im Berufsleben jeweils 39 Punkte, Kinder verlassen das Elternhaus oder Ärger mit der angeheirateten Verwandtschaft jeweils 29 Punkte, persönliche Hochleistung 28 Einheiten, Änderung persönlicher Angewohnheiten 24, Ärger mit dem Chef 23, Wohnungswechsel 20, Urlaubsverkehr 11 Streßeinheiten.

Auf die Frage, wie man dem Streß beikommen kann, haben die Mediziner meist nur eine Antwort: durch entsprechende Anpassung und mögliche Ausschaltung von vielen Streßfaktoren.

Wichtig ist also immer das richtige Streßmaß. Doch das ist nur eine Seite des Problems, mit dem wir alle irgendwie zu tun haben.

Die zweite und nicht geringere liegt auf der Ebene des Glaubens. Im Vertrauen zu Gott, der nicht nur der Schöpfer, sondern auch der Erhalter unseres Lebens ist, liegt die ganz reale Möglichkeit einer fortwährenden Erneuerung der Kräfte, die Jesus uns zugesagt hat. Jesus sagt von sich: »Ich bin gekommen, daß sie das Leben und volle Genüge« – manche Übertragungen sagen Leben in Überfluß – »haben sollen« (Joh. 10, 11).

Noch andere Bibelstellen bringen eindeutig zum Ausdruck, daß wir durch die Gemeinschaft mit Jesus Anteil haben am Leben Gottes. So lesen wir z. B., Jesus spricht: »Die Worte, die ich rede, sind Geist und Leben« (Joh. 6, 63).

»Ich bin es, der Auferstehung und Leben bringt. Wer mir vertraut, wird leben, auch wenn er stirbt. Und wer lebt und sich auf mich verläßt, wird niemals sterben« (Joh. 11, 25–26).

Es geht darum, daß wir uns diese Aussagen Jesu in unserem Denken als Fakten, als Tatsachen bewußt machen. Wir vergessen viel zu oft, daß es positive, vertrauende Kräfte gibt, durch die wir die negativen Einflüsse kontrollieren, beeinflussen und überwinden können.

Lebensprobleme, Sorgen, Schwierigkeiten verschiedener Art sind da, um überwunden zu werden, nicht, um sich von ihnen fertigmachen zu lassen. Deswegen dürfen wir es nicht zulassen, daß diese negativen Kräfte unser Leben beherrschen, sondern wir müssen uns weigern, diese Herrschaft über unser Leben anzuerkennen. Die Herrschaft über unser Leben hat ein anderer. Den Anspruch hat Jesus Christus. In der Lebensgemeinschaft mit ihm liegt die Basis zu einem glücklichen, ausgeglichenen und sinnvollen Leben.

Es kommt also entscheidend darauf an, daß ich nicht nur bekenne: Ja, Jesus ist der Herr, sondern daß ich mit einem dankbar frohen Herzen bekenne: Jesus ist *mein* Herr; daß eine direkte, persönliche Verbindung, eine Beziehung zu ihm da ist. Daß ich sagen kann: »Gott aber sei Dank, der uns den Sieg gegeben hat durch unseren Herrn Jesus Christus!« (1. Kor. 15, 57). Denn: »Ist jemand in Jesus Christus, dann ist er eine neue Kreatur. Das Alte ist vergangen, siehe, ein Neues ist geworden!« (2. Kor. 5, 17). Das sind Fakten. Das sind Tatsachen, die wir in unser Denken hineinnehmen müssen. »Wer zu Christus gehört, ist ein neuer Mensch geworden. Was er früher war, ist vorbei, etwas ganz Neues hat begonnen.« Zu dem, was Jesus zusagt, steht er: »Ihr werdet die Kraft, die Dynamik des Heiligen Geistes in euer Leben hineinbekommen« (Apg. 1, 8). Dieses Neue, das dadurch beginnt, daß man sein Leben Jesus anvertraut, will und soll sich entfalten. *Die Quelle nie versiegender Kraft liegt im Vertrauen zu Gott.* In ihm steht uns Energie jederzeit zur Verfügung. Wir nehmen diese Kräfte in Anspruch, wenn wir der Aufforderung Jesu nachkommen, mit der er seine Verkündigung eingeleitet hat – wir kennen sie durch die bekannte Übersetzung von Dr. Martin Luther: »Tut Buße« (Matth. 4, 17). Es wird uns aber noch hilfreicher sein, wenn wir uns dem Grundtext zuwenden und feststellen, daß dort steht: »Ändert euren Sinn«, denkt um! Denkt um, kommt weg von einem destruktiven, verneinenden, negativen Denken hin zu einem positiven, vertrauenden Denken, das seinen einzigen Rückhalt, seine einzige Basis in Jesus hat! Das meint »von Herzen glauben«. *Denn Glauben ist ein auf Gott vertrauendes Denken.* Da muß man seinen Verstand nicht ausschalten, sondern einschalten und wirken lassen. Aus diesem neuen Denken, einem an Jesus gebundenen Denken, erwächst auch die Kraft zu einer neuen, sinnvollen Lebensweise. Wie ich dazu kam und wie Sie dazu kommen können, möchte ich Ihnen anhand verschiedener Leitsätze nahebringen.

Kapitel 1

Bejahe dich selbst, nimm dich selbst an, denke nicht gering von dir

In dem Buch der Münchner Psychotherapeutin Herzog-Dürck »Die Arbeit an der Seele« werden innerhalb der an Neurose, der unter Zwängen leidenden Menschen, vier Typen unterschieden. Der letzte Typ wird der »Niemand-Typ« genannt. Der »Niemand« glaubt, niemand und nichts zu sein. Das lähmt seine Kraft. Beschneidet seine Fähigkeiten. Läßt die Gaben verkümmern. »Was bin ich schon, was kann ich schon?« Die Kraft des positiven Denkens, des Vertrauens in Gott, der befähigt und begabt, ist damit unterbrochen. Das Ergebnis ist Verkümmerung der anvertrauten Gaben. Wir alle haben Gaben, es ist niemand, der keine Gabe hätte. Wenn er sie aber nicht annimmt und nicht bejaht, verkümmern diese Gaben. Das Resultat ist Unzufriedenheit, sind Minderwertigkeitsgefühle, ist Unausgefülltsein, Freudlosigkeit, Selbstbemitleidung, um nur einige dieser Symptome zu nennen.

Viele Menschen haben etwas von der Art dieses Typs. Menschen, die an ihren Fähigkeiten zweifeln, die kein Vertrauen zu sich selbst haben, weil sie in der Konsequenz gesehen kein Vertrauen zu Jesus haben, der zusagt: »Ich will mit meiner Kraft, mit meiner Dynamik, in deiner Schwachheit mächtig sein« (Phil. 4, 13). Es sind oft Menschen, und das ist so schade, so sehr schade, Menschen, die heimlich für sich gute Gedanken haben, auch brauchbare Entwürfe fertigen, die sich aber die Verwirklichung der Gedanken nicht zutrauen aus dem Gefühl, nichts zu können und nichts zu sein. Es fehlt ihnen, ich muß das noch einmal zum Ausdruck bringen, das Vertrauen zu Gott. Sie können nicht sagen: »Ich vermag alles, durch den, der mich mächtig macht, Christus« (2. Kor. 12,9). Keine konstruktive, bleibende Kraft kommt ja aus mir selbst, sondern von dem, der in meiner Schwachheit mächtig sein will: Christus. Er ist der Herr!

Jedes Gefühl der Minderwertigkeit reduziert die Kraft unserer Hoffnung und lähmt auch unsere Tatkraft. Vertrauen zu Gott, »ich bin nicht allein«, »er ist bei mir«, »er geht mit mir«, »er fährt mit mir zum nächsten Kunden«, »er hilft mir bei der anstehenden Entscheidung«, »er unterweist mich bei der Kindererziehung«, »er schult mich für den Lehrauftrag«, »er hilft mir im Umgang mit schwierigen Menschen«, »er leitet mich an, mein Leben zu meistern« . . .

Vertrauen zu Gott aktiviert das Selbstvertrauen und damit auch die Selbstverwirklichung. Es kommt also ganz entscheidend darauf an, welche Geisteshaltung in uns herrscht.

Minderwertigkeitsgefühle haben ja verschiedene Ursachen. Es kann sich um eine Vergewaltigung unseres Gemüts in Kindheitstagen handeln, es kann auch das versponnene Netz verschiedener Schuldgefühle sein, unverarbeiteter Schuld.

Meistens sitzt der Stachel von Minderwertigkeitsgefühlen sehr tief verborgen in der Vergangenheit und in den geheimsten Falten unserer Persönlichkeit. Wir vermögen es gar nicht auf das zurückzuverfolgen, um an die Ursache heranzukommen. Man kann versuchen, in vielen Gesprächen das zu analysieren, aber es muß sehr, sehr sorgfältig geschehen. Man hat die Symptome, aber die Ursache bleibt dennoch oft verborgen. Trotzdem – das stelle ich nun aus eigener Erfahrung fest – gibt es einen Weg, von der Qual der Minderwertigkeitsgefühle befreit zu werden. Es kommt entscheidend darauf an, ob man selbst gewillt ist, diesen Weg zu gehen. Er beginnt damit, daß ich bewußt zur Kenntnis nehme:

Gott hat mich angenommen.

Ich bin sein Kind.

Gott kennt mich und ist für mich.

Gott versteht mich.

Gott hat mich lieb.

Ich bin wertgeachtet vor ihm als Persönlichkeit.

Er hat mich begabt, er hat mich bejaht, er hat mich bei meinem Namen gerufen und mir gesagt: Du gehörst mir. (Jes. 43, 1)

Diese Fakten und Aussagen, diese Zusagen soll ich als persönlich, ganz von Gott auf mich zugeschnitten, annehmen, in Ruhe – ohne

Hektik – in mein Denken aufnehmen, in mein Bewußtsein, daß ich dann ganz langsam und vielleicht auch laut spreche:

Gott hat mich angenommen. Ich gehöre mit Leib, Seele und Geist ihm.

Er liebt mich.

Er ist für mich.

Er bejaht mich.

Wenn Gott mich angenommen hat, was hindert mich dann, mich selbst anzunehmen? Zu mir selbst Ja zu sagen? Was hindert mich daran, selbst an mich zu glauben, mich selbst zu lieben?

Deswegen ist es von so großer Wichtigkeit, von unendlich großer Wichtigkeit, unser Denken immer wieder mit Gedanken des Vertrauens, der Liebe, der Zuversicht, der Fürsorge Gottes zu füllen. Im Neuen Testament steht das Wort Jesu: »Euch geschehe nach eurem Glauben« (Matth. 9, 29). Je mehr wir unseren Geist, unser Denken füllen mit positiven Gedanken des Vertrauens, desto mehr müssen die negativen, destruktiven Gedanken weichen. Das muß beharrlich geschehen, wie vieles in der Nachfolge Jesu nur mit Disziplin, Ausdauer und Beharrlichkeit geschieht.

Mit gläubiger Entschlossenheit muß ich darüber wachen, meine Gedanken zu kontrollieren, was ich aufnehme in mein Denken. Es ist ja kein Wunder, wenn ich bisher meinen Geist nur gefüttert habe mit negativen Gedanken, daß mein Reagieren negativ ist. Ein Beispiel:

Als ich ein Dreivierteljahr nach meinem Herzinfarkt wieder mit meiner Arbeit stundenweise, dann halbe Tage, dann tageweise begann, fuhr ich lange Zeit jeden Morgen sehr bedrückt zu meiner Dienststelle nach Wetzlar. Gedanken wie: Wirst du dieses Pensum schaffen? Wirst du neue Ideen haben, um deinen Mitarbeitern in der Redaktion wirklich dienen zu können? Wirst du ihnen nicht vielmehr, wenn du so durch die Gegend schleichst, eine Belastung sein? (Ich hatte in dieser Zeit über fünfzig Pfund abgenommen, hatte also mit meinem Körper genug Not, meine Nerven waren total abgewirtschaftet.) Wirst du Kraft haben in der Begegnung mit Verkündigern, deren Gedanken folgen zu können? Solche und ähnliche

Gedanken machten mir zu schaffen. Alle diese negativen Gedanken gaben im Laufe des Tages ein solches Paket, daß es gar nicht ausbleiben konnte, daß ich nach Leib, Seele und Geist Schaden nehmen mußte. Diese mutlosen, negativen Gedanken nahmen mir dieses letzte bißchen Vertrauen, das ich in der Zwischenzeit wieder gewonnen hatte. Ich besaß also kaum frohmachende Kraft zum Arbeiten, es war vielmehr Krampf.

Das änderte sich eines Morgens. Auf der Fahrt nach Wetzlar zu meiner Dienststelle war ich sehr deprimiert. Da sah ich auf der Höhe vor mir das neue, große Wetzlarer Kreiskrankenhaus. Die vielen Zimmer waren hell erleuchtet. Plötzlich mußte ich an meinen wochenlangen Aufenthalt im Krankenhaus denken. Wie gerne wäre ich damals zu meiner Dienststelle gefahren, wenn ich das Bett hätte verlassen können. Was hätte ich damals alles dafür gegeben. Diese Erkenntnis setzte mir so zu, daß ich meinen Wagen von der Schnellstraße weg in einen Seitenweg fuhr und dort anhielt. Ich faltete meine Hände und bat Gott um Vergebung für meine Undankbarkeit, für meinen Kleinglauben und meine Mutlosigkeit. Da ging mir auf, daß diese negativen Stimmen eigentlich kein Stimmrecht in meinem Herzen hatten. Ihnen stand kein Sitz in meinen Gedanken zu, und ich mußte bereit sein, sie radikal aus meiner Gedankenwelt auszuquartieren, sie zu verbannen. An ihre Stelle mußten Gedanken des Vertrauens, Gedanken der Zuversicht, der Hoffnung treten, nicht bloß meine Arbeit betreffend, sondern die ganze Situation meines Daseins, meiner Familie, meiner Zukunft.

So begann ich am Morgen, nachdem ich aufgestanden war, bzw. schon im Bett oder in der Nacht – ich hatte ja in dieser Zeit wochenlang kaum Schlaf – mir Verheißungen Gottes und Worte des Vertrauens ins Gedächtnis zu rufen und mir z. B. zu sagen: »Ich vermag alles durch den, der mich mächtig macht: Christus.« – »Fürchte dich nicht, denn ich habe dich erlöst, ich habe dich bei deinem Namen gerufen, du bist mein.« Ich gehe heute morgen nicht allein auf die Fahrt nach Wetzlar. Jesus ist bei mir. Er ist mein Herr. »Ist Gott für mich, wer mag wider mich sein.« Ich bin in Gottes Hand und glaube, daß ich alle Kräfte erhalten werde, die mir not sind. Jesus, mein Herr, tut mir heute Gutes. Er ist bei mir. Ich begann damals, zur Vertiefung dieser positiven Gedanken, auch die Verheißungen in meiner Bibel mir rot zu unterstreichen. Ich merkte, wie sich im Laufe der Zeit mein negatives Denken änderte.

Eine zweite Hilfe war mir, als ich in einer Stunde des ziemlich starken Deprimiert- und Fertigseins zu einem Kollegen, zu dem ich Vertrauen habe, sagte: Ich bin am Ende. Ich vermag es nicht weiter, meiner Redaktion vorzustehen. Es ist hoffnungslos. Ich erinnere mich noch genau daran, wie er zu mir sagte: So hoffnungslos ist das gar nicht. Wenn du am Ende bist, ist das die beste Voraussetzung für einen Neuanfang. Tiefer kannst du nicht mehr kommen. Es kann für dich also nur noch aufwärts gehen. Erst dachte ich: Das ist aber eine unqualifizierte Antwort. Dann überlegte ich, was er gesagt hatte. Ich durchdachte es. Er hatte recht. Es konnte nicht mehr tiefer gehen, wenn ich wirklich am Ende war. Und dann sagte er zu mir: Nimm dir ein Stück Papier. Wir schließen das Zimmer zu und nehmen uns jetzt mal Zeit. Ich will dir helfen, deine negativen Gedanken zum positiven, vertrauenden Denken wegzuführen. Schreib auf, welche Werte dir noch geblieben sind, obwohl du meinst, du seist jetzt am Ende. Wir überlegten miteinander. Ich schrieb einiges aufs Papier:

Da war meine Frau, die in all der Zeit zu mir stand, mich liebte, die viel Verständnis für meine Situation hatte, auf die ich mich verlassen konnte.

Da waren unsere Kinder, die bei aller Belastung uns doch Freude machten und – da werden ja die kleinen Dinge so sehr entscheidend, – die keinen Tag vergehen ließen, ohne für den Papa zu beten.

Da waren Freunde, hunderte in allen Richtungen, in Ost, West, Nord, Süd, die Tag für Tag für mich beteten.

Da waren Kollegen, die mich liebten und achteten und in diesem Dreivierteljahr meine Arbeit, ohne je ein Wort des Murrens, ganz selbstverständlich für mich geleistet haben.

Da war auch finanzielle Hilfe, die wir im Blick auf all die Krankenhaus- und Sanatoriumsaufenthalte erfahren haben.

Als wir mit der Liste bei diesem Punkt angekommen waren – wir hätten noch viel mehr schreiben können, stellte ich später fest – sagte mein Freund: Lies das noch einmal, was du da selbst geschrieben hast. Du bist doch gar nicht am Ende. Du siehst das jetzt mit deinem begrenzten, negativen Denken nur so, daß du meinst, es ist alles aus. Du hast eigentlich soviel Grund, dankbar zu sein. Dabei hatte ich auf meinem Blatt noch den entscheidenden Faktor vergessen: Gott! Er ist doch für mich. Da erkannte ich: Das ist wahr. Ich habe Grund zum Frohsein. Ich änderte daraufhin meine Denkweise. Vertrauen statt Hoffnungslosigkeit, Danken statt Klagen, Frohsein statt Unzufriedenheit zogen in meinen Geist ein. Aus diesem Vertrauen zu Gott, der immer bei mir ist, wuchs mir neue Kraft, aus meiner Identitätskrise herauszufinden und mich selbst neu anzunehmen, neu zu bejahen, Mut zum Leben zu bekommen. Dadurch verloren die negativen Gesichtspunkte, die eine Macht über mich gewinnen wollten, die sie in Wahrheit gar nicht hatten, ihre Wirksamkeit.

Wenn wir die Tatsache, daß Gott uns bejaht, daß er für uns ist, in uns wach halten und unsere Gedankenwelt damit ausfüllen, *gesundet unser Vertrauen zu einem gottgewollten Selbstvertrauen*. Der allmächtige Gott ist mir in Jesus Christus zur Seite und verläßt mich nicht. »Ich will dich nicht im Stich lassen« (Hebr. 13, 5). Kein anderer Gedanke bringt so positive Wirkung hervor, wenn er im täglichen Leben getreulich angewandt wird. Die Gegenwart Gottes muß in unserem Denken zu einer Tatsache werden und bleiben. Dann gelingt es uns, mit Problemen zu leben und sogar Niederlagen in Siege zu verwandeln.

Kapitel 2

Nimm dir Zeit und nicht das Leben

Auf der Einladung zu einem Wochenendtreffen christlicher Kaufleute hieß es: »Streß ist nicht nur ein Schlagwort unserer Zeit, es ist etwas, dem wir fast täglich ausgesetzt sind und allzu oft unterliegen.« Das stimmt! Ergänzt werden muß diese Aussage aber im Sinne des bereits erwähnten Gedankens: Es geht um den Streß, der Leib, Seele und Geist negativ zusetzt, weil die Streßfaktoren sich aufeinandertürmen, ohne dem Körper Zeit zu lassen, sich anzupassen. Diese angespannte Lebenslage muß aber in keinem Leben unabänderlicher Bestandteil bleiben. Uns sind Wege gewiesen und Möglichkeiten in die Hand gegeben, dieser Gefahr zu begegnen und sie zu meistern. Ich will das wieder an meinem Leben deutlich machen. Sie werden gewiß Parallelen zu Ihrem Leben finden.

Grundsätzlich haben wir täglich in unserem Leben ein Soll zu erfüllen. Dieses Denken kann aber schnell vordergründig werden. Dadurch tritt eine Verlagerung der Relationen ein. Viele vergessen dabei, daß ihr Haben-Konto Tag für Tag auch entsprechend bereichert werden muß, wenn es nicht konstant überzogen werden und am Ende im Saldo ein Minus stehen soll.

Mit anderen Worten: Arbeitsüberlastung scheint das Hauptproblem unserer Zeit zu sein. Alles muß schnell gehen, möglichst gestern schon fertig sein. Das bringt Hektik mit sich und das wiederum Abgespanntsein, Überreizung, Müdigkeit. Diese Fakten sind ja nicht nur beim freiberuflich Tätigen oder beim Selbständigen zu finden – sie treten genauso auf beim Arbeiter und Angestellten und nicht zuletzt auch bei der Hausfrau. Auch wenn die Hausfrau und Mutter nicht ihren Terminkalender in der Schürze mit sich trägt, muß sie doch ihre Stunden sinnvoll verplanen – oft auf die halbe Stunde – wenn sie über die Runden kommen will. Sie könnte eigentlich noch viel mehr als alle in anderen Berufssparten Tätigen einen Terminkalender benötigen, der Stundeneintragungen hat. Das gilt es einmal bewußt zur Kenntnis zu nehmen, um das verzeichnete Bild der »Nur-Hausfrau« ins rechte Licht zu rücken.

Arbeitsüberlastung scheint das Hauptproblem unserer Zeit zu sein, stellte ich fest. Aber es scheint nur so! Ich bin fest davon überzeugt, daß der Kern des Problems der Verlust der Ruhe, der schöpferischen Pause im Getriebe des Tätigseins ist. Damit ist etwas von der Basis verlorengegangen. Ich weiß auch, daß die wenigsten Menschen – und dazu gehörte ich auch lange – das zugeben wollen. Es warten ja so viele Dinge auf uns, die wichtig sind, die wichtiger sind – so meinen wir – als stille Zeit. Stehen wir vor der Wahl, einige Minuten oder sogar eine halbe Stunde schöpferischer Stille einzulegen oder dies und das noch zu erledigen, dann wird selbst die kleinste Sache noch so wichtig, daß man sie »nur eben noch« erledigen will. So reiht sich dann eins ans andere, »ach, das schnell noch erledigen, das schnell noch reparieren, ach, schreib noch schnell diesen Brief, erledige schnell noch das Telefonat, koche schnell noch, wasche das noch schnell aus, mach noch schnell diesen Besuch, schnell, schnell, schnell . . .«

Plötzlich ist der Tag vorbei, und man hat keine Ruhe gefunden. »Nur eben noch schnell erledigen« – unter diesem Motto ist man rastlos, richtungslos, erschöpft und vielleicht sogar noch unzufrieden. Man hat am Abend tausend Entschuldigungen, ja, man entschuldigt sich selbst, warum man keine Zeit zur Stille fand. Hier gilt es ganz eindeutig festzuhalten: Wir opfern dem Moloch Leistung, nicht dem Moloch Zeit! Wir opfern dem Moloch Leistung unsere Zeit, unsere Kraft, unsere Gesundheit, unsere Ehe, unsere Familie und dann vielleicht sogar auch noch unseren Gott. In diesem Leistungszwang kommt der fehlgesteuerte Wille des gefallenen Menschen, sich selbst zu erlösen, immer wieder zum Ausdruck.

Man sollte weniger vom Streß reden, als vielmehr diesen Opferkult durchschauen. Das ist der erste Schritt zur Bewältigung. Der zweite besteht darin, daß man aus dem Erkannten Konsequenzen zieht, denn »was nicht zur Tat wird, hat keinen Wert« (Paul le Seur). Dieser Ausspruch beinhaltet eine ganz tiefe Wahrheit.

Streß – lassen Sie mich mit einem Satz versuchen zu formulieren, was – im negativen Sinne – Streß ist: *Streß ist die Form des Arbeitens, die nicht aus der Stille vor und aus der Konzentration auf Gott kommt.* Gott lädt uns nämlich ein zur Stille. Gott lädt uns ein in seine Gemeinschaft. Dabei ist es gut, wenn wir uns bewußt machen, daß Gott der Herr der Zeit ist. Er gibt uns täglich 24 Stunden, 1440

Minuten, 86400 Sekunden. Daß Gott der Herr der Zeit ist, ist mir so erschreckend klar geworden in der Nacht meines Herzinfarktes, als ich plötzlich auf dem Terminkalender Gottes stand. Sonst standen immer Verpflichtungen für ihn auf meinem Kalender. Gott gibt die Zeit. Wir können nicht darüber bestimmen, aber darüber verfügen. Die Frage ist, wie wir darüber verfügen. Bestimmen darüber tut er. Aber verfügen – um das noch einmal zu sagen – können wir darüber. Und das ist dieses große Stück Verantwortung: Wir können die Zeit totschlagen, verplempern; wir können sie aber auch sinnvoll auskosten, auskaufen, bewußt, verantwortlich verplanen. Deswegen ist es weise, zu beten, wie der Psalmist es tut: »Ich aber hoffe auf dich und sage: Meine Zeit steht in deinen Händen« (Ps. 31, 16). Gott hat Anspruch auf unsere Zeit. Er erwartet uns an jedem Tag zur Audienz. Also reservieren wir ihm die entsprechende Zeit. Diese Zeit muß im Tagesablauf immer wieder neu erkämpft werden, und sie muß erhalten bleiben. Durch keine noch so scheinbar wichtigen Dinge dürfen wir sie uns verdrängen lassen. Wer die Stille vor Gott verliert, arbeitet in der Konsequenz gesehen umsonst. Gott sprach zu ihm: »Du Narr, in der Nacht wird man deine Seele von dir fordern, und wem gehört dann das, was du gearbeitet hast?« »So geht es dem, der sich Schätze sammelt und nicht reich ist in Gott« (Luk. 12, 20 ff.).

Ich stelle mir oft die Frage: Warum schätzen so viele Menschen die Zeit vor Gott als zweitrangig ein? Warum? Weil sie da nichts leisten? Leistung – was ist denn Leistung? Weil sie dem Nächsten nichts nützen? Was nützt denn dem Nächsten? Wenn wir es nicht fertig bringen, stille Zeit zur Konzentration auf Gott zu finden, werden wir es auch nicht vermögen, mit dem Rest Zeit, der uns zur Verfügung steht, sinnvoll umzugehen. Aus der Stille vor Gott werden unsere Gedanken inspiriert und unsere Entscheidungen beeinflußt. Dort wird uns deutlich, wie es Zinzendorf einmal sagt: »Wann's etwa Zeit zum Streiten, wann's Rasttag sei.« Also wann ich der schöpferischen Ruhe benötige und wann ich aktiv sein soll. Es stehen meines Erachtens nicht umsonst im Neuen Testament die beiden Berichte Jesu »Vom barmherzigen Samariter« und von »Martha und Maria« hintereinander (Luk. 10, 29–37; 38–42). Die Geschichte vom barmherzigen Samariter endet mit den Worten: »Gehe hin und tue desgleichen.« Hier ist der Tenor auf Aktivität gelegt, doch das Zentrum der folgenden Geschichte von Martha und Maria liegt im »Eins ist Not« – und das ist das Hören, die Stille vor Gott. Mit einer »Miniration« an Stille bleibt man ein »Kleinkind« im Bewältigen des Verhältnisses Aktivität – schöpferische Ruhe. Wer keine Zeit zur Stille hat, lebt falsch. In der Offenbarung, Kapitel 12, Vers 12, heißt es: »Der Teufel weiß, daß er keine Zeit hat.« Wenn wir uns durch den Moloch Leistung unsere Zeit zur Stille rauben lassen, dann ist das ein Alarmsignal, daß der Teufel in unserem Leben am Werk ist. Der Teufel hat keine Zeit, Gott aber hat die Ewigkeit, er hat die Fülle der Zeit. Wenn unsere Zeit in Gottes Händen steht, dann haben wir Anteil an dieser Fülle, an seinem Leben. Ob der Teufel oder Christus Herr in unserem Leben ist, das zeigt sich wesentlich an der Bewältigung, nicht primär des Zeitproblems, sondern des Leistungsprinzips. Das sieht dann so aus, daß wir uns an Gottes Wort orientieren und Christus fragen: »Herr, was willst du, was ich tun soll.« Er will, daß wir alles herausholen, was in unserer Zeit ist. Und dann tun wir, was Christus uns heißt. Er will aber nicht, daß wir mehr tun als in unseren Tag hineingeht; daß wir immer in Zeitnot stehen, liegt daran, daß wir eben nicht mit Christus und nach seinem Willen leben, sondern nach unserem Willen. Da spielt ganz entscheidend auch das Leistungsdenken, und das kann sogar ein frommes Leistungsdenken sein, eine wesentliche Rolle.

Es gab eine Phase in meinem Leben, die von einem solchen Denken gekennzeichnet war, ohne daß es mir bewußt war. Meine Zeit war randvoll ausgefüllt mit beruflichen Verpflichtungen. Die Frage lag nahe, ob es unter solchen Umständen nicht besser gewesen wäre, gar nicht zu heiraten und eine Familie zu haben. Dann hätte ich unbeschwert ganz für Gottes Sache da sein können. Doch dieses Denken und alle Überlegungen ähnlicher Art packten bei mir nicht das Übel bei der Wurzel. Es lag wo ganz anders, und dort mußte mit der Analyse und Therapie angesetzt werden.

Nach dem totalen Zusammenbruch meiner Kräfte, als es darum ging, eine neue Lebensordnung aufzubauen, wurde mir auch Klarheit über die eigentliche Motivation meines pausenlosen Einsatzes für Jesu Sache geschenkt. Eine ehrliche, aufrichtige Analyse meines Lebens konnte entscheidende Ursachen dieser meiner Fehlhaltung aufdecken. Durch die Hilfe des Wortes Gottes, Gespräche mit gereiften, gläubigen Menschen und durch das Wirken des Heiligen Geistes konnte ich zur Therapie übergehen. Mein Denken mußte sich ändern, wie Jesus es sagt: »Ändert euren Sinn« (Matth. 4, 17); auch der Apostel Paulus macht darauf aufmerksam: »Verändert euch durch die Erneuerung eures Sinnes« (Röm. 12, 2). An einzelnen Punkten will ich deutlich machen, wie sich diese Veränderung in meinem Leben zu vollziehen und das Leistungsdenken einem gesunden Rhythmus von angespannter Aktivität und schöpferischer Ruhe Platz zu machen begann.

1. Der volle Terminkalender war bewußt oder unbewußt für mich oft ein heimlicher Beweis meines Begehrtseins und eine Stütze meines Selbstbewußtseins. Doch wie brüchig diese Stütze ist, erfuhr ich sehr schnell. Wenn man sich auf sie verläßt, ist man verlassen.

   Therapie: Mehr Stille vor Gott. Ich suche ihn täglich mehrmals bewußt »von Angesicht« und »verliere ihn somit nicht aus den Augen«. Damit kann ich sein »Augenzeuge« bleiben.
   Merksatz: *Weniger Termine für Gott – mehr Termine mit Gott!*

2. Ich hatte mir selbst, zum Teil aus egoistisch, frommen Motiven Termine für Gott gesetzt.

   Therapie: Herr, lehre mich in Demut wandeln, ganz ohne Stolz, ohne eitlen Ruhm. Mein frommes Ich mußte sterben, um mehr geistlichen Einfluß zu gewinnen.
   Merksatz: *Weniger Publicity – mehr geistlichen Einfluß.*

3. Ich hatte mir Termine von anderen Menschen diktieren lassen, ohne mich im Gespräch mit Jesus zu vergewissern, daß er sie bestätigt.

   Therapie: Herr, lehre mich Nein sagen! Sonst fange ich an, über dich zu reden, eventuell sogar gut und gekonnt, habe aber nichts mehr zu sagen, weil mir die Vollmacht fehlt.
   Merksatz: *Vollmacht statt Ohnmacht.*

4. Ich sagte zu viele Verpflichtungen im voraus zu. Dann kamen noch unvorhergesehene dazu, die ich nicht absagen konnte.

> *Therapie:* Herr, lehre mich verantwortungsbewußte Planung, wobei ich ganz bewußt freie Zeit, nicht leere Zeit, mit einplane.
>
> Merksatz: *Nicht gefüllte Zeit – erfüllte Zeit.*

5. Ich hatte im Unbewußten einen Stachel, der mich zum Dienst antrieb, als könne ich Gott etwas bringen.

   > *Therapie:* Herr, lehre mich erkennen, daß du alles vollbracht hast, und ich nichts mehr zu vollbringen habe.
   >
   > Merksatz: *Nachfolge Jesu ist kein Leistungszwang.*

6. Ich hatte die irrige Vorstellung: Wenn das Leben Pflichterfüllung – auch unter frommen Vorzeichen – sei, wäre es Gott wohlgefällig.

   > *Therapie:* Herr, befreie mich vom Gesetz der Frömmigkeit, und laß mich ganz unter die Herrschaft deines Geistes kommen und damit zur Freiheit der Kinder Gottes.
   >
   > Merksatz: *Befreiung – nicht Beengung.*

7. Ich bekam ein schlechtes Gewissen, das ich zu verdrängen suchte, weil ich kaum noch Zeit für meine Frau und unsere Kinder hatte.

   > *Therapie:* Herr, lehre mich, meinem Allernächsten zu dienen, denn was ich im engsten Lebensraum, meiner Familie, nicht realisiere, das steht unter einem schlechten Vorzeichen im nächst größeren Lebensraum. Was ich nicht mit den Meinen einübe und praktiziere, kommt später bei ihnen nicht zum Tragen und fehlt.
   >
   > Merksatz: *Vitalität liegt im bewußten Einplanen von gemeinsamem Essen, Spielen, Musizieren, Basteln, Lesen, Gespräch.*

8. Ich verlor mit der Stille auch mein Leben, denn ich wurde rastlos und krank.

   > *Therapie:* Herr, lehre mich, daß Leben mehr ist als immer auf Achse sein. Auch du hast geruht, dich vor einem neuen Auftrag gesammelt.

Merksatz: *Vor der Sendung liegt die Sammlung.*

9. Ich meinte, bei allem dabei sein zu müssen, so wurde manches zweitklassig.

   Therapie: Herr, lehre mich, daß unter dem Leistungszwang mein Zeugnis für dich in Wort, Werk und Wesen fragwürdig und oft mangelhaft wird.
   Merksatz: *Qualität – statt Quantität.*

10. Ich plante oft, ohne die Kosten vorher zu überschlagen.

    Therapie: Herr, lehre mich bewußt nachdenken, überdenken, auch bedenken, besonders das Wort: »So der Herr will und wir leben« (Jak. 4, 15).
    Merksatz: *Erst denken und beten, dann planen und handeln.*

11. Ich meinte oft, ich müsse alles allein machen, weil es dann schneller und gleich richtig erledigt sei.

    Therapie: Herr, lehre mich erkennen, daß auch andere begabt sind und ich Verantwortung delegieren muß.
    Merksatz: *Nicht ich – wir.*

12. Ich litt darunter, daß andere mehr leisteten als ich. Das übte Zwang auf mich aus und trieb mich in unfruchtbare Hektik.

    Therapie: Herr, lehre mich, daß du mich kennst und liebst, daß ich nur meiner Befähigung leben muß und nicht so tun »als ob«.
    Merksatz: *Jeder Mensch ist vor Gott wert geachtet als Persönlichkeit.*

13. Ich kannte keinen Feierabend mehr. Auch zu Hause ging es mit der Arbeit, und zwar mit derselben Arbeit wie am Tag, weiter.

    Therapie: Herr, lehre mich, daß es Zeiten der Ruhe und Zeiten des Wirkens gibt; einen Feierabend und einen Arbeitstag; einen Sonntag und einen Werktag.
    Merksatz: *Alles hat seine Zeit.*

Als ich mir diese Punkte bewußt machte und im vertrauenden Denken mit Jesus besprach, wurde ich sehr dankbar. Ich kam aus meiner Identitätskrise heraus, fand mich selbst und ganz neu Gott als meinen mich liebenden Herrn. Das ließ mich aufatmen und schenkte mir Befreiung. Ich bin davon überzeugt, daß Jesus jedem, der aufrichtig um Stille kämpft, das Vollbringen schenkt.

Die angeführten dreizehn Punkte beinhalten gewiß auch eine Wegweisung, die Ihnen zu einer gesunden Relation von Aktivität und schöpferischer Ruhe verhilft.

Auch wenn heute weit über die Hälfte meiner Verpflichtungen nicht von meinem Entschluß abhängen, sondern von Beschlüssen von Gruppen, behält es seine Gültigkeit, daß ich zum Verfügen über meine Zeit und über mein Leben berufen bin. Das zu praktizieren ist möglich.

Da werde ich zu einem Vortrag eingeladen. Ich kann annehmen oder ablehnen. Ich kann zu einer Veranstaltung gehen oder zu Hause bleiben. Ich kann den Vorsitz eines zweiten Vereins übernehmen oder auch mit *einem* Gremium zufrieden sein. Ich kann schwarz arbeiten, einen zweiten Beruf ausüben, aber auch mit dem, was ich habe, zufrieden sein. Wie ich auch immer mich entscheide, eine leere Zeit, ein Vakuum, wird es nicht geben. Fragt sich, womit ich meine Zeit, mein Leben fülle?! Auch eine Stunde, ein Abend mit meiner Frau oder der Familie, oder mit Freunden zusammen, hat ihren Sinn und ihre Berechtigung. An diesem Punkt, meine ich, ist jeder selbst allein gefordert. Da fallen weitreichende Entscheidungen, und wir sollen das Zeugnis anderer dabei nicht überhören. Wir sind zum Herrschen berufen und nicht, uns von der Leistung in Zwänge legen zu lassen und so in Zeitnot zu kommen. Ich kenne nicht wenige Menschen, die diesen Kampf konsequent führen und dabei auch siegen. Auch ich habe, trotz mancher Niederlagen, nach neu gewonnener Erkenntnis, diesen Weg bewußt eingeschlagen. Und lerne, lerne, lerne... das Leben neu zu leben.

Für mich gleicht heute das Leben einer Uhr, deren Zeiger ich nicht sehe. Auch weiß ich nicht, wieviel Uhr es ist; wieviel Zeit meines Lebens bereits abgelaufen ist. Dieses Bewußtsein hilft mir, den Augenblick bewußter zu leben, ja auszukosten. Qualität, nicht Quantität ist heute für mich entscheidend. Reich macht, womit ich meine mir anvertraute Zeit ausfülle. Das ist nicht mehr nur Arbeit. Heute bedenke ich, daß meine Lebenszeit einmal abgelaufen ist, dann habe ich mein Leben wesentlicher und intensiver gelebt. Ich habe das Ticken meiner Lebensuhr vernehmbar gehört und mich dadurch bereichern, nicht verängstigen lassen. Zeit, mein Leben, wurde mir neu geschenkt. *Der Leistungszwang macht dem Einüben einer gesunden Relation von Aktivität und schöpferischer Ruhe Platz.*

Kapitel 3

Alles mit der Ruhe

Wir leben in einer Zeit, die von einer großen Sehnsucht nach Ruhe und Gelassenheit durchdrungen ist. Hektik und Unruhe, Gefordertsein und innere Zerrissenheit in der oft unbarmherzigen Wirklichkeit des Alltags machen verständlich, warum viele Menschen Ausschau nach konkreter Lebenshilfe halten. Verschiedene Wege werden eingeschlagen, dieser Not zu begegnen: Transzendentale Meditation, östliche Mystik, Yoga und ähnliche Ruhe und Ausgeglichenheit anpreisende Methoden werden in Kursen belegt, bzw. an Hand von Büchern eingehend studiert. Ganz offensichtlich handelt es sich um den Versuch, aus eigener Kraft zu einer ruhenden Mitte des Lebens zu finden. Zu deutlich spürt man, daß das Leben in der bisherigen Weise nicht weitergehen kann, wenn man nicht unter dem sogenannten Erregungsstreß ernsthaft an Leib, Seele und Geist Schaden nehmen will.

Ärztliche Untersuchungen haben eindeutig ergeben, daß unter stetem körperlichem und seelischem Streß wichtige Teile des Organismus versagen. Eine wesentliche Ursache ist die Aufregung, das innerliche Kochen und Fiebern. Treten diese Symptome immer wieder auf, steigen der Blutdruck und der Blutzuckerspiegel, was eine gefährliche Mehrbelastung für den Kreislauf darstellt. Die Magensäureproduktion nimmt zu, Magengeschwüre entstehen, es tritt Fett aus den Körperreserven ins Blut und lagert sich an den Arterienwänden ab. Die Arterien verengen sich, es setzt eine Verkalkung ein, die lebensgefährlich ist.

Auf diese Bedrohung, besonders aber beim Nachlassen der Erregung, geben die Hypophyse (Gehirnanhangsdrüse) und die Nebennieren beruhigende Hormone (Adrenalin) ab. Dauert aber die Belastung länger, bzw. baut sich eine auf die andere auf, ohne daß die Entlastung stattfindet, folgt ein Erschöpfungszustand, der schwere Krankheit und auch den Tod nach sich ziehen kann.

Die Frage liegt nahe: Wie können möglichst viele Risikofaktoren ausgeschaltet werden?

Ebensowenig wie transzendentale Meditation, Mystik und Yoga dem Herzen bleibenden Frieden bringen, hilft auch der immer wieder gegebene Rat: Lerne dich selbst beherrschen – auf die Dauer! Dieser Rat ist gut gemeint. Bis zu einem gewissen Grad gelingt es auch, besonders was unsere Launen betrifft. Wir sind ja alle, je nach Veranlagung und nervlicher Konstitution, mehr oder weniger von Launen abhängig. Diese wiederum werden von bestimmten Ursachen ausgelöst.

Launen kann man durch eine gewisse Selbstkontrolle, Erziehung und Arbeit am Charakter, jedenfalls zum großen Teil, im Zaum halten. Aber Selbstbeherrschung ist nicht jedermanns Sache. Manche schütteln den Ärger, den sie haben, einfach ab. Andere aber fressen ihn in sich hinein und bekommen Magengeschwüre. Schon dieses Beispiel zeigt, daß Selbstbeherrschung auch ihre Grenzen hat.

Nicht Selbstbeherrschung ist die entscheidende Hilfe, wenn es darum geht, »alles mit der Ruhe« zu erledigen, der Erregung Herr zu werden. Es geht vielmehr darum, daß wir uns von der Person Jesus Christus in unserem Denken, Wollen und Fühlen beherrschen lassen. *Nicht Selbstbeherrschung – sondern beherrschen lassen.* Jesus sagt uns: »Kommt doch zu mir; ich will euch die Last abnehmen. Ich quäle euch nicht und sehe auf keinen herab. Stellt euch unter meine Leitung und lernt von mir, dann findet euer Leben Ruhe und Erfüllung. Was ich anordne, ist für euch gut, und was ich euch zu tragen gebe, ist keine Last« (Matth. 11, 28 ff.). »Ich lasse euch den Frieden zurück. Ich gebe euch meinen Frieden, nicht den Frieden, den die Welt gibt. Beunruhigt euch nicht. Habt keine Angst« (Joh. 14, 27).

Das zentrale Ereignis, das es ermöglicht, »alles mit der Ruhe« in unserem Leben zu bewältigen und ihm zu begegnen, ist die intakte Beziehung zu Gott. Friede mit Gott ist die grundlegende Voraussetzung für ein Leben in Gelassenheit, Ruhe und Ausgeglichenheit mit einer großen dynamischen Spannkraft. Daß in dieser Beziehung keine Trennung, keine Verstimmung einsetzt, muß unsere vornehmlichste Sorge sein. Das meint u. a. auch Jesus, wenn er uns auffordert: »Strebt zuerst danach, daß ihr euch der Herrschaft Gottes unterstellt und tut, was er verlangt, dann wird er euch mit allem anderen versorgen« (Matth. 6, 33). Von Gottes Seite aus sind ja alle

Voraussetzungen für eine gute Beziehung mit ihm erfüllt. Er gab seinen Sohn, damit alle, die sich im Glauben an ihn binden, den Frieden des Herzens haben. Er hat uns durch seinen Sohn sagen lassen: »ICH bin für dich, ICH will dich leiten, dich bestimmen. ICH will dir wohltuende Geborgenheit schenken.« Wenn wir diese Möglichkeiten ausschöpfen, haben wir Anteil am Leben Gottes. Wir haben dann Lebensgemeinschaft mit dem Schöpfer und Erhalter unseres Lebens. Wir können mit ihm die Pläne unseres Lebens besprechen. Wir empfangen nicht nur Wegweisung in kritischen Lebenslagen, wir bekommen auch Kraft und Weisheit, wenn es darum geht, Entscheidungen zu treffen, in Geduld auszuharren, in Anfechtungen zu siegen, in Liebe zu tragen, in Demut zu verzeihen. Wir haben durch das Gespräch mit Jesus, durch das Gebet, die Möglichkeit, alles, was uns beschäftigt, mit ihm zu besprechen.

Wir können auch alle unsere Schuld, alle Fehlentscheidungen, alles verkehrte Denken und Reden ihm bekennen. Er schenkt die Gewißheit der Vergebung. Er befreit das Gewissen, so daß wir aufatmen können. Sein Wort ist Orientierung im Blick auf unser Verhalten. Es zeigt uns den Weg zu verantwortlichem Agieren und Reagieren. Es gibt Antwort auf die Sinnfragen des Lebens – das Woher, Wozu und Wohin. Wo diese Fragen beantwortet sind, haben wir ein reiches, erfülltes, glückliches Leben bei allen Belastungen, die wir zu bestehen haben. Wir haben dann Frieden mit Gott. Das allein ist die Basis, in unserer unruhigen, hektischen Zeit nicht das Gleichgewicht zu verlieren.

Wer Frieden mit Gott hat, dem liegt nichts mehr im Weg, auch sich selbst anzunehmen, *ja* zu sich zu sagen, denn Gott bejaht ihn. Glücklich ist in der Tat der, dem es – durch Jesus – gelungen ist, mit sich selbst zurecht zu kommen. Frieden mit sich selbst haben bedeutet, daß der Kampf, der in der eigenen Seele tobte, zur Ruhe gebracht wurde. Die Zerrissenheit der Seele, des Charakters und der Persönlichkeit findet dann ein Ende, wenn Jesus vom Menschen Besitz ergreift. Wenn er die Zügel in die Hand nimmt und der Mensch sie ihm bewußt willentlich ausliefert, hört aller Kampf, aus eigener Kraft zur Ruhe zu kommen, auf. Ein Gebet wirkt hier oft Wunder: »Herr, führe jetzt du. Bisher war ich so eigenwillig. Dadurch kam ich immer wieder in Konflikt mit deinem Willen. Diese Diskrepanz machte mich fertig. Das soll nun vorbei sein. Vergib mir dieses gegen dich gerichtete Denken und Handeln. Ich danke dir, daß du mein Herz zur Ruhe gebracht hast in dir. Nun kann ich mit Paulus sprechen: ›Ich lebe, doch nun nicht ich, sondern Christus lebt in mir‹« (Gal. 2, 20). *Nicht Selbstbeherrschung, sondern von Jesus Christus beherrscht werden gibt den Frieden mit sich selbst,* beendet die Widersprüche in einem selbst. Man ist selbst in Gott zur Ruhe gekommen.

Wer Frieden mit Gott gefunden hat, und wer mit sich selbst in Frieden lebt, der kann auch mit Ruhe und Gelassenheit anderen Menschen und Situationen begegnen. Das ist die Vorbedingung, oder besser, Grundbedingung zu einem Leben unter dem Vorzeichen: »alles mit der Ruhe«.

Wie sieht das nun konkret aus: »alles mit der Ruhe« tun. Wie bisher will ich es wieder an Beispielen aus meinem Leben deutlich machen. Es gibt ja eine Fülle von Möglichkeiten, zu aktualisieren, was es praktisch heißt: »alles mit der Ruhe«. So werde ich nur einige Schwerpunkte setzen, von denen ich annehme, daß sie Parallelen zu Ihrem Leben zulassen.

1. Wir müssen es lernen, gelassen in den Tag zu gehen, ohne Überstürzung. Durch Hektik machen wir uns das Leben schwer, ja, wir verkürzen es, weil unnütz physische und psychische Energie vergeudet wird. Was kann man dagegen tun? Das beginnt schon am frühen Morgen:

Stehen Sie früh genug auf. Dann haben Sie Zeit, sich in Ruhe fertig zu machen. Fünf bis zehn Minuten Gymnastik, 20–30 Minuten »Stille Zeit« zum Gespräch mit Jesus sind die besten Voraussetzungen für einen guten Start in den Tag. Diese stille halbe Stunde nach dem Aufstehen, »das Einsaugen des Morgenglanzes der Ewigkeit«, gibt für jeden neuen Tag den klaren Kurs. Wer zuvor im Gespräch mit Jesus stand, kann dann auch im Verlauf des Tages mit Menschen umgehen, ohne daß ihm die Geduld oder Liebe ausgehen. So wird aus den 20 oder 30 Minuten des Gesprächs mit Jesus am Tagesanfang die Basis für 12 »stille« Tagesstunden gelegt, auch wenn es äußerlich manchmal sehr stürmisch zugeht.

In diesem Zusammenhang will ich noch erwähnen, daß es mir wichtig erscheint, daß Sie sich Zeit zum Frühstück nehmen, nicht im Stehen ein paar Bissen Brot hinunterwürgen und mit einer Tasse

Kaffee nachspülen. Frühstücken Sie mit Freude an einem schön gedeckten Tisch – und zwar gut, aber nicht mehr als nötig. Und frühstücken Sie nur, lesen Sie dabei keine Zeitung und gehen Sie rechtzeitig aus dem Haus, damit Sie nicht erst beim Gongschlag Ihren Arbeitsplatz betreten.

Merksatz: *Gelassenheit beginnt am Morgen*

2. Schränken Sie das diktatorische »ich muß« in Ihrem Leben auf ein Minimum ein. Wer ständig unter der Hochspannung »ich muß dies tun, ich muß das erledigen, ich muß das besorgen, ich muß dorthin, ich muß... ich muß...« steht, wird getrieben. Er wird von Umständen und Menschen beherrscht, aber nicht mehr von Jesus Christus. Damit gehen die Ruhe und der Friede des Herzens verloren. Denken Sie um! Nötig ist die bewußte Reduzierung Ihres Lebenstempos. Da macht Jesus nämlich nicht mit. Er verlangt einen solchen Einsatz unter dem »ich muß« von keinem seiner Nachfolger. Jesus überfordert seine Jünger nie. Er verlangt keinen Streß, weder vom Geist, noch vom Körper. Vielmehr fordert er seine Jünger auf: »Ruhet ein wenig« (Mark. 6, 31), und er selbst ging immer wieder abseits in die Stille (Matth. 14, 23). Ich erinnere mich an viele Begebenheiten meines Lebens, wo mir nur dieses konsequente Handeln half, nicht unter die Räder zu kommen. Als mir klar wurde, daß ich – ich will es einmal ganz ungeschützt ausdrücken – in der Konsequenz gesehen, gar nichts muß, bekam ich eine große Gelassenheit. Das einzige, was ich muß, ist sterben, und das kostet mich das Leben; und wenn ich nicht die lebenspendende Gemeinschaft mit Jesus habe, kostet es mich sogar das ewige Leben. Jeder von uns hat einen großen Spielraum, in dem er frei entscheiden kann, ob er zur Ruhe kommt oder umgetrieben durch die Tage eilt. Seit ich das bewußt registriert habe, übernehme ich nur noch ein bestimmtes Soll außerhalb meiner normalen Verpflichtungen im Monat.

Das können Sie auch auf Ihr Leben übertragen, ganz gleich, in welchem Beruf Sie tätig sind, auch wenn Sie am Fließband stehen. Sie haben Ihren freien Spielraum. In dieser Zeit brauchen Sie nicht am Montag zum Kegelklub zu gehen, am Dienstag zum Fußballverein, am Mittwoch zum Wanderverein, am Donnerstag in die Gruppenstunde, am Freitag zum Chor, am Samstag zur Fete und am Sonntag auf Reisen. Entscheiden Sie sich für ein oder zwei Verpflichtungen.

Für den Rest der freien Zeit treffen Sie eine Absprache im Gebet mit Jesus, wie Sie sie verplanen sollen.

Solch diszipliniertes, verantwortliches Planen – ohne dieses Verhalten leidet Jesusnachfolge immer – stößt wohl da und dort auf Unverständnis, mir aber bringt es die rechte innere Ruhe und Spannkraft, den Menschen, denen ich begegne, richtig und mit meiner ganzen Persönlichkeit zu dienen. Ich habe Zeit für den einzelnen und kann mich ihm widmen, ohne unter dem ständigen Druck zu stehen, eigentlich müßtest du jetzt das und das tun. Nein, jetzt kann ich das im Augenblick Notwendige tun. Das zu erleben, ist eine ganz großartige Erfüllung. Das gibt ganz neue Freude in der Jesusnachfolge. Heute weiß ich, daß hier ein Zusammenhang besteht, der sich mit dem Wort Segen ganz umfassend ausdrücken läßt.

Merksatz: *Ich muß – muß nicht sein!*

3. Reagieren Sie ohne Emotionen, wenn man Sie persönlich angreift. Kaum ein Tag vergeht, an dem ich nicht mehrere persönlich gehaltene Briefe von Hörern der Sendungen des Evangeliums-Rundfunks erhalte. Verschieden sind die Anliegen: Dank, Freude, Erlebnisse, Bitte, seelsorgerliche Hilfe. Es gibt aber auch Briefschreiber, die unsachlich und dazu noch lieblos schreiben. Früher waren diese Briefe für mich eine große Anfechtung. Ganz schnell fing ich an, mich darüber zu ärgern, innerlich zu kochen, eben in einen Zustand der Unausgeglichenheit zu kommen.

Dann wurde mir klar, daß ich damit viel meiner Lebenskraft vergeude. Nicht die mich ärgernde Person bekam ja das Magengeschwür, den erhöhten Blutdruck, sondern ich selbst war der Leidtragende. Ich begann, mich an Jesus, meinem Herrn, ganz konkret zu orientieren. Er blieb in solchen Anfechtungen und Anfeindungen gelassen. Vor allem nehme ich sein Gebot seit dieser Zeit in einer anderen Weise als bisher ernst, die Aufforderung: »Liebe deinen Nächsten wie dich selbst« (Matth. 19, 19). Ein Beispiel dafür: Ich bin der Überzeugung, daß Christen frohe Menschen sind, und das auch in den Gottesdiensten zum Ausdruck kommen sollte, daß man da auch mal von Herzen lachen kann. Wenn mich heute ein Brief erreicht, in dem man mir, aufgrund dieser Auffassung, sieben Jahre Zwangsarbeit in Sibirien wünscht, damit mir das Lachen vergeht, dann atme ich einige Male ganz langsam bis zum Zwerchfell ein und aus. Dann lese ich den Brief nochmals, ob ich mich auch nicht verlesen habe. Habe ich wirklich richtig gelesen, falte ich meine Hände und bete als nächstes für diesen Briefschreiber, daß Gott ihn segnen möge. Früher wären keine so guten Gedanken zu ihm gegangen. Doch mit Jesu Hilfe, unter der Einwirkung des Heiligen Geistes, lerne ich zwischen der Person, dem Menschen, der mir so etwas wünscht und der Sache selbst zu unterscheiden. Den Menschen selbst liebt ja mein Herr, Jesus Christus, also kann ich ihn nicht hassen. Die Sache aber, die Art und Weise, wie dieser Brief geschrieben worden ist und was er beinhaltet, dazu sagt mein Herr nicht ja. Dazu sage auch ich nicht ja. So lese ich dann den Brief ein drittes Mal. Dann setze ich ein Antwortschreiben auf, in dem ich in Liebe und Sachlichkeit auf den Inhalt eingehe, denn der Briefschreiber hat ja einen Grund, warum er so reagiert hat. Ich will erfahren, warum er mir so schrieb. Vielleicht hat er ein schweres Erlebnis, das ihn so stark bestimmt, daß er gar nicht anders reagieren kann. Ich möchte mein mir unbekanntes Gegenüber hinterfragen, um ihm und mir zu besseren Beziehungen zueinander und zu Gott zu helfen. Den Brief lasse ich aber noch über Nacht in meinem Schreibtisch liegen, bevor ich ihn dann wegschicke oder nochmals – mit mehr Liebe und Eindeutigkeit – schreibe. Seit ich das praktiziere, haben sich zwei Dinge in meinem Leben zu ändern begonnen. Ich bin für aufbauende, positive Kritik noch dankbarer geworden als früher. Zum andern trägt es zu einem gesunden, sich immer wieder vor Gott und seinem Wort prüfenden Selbstbewußtsein bei. Dieser oft unerträgliche Zustand der Unausgeglichenheit weicht spürbar einer entkrampften Ausgeglichenheit, in der ich mich nicht dauernd angegriffen fühle und eine stete Abwehrstellung beziehen muß. Es kommt immer wieder vor, daß ich diese neue Lebenshaltung richtig genieße, wenn Jesus mir wieder einen Sieg über meine alte Natur geschenkt hat.

Merksatz: *Kritisch zur Sache – herzlich zum Menschen.*

4. Fiebre nicht Kommendem entgegen. Das zu lernen, dabei bin ich gerade in den Tagen, da ich dieses Manuskript niederschreibe. Manchmal passiert es mir noch, wenn sich die von mir selbst bestimmten Termine zu kurz hintereinander in einem Monat häufen, daß ich in Bedrängnis komme mit der Vorbereitung. Dann beginne ich innerlich zu fiebern. Fragen und Vermutungen tauchen auf. Ich habe begonnen, zu analysieren, warum das in meinem Leben so ist.

Ergebnis: Ich habe Angst vor dem Kommenden. Diese Anspannung kostet viel Kraft, körperliche wie seelische Spannkraft. Die Gedanken werden zusätzlich zu dem, was sie sowieso leisten müssen, enorm belastet. Es ist eine Energieverschwendung vor der Zeit. Ähnlich verhält es sich, wenn Menschen sich zersorgen in den Stunden vor Entscheidungen, ärztlichen Untersuchungen, Examina oder vor der Begegnung mit Menschen. Durch die Angst vor dem Kommenden verändert sich die Lebenslage ja nicht zum Guten. Sie wird dadurch nur noch prekärer, Substanz an Nerven geht verloren, man beginnt von Reserven zu leben. Dauert eine solche Situation an oder kehrt sie immer wieder, betreibt man langsam aber sicher Selbstmord.

Da ist es gut, wenn ich deutlich mache, ich habe das Morgen nicht in der Hand. Aber mich hat Gott in der Hand. Er hat mich bei meinem Namen gerufen, daß ich ihm gehöre (Jes. 43, 1). Wenn ich Gott gehöre, was soll mich dann von seiner Liebe trennen (Röm. 8, 31 ff.), dann hilft er mir auch, mit den Schwierigkeiten fertig zu werden.

Bei diesen Überlegungen ist mir ein anderes Wort Jesu wieder ganz neu groß und lebendig geworden. Er sagt: »Sorget nicht für den anderen Morgen, denn der morgende Tag wird für das Seine sorgen. Es ist genug, daß ein jeglicher Tag seine eigene Plage habe« (Matth. 6, 34). Statt mich nun mit Fragen und Einwänden, mit »wenn« und »aber« aufzuhalten und aufzureiben, bete und denke ich bewußt in solchen Situationen. Im denkenden Vertrauen zu Jesus gehe ich dann in aller Ruhe an die Vorbereitung des ersten Termins. Nur daran denke ich dann und daran arbeite ich. Die anderen Verpflichtungen gebe ich vorerst an Jesus, meinen Herrn und Berater ab. Habe ich meine erste Aufgabe erledigt, wende ich mich der nächsten zu. Nun habe ich die wunderbare Erfahrung gemacht, daß Jesus mich selbst in der ärgsten Bedrängnis noch nie hat sitzen lassen. Da leuchtet dann seine Verheißung in meinem Herzen auf: »Ich will dich nicht im Stich lassen« (Hebr. 13, 5). Ja, Gottes Verheißungen sind nicht vergriffen, sie haben Bestand. Dazu kommt noch die andere Erfahrung, daß sich manche Angelegenheit über Nacht wie von selbst erledigt oder ganz anders ausgeht, als wir es uns oft in unserer Bedrängnis und Unruhe ausmalen. Nein, wir sollen nicht Kommendem entgegenfiebern, sondern Jesus vertrauen. Er gibt Frieden.

Merksatz: *Warum sorgen – es ist gesorgt!*

5. Plane nicht hektisch, plane mit Disziplin und führe es dann auch so aus. Zwei Erlebnisse verdeutlichen diesen Satz. Im Leben unseres Ältesten gab es eine Zeit, die uns als Familie Tag für Tag Kraft kostete. Kaum war Thomas aus der Schule, ging er sofort nach dem Essen daran, seine Schularbeiten zu erledigen. Er wollte das gerne so, um dann den Rest des Tages zur freien Verfügung zu haben. Grundsätzlich hatten wir nichts dagegen.

Anfangs lief es auch gut, doch dann stellten sich Komplikationen ein. Seine Freunde, alles Schüler einer Parallelklasse, hatten täglich früher als er Schulschluß. So konnten sie ihre Hausaufgaben auch früher erledigen. Schon kurz, nachdem Thomas mit seinen Hausaufgaben begonnen hatte, schellte es, und seine Freunde wollten ihn zum Spielen abholen. Das brachte unseren Sohn jedesmal in eine innere Spannung und Unruhe, denn er war ja noch nicht fertig mit seinen Hausaufgaben. Jetzt bestand die Gefahr – und wie manches Mal unterlag er ihr –, schneller mit den Schularbeiten fertig zu werden. Die Konsequenz waren Flüchtigkeitsfehler und eine weniger schöne Schrift. Trotz liebevollem Darauf-aufmerksam-Machen passierte es eben immer wieder. Dann mußte er seine Aufgaben nochmals machen. Hätte er sich gleich nur zehn Minuten mehr Zeit genommen, hätte er seine Schularbeiten nicht nochmals machen müssen.

In aller Ruhe erklärte ich ihm das eines Abends – und, er merkte es selbst, daß man mit Ruhe und Disziplin in kürzerer Zeit mehr erledigen kann, als wenn man zu schnell und dadurch unordentlich arbeitet. Heute ist er bemüht, diese Erkenntnis immer wieder zur Tat werden zu lassen.

Diese Erfahrung, daß man mit Ruhe und Gesammeltsein seine Leistung zusehends verbessern kann, habe ich auch auf einem anderen Gebiet gemacht, und zwar bei meiner Arbeit im Evangeliums-Rundfunk. Ich stellte fest, daß es nicht nur ein »Brotwunder« (Mark. 8, 1 ff.) gibt, also die Vermehrung von Brot, sondern auch ein sogenanntes Zeitwunder, die Vermehrung von Zeit. Die Zeit ist relativ. Was ich damit meine, läßt sich so erklären: Erlebt man etwas Schönes, geht die Zeit schneller vorbei als einem lieb ist. Wartet man auf etwas, muß man einen schweren Weg gehen, erscheint

35

einem die Zeit doppelt so lang. Wenn ich mit gesammelter Ruhe an die Bewältigung der Arbeit eines Tages gehe, auch wenn viele Termine und die Erledigung mancher Gespräche anstehen, kann ich sie meistern. Entscheidend ist, daß ich weiß: Ich bin nicht allein (Matth. 28, 20). Jesus, der Herr meiner Zeit, ist bei mir. Durch dieses Wissen bekomme ich Gelassenheit, ich verzettle meine Kräfte nicht, exponiere mich nicht auf einmal an verschiedenen Punkten. Stück für Stück wird angepackt und erledigt. Geordnet wird nach Wichtigem und Zweitrangigem. Treten Störungen auf, ein unerwarteter Besuch, ein Telefonanruf, eine unvorhergesehene Erledigung, frage ich mich, muß ich das im Moment akzeptieren, kann ich es verschieben, ablehnen? So wird mir geholfen, mit Ruhe alles zu erledigen. Es gibt noch zwei Dinge, die ich in diesem Zusammenhang praktiziere. Ich bete vermehrt um Weisheit. Und am Abend eines Tages, der viel Umtrieb mit sich brachte, und wo nicht alles erledigt werden konnte, bete ich: »Segne, Herr Jesus, mein Tun und mein Lassen an diesem Tag.« Damit beschließe ich meine Dienststunden.

Merksatz: *Plane nicht hektisch – plane diszipliniert! Ruhe steigert die Leistung.*

6. Es gilt zu unterlassen, was eine heikle Situation verschärft. Dieser Satz ist aus dem Umgang mit Menschen entstanden. Wo Menschen zusammenleben, bleiben Meinungsverschiedenheiten nicht aus. Aber sich erhitzen, auf 180 kommen sollte man nicht. Bevor man sich auf Streit einläßt, sollte man immer fragen, ob es sich überhaupt lohnt. Die Bibel warnt: »Erzürne dich nicht« (Ps. 37, 1).

Es gibt ganz verschiedene Wege, eine Unstimmigkeit zu bereinigen: Man bricht das Gespräch ab, verläßt das Zimmer. – Öffnet im eigenen Zimmer das Fenster oder geht an die frische Luft und atmet einige Male tief ein und aus. – Man läßt seine Gedanken zu etwas Frohmachendem gehen. Wenn sich die Gemüter beruhigt haben, kann man nochmals über diese Angelegenheit – in aller Ruhe – sprechen.

Sind es ständige Reibereien, so daß man immer unter Druck lebt, muß man vielleicht eine andere Arbeitsstelle suchen. Das ist immer noch besser, als sich eine Krankheit zuzuziehen, die arbeitsunfähig macht.

Eins sollte man auf keinen Fall tun: mit Erregung ins Bett gehen. Das führt dazu, daß man sich die ganze Nacht hin- und herwirft und sich am Morgen zerschlagen fühlt. Am besten ist in einem solchen Fall, die Sache erst einmal mit Jesus zu besprechen. Ist man selbst an der Erregung schuld, sollte man einen Telefonanruf oder einen Besuch wagen, um sich zu entschuldigen oder um Verzeihung zu bitten. Auch ein Brief, wenn die beiden anderen Dinge nicht möglich sind, kann diesen Zweck erfüllen. Ist man selbst nicht schuld an dieser Disharmonie, ist ein »verzeihe dir« auch nicht fehl am Platz. Es wirkt oft Wunder der Entspannung und Versöhnung und nimmt den Druck weg.

Gut ist auf alle Fälle, sich auch tüchtig Bewegung zu verschaffen. Kaum ein Tag vergeht, an dem ich nicht allein oder mit meiner Frau den Abend mit einem halb- oder einstündigen Spaziergang beschließe. Auf diesen Spaziergängen ergeben sich feine Gelegenheiten des Gesprächs, man kann aber auch wohltuend schweigen. Das Ergebnis ist Entspannung der Gedanken und eine gesunde Müdigkeit. Der Überdruck des Tages schwindet. Irgendwie hat Streß ja immer mit Überanstrengung, Überlastung, Übermüdung, Überbeanspruchung, Überreizung und mit verschiedenen anderen »Über-« zu tun. – Es bedarf der willigen, gläubigen Entschlossenheit, das Erkannte zu praktizieren, wenn es Nutzen haben soll.

Merksatz: *Unruhe schwächt – Ruhe macht überlegen.*

7. Ein letzter Punkt, den ich ansprechen möchte, ist die Begegnung mit Menschen, die uns zu Emotionen reizen. Es betrifft die eigenen Kinder ebenso wie den aufdringlichen Zeitschriftenwerber an der Haustür. Wenn jemand sich von Emotionen leiten läßt, kann er Menschen viel Trauriges zufügen. Emotionen können schrecklich sein, und sie machen den, der damit reagiert, selbst kaputt. Ausgeglichenheit, durch den Frieden Gottes ins Herz gegeben, gibt uns die Kraft, den Nächsten erst einmal anzunehmen, sich über die Unmöglichkeit des Benehmens der eigenen Kinder nicht mehr fertig machen zu lassen, sondern zu versuchen, ihnen zu helfen. Denn das heißt ja, andere annehmen, ihnen helfen.

Wie sieht das wieder praktisch aus? Sie haben sich einen Plan gemacht, wie der Tag ablaufen soll. Im Moment haben Sie sich zurückgezogen, um einen Brief zu schreiben. Die Kinder spielen draußen. Da klingelt es. Der Jüngste möchte etwas haben. Sie geben es ihm. Wenige Augenblicke später klingelt es wieder. Er muß auf die Toilette. Sie sagen ihm, daß sie jetzt gerne ungestört den Brief schreiben möchten. Ein paar Minuten später klingelt der Mittlere. Er weiß nichts von dem Gespräch, das Sie mit dem Jüngsten hatten. An der Tür wird er schon etwas knapp empfangen: »Was ist los?« Er ist über den Ton erstaunt. Sie erfüllen seinen Wunsch. Als aber kurz darauf das Telefon läutet, sind Sie schon etwas ärgerlich, und als dann kurz darauf der Älteste Sturm läutet, ja, da kocht es in Ihnen. Die Gefahr besteht dann, ungehalten und ungerecht zu werden. Es gibt nun wieder verschiedene Wege, dieser Situation zu begegnen. Verschieben Sie Ihr Briefschreiben auf den Abend, wenn die Kinder zu Bett gegangen sind. – Machen Sie den Kindern am Mittagstisch klar, daß Sie am Nachmittag etwas zu erledigen haben, bei dem Sie nicht gestört werden möchten. – Sagen Sie ihnen, daß Sie die Klingel abstellen. – Geben Sie den Kindern eine Verpflichtung, die Ihnen einen freien Zeitraum der Ruhe garantiert. – Erklären Sie den Kindern, so wie sie ihre Ruhe zu den Schularbeiten benötigen, brauchen Sie jetzt etwas Ruhe, Ihren Brief zu schreiben oder – was ja manchmal auch der Fall ist, sich eine halbe Stunde auszuruhen. Geht dann doch einmal alles schief, dann gehen Sie in Ihr Zimmer, schließen Sie die Tür zu. Setzen oder legen Sie sich einige Minuten ganz entspannt in einen Sessel oder auf die Couch. Nehmen Sie ruhige Bilder und friedliche Gedanken in sich auf. Werden Sie dankbar froh, daß Jesus Ihr Friede ist. Atmen Sie tief ein und aus. Beten Sie: »Herr Jesus, dein Friede regiert in meinem Herzen. Mache mich ganz ruhig. Laß mein Herz ruhig und regelmäßig schlagen. Du regierst in mir. Ich brauche nicht zu fiebern, meine Nerven sind in deinen Händen. Ich danke dir, daß ich alle meine Unruhe bei dir lassen kann.« Das wird Ihnen Entspannung bringen, Harmonie und Gelassenheit.

Merksatz: *Miteinander reden verhindert Ärger.*

Wir haben als Leute Jesu sein Angebot, gelassen und ausgeglichen zu sein, weil er uns führt (Ps. 23). Im Alten Testament steht ein ausdrucksvolles Wort: »In die Fläche meiner Hand habe ich dich gezeichnet« (Jes. 49, 16). Gott ist für uns. Er liebt uns und will uns helfen, den Frieden, den er uns geschenkt hat, auch auszuleben, ihm zur Ehre und anderen Menschen zur Hilfe. Das Geschenk des Friedens Gottes ist ein grundsätzliches Geschenk. Wenn wir in fester Verbindung mit Jesus bleiben, nach seinem Willen fragen, uns an seinem Wort orientieren, schenkt er uns Tag für Tag, daß wir »alles mit der Ruhe« erledigen können. Dadurch wird unser Leben lebenswerter.

Merksätze

1. Gelassenheit beginnt am Morgen.

2. Ich muß – muß nicht sein.

3. Kritisch zur Sache – herzlich zum Menschen.

4. Warum sorgen – es ist gesorgt.

5. Plane nicht hektisch – plane diszipliniert.

6. Unruhe schwächt – Ruhe macht überlegen.

7. Miteinander reden verhindert Ärger.

Kapitel 4

Wie ich den alten Tag beschließe – beginne ich den neuen

Wenn so ein Tag wie heute zu Ende geht, hat sich mancherlei zugetragen. Nicht nur Freude und Sorglosigkeit, Glück und Zufriedenheit, Lob und Dank kennzeichnen ihn. Wohl, wir konnten manches erledigen, anderes blieb im Stadium des Planens stecken. Wenigen gelingt es so ganz, den Tag mit Ruhe zu beschließen, ausgeglichen und entspannt. Zu vieles belastet noch die Gedanken und beunruhigt das Nervensystem – und sei es nur unterschwellig. Denn es gab ja auch dunkle Seiten, nicht nur Licht im Verlaufe des Tages. Und gerade die dunklen Seiten wirken sich belastend aus. Sorgen, Zorn, Fehlentscheidungen, Angst, Fertigsein, Frustration, Schuld, Depression, Zweifel, schlechtes Gewissen, Erfolglosigkeit, Zank, Neid – das alles sind Streßsituationen, die, wie ein Brennspiegel gebündelt, verheerende Auswirkungen auf Leib, Seele und Geist haben. Gelingt es nicht, diese Eindrücke aufzuarbeiten, ihnen also den belastenden Druck zu nehmen, wirken sie erdrückend.

Verschieden sind nun die Angebote, mit diesen Belastungen fertig zu werden. Sie reichen vom »darauf einen Dujardin« über das »erst mal eine HB« bis zum »...« Viele sehen auch im Fernsehen solch eine Möglichkeit, einen inneren Ausgleich herbeizuführen. Für sie nimmt das Abendprogramm die Stellung so einer Art »Abendandacht zum Tagesabschluß« ein. Man meint, dadurch eine entsprechende Entlastung zu finden. Doch das ist Selbstbetrug. Es ist eine Scheinentlastung, die in Wirklichkeit eine zusätzliche Belastung zum Tagesgeschehen bringt. Denn neue Eindrücke müssen verarbeitet werden. Aufreizende Bilder belasten das vegetative Nervensystem, das eigentlich zur Ruhe kommen müßte.

Wie ich einen Tag beschließe und in die Nacht gehe, hängt wesentlich von meiner Entscheidung ab. Ja, ich gehe in meiner Feststellung soweit zu sagen: Es hängt nicht nur von meiner Entscheidung ab, wie ich in die Nacht gehe, sondern auch, wie ich den neuen Tag beginne. Denn, wie ich den alten Tag beschließe, beginne ich den neuen.

Auf diesem Hintergrund bekommt das Gespräch mit Gott eine einzigartige Aktualität. Es ist der Weg zum Frieden mit Gott und zur Harmonie mit sich selbst, aber auch zum Frieden mit Mitmenschen und zur realen Sicht und richtigen Einstellung den Dingen des Tages gegenüber. Auf Gott programmiert sein, ist in unseren Tagen der Weg mit Konflikten zu leben, bzw. sie zu bewältigen, weil er um seines Namens willen richtig führt. So kommen wir im Gespräch mit Gott zur Entspannung nach einem angespannten Tag.

Konkret kann das so aussehen: Wir vergegenwärtigen uns:

1. *Gott bin ich nie lästig – er hat immer Zeit für mich*

Das ist großartig. Im Gespräch mit Gott können wir zur Ruhe kommen. Niemand treibt uns. Gott hat immer Zeit für uns. Er ist jederzeit zu sprechen. Es ist nicht so, daß er uns nur 10 Minuten zur Konsultation zuweist, weil bereits der Nächste wartet.

Weil Gott ganz für uns da ist, will er auch unsere ungeteilte Aufmerksamkeit. Wer nun weiß, daß seine Zeit in Gottes Händen steht (Ps. 31, 16), kann es sich leisten, viel Zeit zum Gespräch mit Gott freizumachen. Es ist nie verlorene Zeit, sondern stets gut investierte.

Gott hört zu (1. Joh. 5). Mit allem, was uns bewegt, nicht nur dürfen, sondern sollen wir zu ihm kommen. Unser Gespräch mit ihm soll keine trockene, geistige Übung sein, sondern lebendiger Ausdruck einer herzlichen Vater-Sohn- oder Vater-Tochter-Beziehung. Ein erzwungenes, gekünsteltes Gespräch ist wertlos, wenn es darum geht, ein gutes Verhältnis zu haben. Wenn wir uns überwinden müssen, mit jemandem zu sprechen, der uns angeboten hat, daß er Zeit für uns hat, dann stimmt mit unserer Liebe zu ihm irgend etwas nicht. Die Begründung, ich kann ihn doch nicht immer belästigen, ist dann grundlos.

Aus einer echten Beziehung zu Gott fließt das Gespräch in ganz natürlicher Weise, und das wiederum stärkt und vertieft die Beziehung. Wenn Sie also meinen, Sie könnten zu Gott nicht jederzeit und mit allem kommen, dann ist nicht die Art und Weise, wie Sie beten, falsch, sondern Ihre Beziehung zu Gott, Ihre Liebe zu ihm leidet. Ist die Beziehung in Ordnung, leben wir vertrauensvoll mit ihm. Dann wird Beten zur Freude, zur Entspannung, zum Auftanken für Leib, Seele und Geist. Wir haben dann Teil am Leben Gottes, das wir nie missen wollen.

Gott bin ich nie lästig – er hat immer Zeit für mich

Für mich ist diese Erkenntnis gerade am Abend eines Tages eine Labsal. Gott hat Zeit für mich. Schon allein dieses Wissen, das dann zur Erfahrung wird, entkrampft. Gott widmet sich mir ungeteilt. Und ich kann mir Zeit nehmen, alles, aber auch alles, was der Tag mit sich brachte, mit ihm zu besprechen. Diese wunderbare Wirklichkeit ging mir in ihrer ganzen Tiefe in Tagen ernster Erkrankung besonders auf. Es war eine Zeit, in der jeweils der nächste Schritt meines Lebens sehr dunkel und ungewiß vor mir lag. Da hatte ich Jesus besonders viel zu sagen. Doch das Erleben, gerade dann in Gott geborgen zu sein, war so einzigartig, daß ich mir mein Leben heute, wo ich den nächsten Schritt sehe, ohne diesen Dialog gar nicht mehr vorstellen kann. Besonders dann, wenn der Tag viel Umtrieb und Sieg oder Anspannung und Versagen mit sich brachte, habe ich großes Verlangen, zum Tagesabschluß mit Gott in besonderer Weise Gemeinschaft zu haben.

Gott bin ich nie lästig – er hat immer Zeit für mich

Dieses Angebot gilt Ihnen. Nehmen Sie es in Anspruch! Gottes Zeit ist nicht besetzt. Sie können nur profitieren aus der Gemeinschaft mit dem, dem alle Macht gegeben ist im Himmel und auf Erden. Vertrauen Sie sich ihm an!

2. *Gott muß ich nicht mit vielen Worten kommen – er versteht mich*

Es ist traurig, daß so viele Menschen eine besondere und unnatürliche Sprache für das Gespräch mit Gott haben. Sie meinen, Gott nicht in passender Weise anzureden, wenn sie sich nicht in geschwollenen Redensarten ergehen. Beredsamkeit mag Menschen imponieren, aber bei Gott richtet sie nichts aus. Unsere Gebete werden nicht eher gehört, weil sie in gewählten Worten vorgetragen werden. Davon läßt Gott sich nicht einwickeln oder überreden. Das Gegenteil ist wahr: Wenn uns die Worte fehlen, wenn wir außerstande sind, unser tiefes Verlangen in Worte zu fassen, hört und versteht uns Gott.

Wenn ich überlege, was in meinem Leben mehr Einfluß auf Gott hatte, ein Wortschwall oder das tatsächliche Verlangen und Bedürfnis, was hinter meinen Worten stand, dann habe ich erfahren, daß letzteres zählt. Jesus sieht das Herz an und warnt: »Plappert nicht wie die Heiden« (Matth. 6, 7).

Natürlich ist eine gute Sprache, das Anliegen treffend formulierend, eine große Hilfe im Gegensatz zu einer ungenauen, verschwommenen Ausdrucksweise. Aber für Gott spielt das keine Rolle – nur für uns! Wir sollen natürlich immer unser Bestes geben. Wir werden ja auch nicht mit dem Menschen, den wir lieben, schnodderig reden. Wenn wir beten, wollen wir aussprechen, was unser Herz bewegt, und das nicht gedankenlos, das wäre viele Worte machen. Wir wollen reden, wie wir mit einem guten Freund reden, den wir achten, den wir lieben, dem wir vertrauen. Wie ein Freund hört Gott uns zu und zwar gerne. Darum wird er die Worte, die wir wählen, wenn sie unser wahres und aufrichtiges Empfinden ausdrücken, bestimmt nicht falsch verstehen und kritisch auf die Goldwaage legen.

Gott muß ich nicht mit vielen Worten kommen – er versteht mich

Ich erinnere mich an einen Abend nach einem langen, mit Gesprächen und Schulung ausgefüllten Tag. Ich war völlig erschöpft. Mein einziger Wunsch war: schlafen. Viel Kraft zum Andachthalten hatte ich nicht mehr. Ich fragte mich, ob ich den Abend auch einmal ohne ausführliches Gespräch mit Jesus beenden könnte? Da mußte ich daran denken, daß er ja mein Herz sieht. Es war für mich befreiend, Jesus sagen zu können: »Herr, du weißt, ich bin sehr müde. Ich danke dir, daß du bei mir bleibst, wenn ich mich jetzt zur Ruhe begebe. Morgen, wenn es dein Wille ist und ich wieder aufwache, wollen wir alles weitere miteinander besprechen. Bitte laß mich in deinem Frieden gut schlafen. Amen.«

Es war befreiend, wie gut ich in dieser Nacht schlief.

Gott muß ich nicht mit vielen Worten kommen – er versteht mich.

Beenden Sie diesen Tag froh, denn Ihr Vater weiß, was Sie bedürfen, noch ehe Sie ihn darum bitten (Matth. 6, 8). Er sieht Ihr Herz an. Was immer Sie beschäftigt, ob Sie zu müde sind, ob Ihnen die Worte zum Gespräch fehlen, weil Sie niedergeschlagen sind, sie dürfen seine Gemeinschaft suchen. Sie müssen dabei gar nicht reden. Gebet ist ja nicht Monolog. Es ist Dialog. Also hören Sie, was Gott Ihnen durch sein Wort, durch seinen Geist zu sagen hat. Setzen Sie sich der Ruhe in Gemeinschaft mit Gott aus. Das hilft, ihm zu begegnen. Bitten Sie Gott um Stille zur Stille, damit Ihre Gedanken eine Entlastung vom Leistungszwang, denken und reden zu müssen, erfahren; wo der Mensch bereit ist, auf Gott zu hören, redet Gott.

3. *Gott muß ich nicht richtig informieren – er kennt mich*

Immer wieder passiert es, daß wir meinen, wir müßten Gott richtig über uns informieren. Das ist nicht nötig. Gott weiß genau Bescheid über uns, unsere Vorsätze, unsere Neigungen, unsere Siege, unsere Niederlagen, unsere Beziehungen, unsere Gedanken – über alles! Wir müssen ihn also nicht erst einweihen in das Geschehen eines Tages. So und so ist die Sache, so und so wird sie ausgehen, wenn du nicht das und das in die Wege leitest. Nehmen wir zur Kenntnis: Gott schätzt uns richtig ein. Gott weiß auch, was tatsächlich heute geschah. Er weiß, was gut für uns ist und was nicht. Er sieht unseren Weg vor sich. Würde er von unseren Informationen abhängig sein, wäre er nicht mehr Gott. Unser Vertrauen zu ihm wäre dauernd Schwankungen unterworfen. Einmal würden wir so informieren, ein andermal so. Weil Gott aber ohne unsere Informationen auskommt, bewahrt er uns vor manchen Fehlentscheidungen. Er weiß genau, wohin unser Weg zu führen hat, wenn er zielgerichtet bleiben soll. Es wäre allerdings ein Fehlschluß unsererseits, daraus zu folgern: Dann brauche ich ja gar nichts mehr mit Gott zu besprechen. – Doch, gerade das will er! Bis in die Einzelheiten sollen wir unser Leben und den Ablauf des Tages noch einmal mit ihm durchgehen. Wir können ihm sogar sagen, wie wir uns die eine oder andere Sache vorstellen. Aber eben nicht in der Manier, als wäre Gott hinterm Mond zu Hause. Er ist gut über uns informiert! Er will, daß wir aufrichtig nach seinem Rat fragen, aufmerksam auf ihn hören, seine Wegweisung akzeptieren und seinem Geist und Wort gehorchen.

Gott muß ich nicht richtig informieren – er kennt mich

Nach meinem Herzinfarkt war ich in einer Klinik, um wieder schlafen zu lernen. Unter der fachkundigen Anleitung gläubiger Ärzte fand ich nach Wochen – mit Medikamenten – wieder so drei bis vier

Stunden Schlaf. Auch meine Nerven stabilisierten sich. Es ging langsam aufwärts.

In der Zwischenzeit bahnte sich eine berufliche Veränderung an. Ich erbat bei meiner Kirche eine ganze Freistellung vom Dienst des Gemeindepastors, um nur noch als Chefredakteur beim Evangeliums-Rundfunk tätig zu sein. Mit der Abgabe des Gemeindedienstes wollte ich auch eine räumliche Trennung vollziehen. Denn im Gemeindezentrum wohnen bleiben, hieße letztlich doch, Gemeindepastor bleiben.

Wir fanden eine sehr schöne, neue Wohnung. Zum Jahresbeginn sollte der Umzug stattfinden – ohne mich. Ich war in der Klinik. Das konnte ich mir nicht vorstellen. Ein Haushalt mit fünf Personen, dazu mein Studierzimmer mit all den Büchern und Unterlagen. Und das sollte meine Frau alleine machen! Ich bestürmte Gott im Gebet, daß ich doch früher aus der Klinik entlassen würde. Ich hielt Gott vor, was alles schief gehen werde, wenn ich nicht dabei sein würde. Eine genaue Liste von Argumenten hatte ich vorzuweisen. Doch Gott ließ sich nicht umstimmen. Er war bestens informiert. Er hatte bereits vorgesorgt für alles. Ich sollte das bißchen Kraft und Schlaf, was ich inzwischen zurückgewonnen hatte, nicht in zwei drei Tagen wieder aufgebraucht haben. Gott wußte, daß mir die Ruhe zum Aufbau meiner Lebenskräfte und meines Lebensmutes besser tun würden als der Tumult eines Umzuges.

Als ich merkte, Gott gab nicht nach, gab ich mich zufrieden. Im Gespräch gab ich mein Anliegen an Jesus ab. Er sollte meine Sache führen und auch vor meinem Vater im Himmel vertreten. Ich stellte mich um. Im Gebet begann ich, den Umzug vorzubereiten; für die notwendige Kraft für meine Frau zu beten, für gutes Wetter, für die rechten Mitarbeiter, daß es keinen Bruch gebe. Meiner Frau sandte ich einen Rosenstrauß als Gruß in die neue Wohnung. Sie sollte, wenn ich auch nicht dabei sein konnte, doch auf diese Art wissen, daß ich in Gedanken bei ihr bin.

In der Zwischenzeit dirigierte Gott die Sache. Die jungen Männer unserer Gemeinde hatten den Umzug zu ihrer Sache gemacht. Einer besorgte den Umzugswagen. Einer montierte die elektrischen Sachen in der alten Wohnung ab und in der neuen Wohnung wieder an. Einer baute die Möbel auseinander. Einer gab beim Verladen und Ausladen die Anweisungen, was wo hinkommt. Am Abend des Tages kam es meiner Frau wie ein Wunder vor, daß sie mit den Kindern im neuen Haus war. Wenn auch noch vieles Durcheinander war, alles war sehr gut gegangen. Ich atmete auf, als ich das durch das Telefon erfuhr und dankte Gott, daß er mich so gut kannte.

Gott muß ich nicht richtig informieren – er kennt mich

Was nun der Tag Ihnen gebracht hat – geben Sie alles im Gebet an Gott ab. Sie brauchen dabei keine Angst zu haben, Sie würden etwas Entscheidendes vergessen oder Sie könnten Gott nicht auf Ihre Seite ziehen. Gott versteht und kennt Sie vollständig und besser, als Sie sich selbst kennen. Er wird sich so verhalten, daß Sie sich wundern werden, wenn er nach seinem Rat Ihre Sache hinausführt.

4. *Gott muß ich nicht umstimmen – er ist für mich*

Das ist gute Nachricht: Gott ist nicht gegen uns. Er ist für uns (Röm. 8, 31 ff.). Er will uns gut durch die Zeiten bringen und uns helfen, wenn es um die Bewältigung der Lebensprobleme geht. Ihm ist nicht gleichgültig, wie wir mit dem Leben fertig werden. Er will vor allem nicht, daß wir Fehlhaltungen, wenn sie in unserem Leben auftreten, entschuldigen. Dagegen ist Gott. Das steht fest. Umstimmen, daß er z. B. unsere Lieblosigkeit, unseren Neid oder unser Mißtrauen bejahen oder, wenn wir jemandem wehgetan haben, tolerieren würde, also fünf gerade sein ließe, nein, das geht nicht. Da macht er nicht mit. Aber er läßt mit sich reden, wenn wir unser Fehlverhalten einsehen. Es wäre ja unser Verhängnis, wenn Gott, unser Vater, sich da umstimmen ließe. Wir kämen ganz vom Weg der Nachfolge ab. Nein, da wäre er nicht mehr für uns. Da wären wir ihm gleichgültig. Indem Gott für uns ist, verbietet er uns auch Dinge, die wir gern tun möchten; verbaut er uns Wege, die wir gern gehen möchten; macht er uns auf Menschen aufmerksam, denen wir lieber nicht begegnen möchten; beauftragt er uns, bestimmte Angelegenheiten zu erledigen, die uns unangenehm sind. Gott ist trotzdem für uns, auch wenn uns so vieles gegen den Strich geht. Wir müssen ihn nicht umstimmen, sondern aufmerksam werden, wenn wir merken, daß Gott unseren Weg blockiert. Dann gilt es, dem Mahnen des Heiligen Geistes gehorsam zu sein. Das bringt – auch wenn es vordergründig nach Nachteilen aussieht – letztlich immer Gewinn.

Gott muß ich nicht umstimmen – er ist für mich

Wir waren auf einer Atlantik-Kreuzfahrt mit einem israelischen Schiff. Die Gemeinschaft war gut. Reges Interesse herrschte an den angebotenen Seminaren, das Essen war vorzüglich, und auch das Wetter ließ nichts zu wünschen übrig.

Trotz hellem Sonnenschein trat bei einem Passagier eine seelische Trübung ein. Ausgelöst wurde sie durch die Morgenandacht über den Propheten Jona, der sich mit einem schlechten Gewissen auf der Flucht vor Gott befand (Jona 1, 3), wie uns die Bibel berichtet. Auch die junge Frau hatte ein schlechtes Gewissen. Gottes Geist deckte eine alte, unvergebene Schuld neu auf. Bisher wurde sie immer wieder ignoriert. Man ging einfach zur Tagesordnung über, als sei nichts geschehen. Auch dieses Mal wurde der Versuch unternommen, Gott umzustimmen, sogar im Gebet. »Herr, doch nicht jetzt. Laß mich doch in Ruhe diese Kreuzfahrt genießen. Später, zu Hause bringe ich alles in Ordnung. Wie stehe ich da, wenn das herauskommt . . .«

Gott ließ sich nicht umstimmen. Er war scheinbar gegen diese Passagierin. Aber nur scheinbar. In Wirklichkeit war er ganz für sie. Daher ließ er ihr keine Ruhe, bis es zum Bekenntnis kam. War das eine Befreiung, als das Fehlverhalten ausgesprochen war. Die Sonne schien noch leuchtender, die Freude war noch schöner, die Gemeinschaft noch gewinnbringender. Es war ein neuer Anfang, denn alles Belastende konnte zurückgelassen werden. Drei Wochen später folgte dem Schuldbekenntnis die Wiedergutmachung.

Gott muß ich nicht umstimmen – er ist für mich

Haben Sie auch den Eindruck, Sie müßten Gott wegen irgendeiner krummen Sache heute umstimmen? Vielleicht wollen Sie ihm einen Gefallen tun, damit er Ihr Fehlverhalten übersieht. Geben Sie es auf! Sie treiben eine Vogel-Strauß-Politik, die Ihnen letztlich nichts Gutes einbringt. Gott ist doch nicht gegen Sie. Sie können den Tag beschließen mit einem wohltuenden Aufatmen, wenn Sie sich durch Gottes Geist umstimmen und korrigieren lassen. Ihr Leben wird heil. Mit einem schlechten Gewissen schläft es sich nicht gut, aber mit einem guten!

5. Gott muß ich nicht einstimmen – er liebt mich

Wie manches Mal stehen wir in Gefahr zu meinen, wir müßten um Gottes Liebe buhlen; wir müßten uns zuerst nach Gott ausstrecken und seine Liebe suchen; wir müßten Gott gleichsam erweichen, sich uns zuzuneigen. Aber so ist es nicht! Nicht wir bauen zuerst unsere armseligen Stufen zu Gott empor, damit er dann zu uns herabsteige. »Darin steht die Liebe, nicht daß wir Gott geliebt haben, sondern daß er uns zuerst geliebt hat – zuerst geliebt – und gesandt seinen Sohn zur Versöhnung für unsere Sünden« (1. Joh. 4, 10). Daß Gott uns zuerst geliebt hat, ist nicht eine allgemeine Wahrheit, die wir einfach aus unserem Herzen hervorholen könnten. Das ist Wirklichkeit, das ist ein für alle Mal geschehen (Joh. 3, 16).

Was haben wir Menschen – um einmal ganz einfältig zu reden – Gott schon mitgebracht? Was haben wir denn für Voraussetzungen geschaffen, daß er uns so in Liebe begegnet? Wenn wir es in Wahrheit zugestehen, dann ist es doch so, daß Gott unsere gottverlassene, todverfallene Existenz gegen das ewige Leben eintauschte. Wenn schon die Rede sein soll von dem, was bei uns zuerst da war, was wir Gott mitbrachten, so ist es doch unser Mißtrauen gegen Gott, unser Haß gegenüber seinen gerechten Gerichten, unsere Angst vor seiner Nähe, unser Widerwille gegen seine bedingungslose Gnade, unsere Selbstsucht, mit der wir Gott und alle Dinge uns und unseren Zwecken dienstbar machen wollen. Gott findet bei uns gar nichts vor, das ihn an uns zum Lieben reizen, drängen oder gar nötigen könnte. Er hat uns seine Liebe aus freien Stücken zuerst zugewandt.

Gott muß ich nicht einstimmen – er liebt mich

Da muß ich an viele meiner Predigtvorbereitungen denken, als ich noch hauptamtlich im Gemeindedienst stand. Von Montag bis Freitag im Evangeliums-Rundfunk vollamtlich tätig, stand mir nur der Samstag zur Vorbereitung für den Gemeindedienst zur Verfügung. Und da ging es um die Sonntagspredigt, die Bibelstunde, die Glaubensunterweisung und was sonst noch an Gruppenstunden vorzubereiten war; ein volles Pensum für einen Tag. Wie manches Mal saß ich bis weit über Mitternacht hinaus an meinem Schreibtisch, um meine Sonntagspredigt zu überdenken und zu konzipieren. Immer wieder wurde es mir zur Anfechtung, warum ließ Gott nicht die Gedanken fließen? Ich hatte doch den Montag bis Freitag ihm zur Verfügung gestellt. Warum ließ er mich nun sitzen und ließ kein Konzept entstehen? Wie oft hielt ich Gott vor: Ich bin doch ganz für dich da. Gebe dir und deiner Sache doch meine ganze Zeit, opfere meine Familienatmosphäre, um für deine Sache da zu sein. So manches andere kam hinzu, was ich Gott vorhielt. Aber mein Begehren wurde nicht wunschgemäß erfüllt. Liebte er mich nicht mehr? Warum schlug er mir diese Bitten aus?

Mit flehendem Herzen, nach ein paar Stunden Schlaf, stand ich dann am Sonntagmorgen auf der Kanzel. »Herr, laß mich jetzt nicht sitzen, danke!« war meistens mein Stoßgebet. Und ich erfuhr dann, daß die Predigten, die aus der restlosen Abhängigkeit von meinem Herrn kamen, die waren, die am nachhaltigsten Echo hervorriefen und Leben verändernd unter den Hörern wirkten. Ich mußte einfach feststellen: Nichts hab ich zu bringen, was Gott einstimmen könnte, mich zu lieben. Noch viel weniger läßt Gott sich etwas schenken. Ich hatte keinen Grund, auf mein Können stolz zu sein, und war doch dankbar und zufrieden für den Segen, den Gott wirkte. Ich konnte Gott keinen Gefallen tun, um ihn dann zu einer Gegenleistung zu zwingen. Ich lerne daraus, aufrichtig und demütig vor Gott zu stehen, weil ich erlebe, er liebt mich zuerst.

Gott muß ich nicht einstimmen – er liebt mich

Wenn Sie erschreckend feststellen, daß Sie mit Ihrem Können nicht weiterkommen, dann stecken Sie nicht auf. Legen Sie auch den Gedanken beiseite, mit einem Gelübde oder Versprechen sich Gottes Liebe erkaufen zu können. Das mag Gott nicht! Er will Ihr grenzenloses Vertrauen, das für sich in Anspruch nimmt: Gott liebt mich! Er läßt mich nicht im Stich! »Euer Vater weiß ja doch, was ihr nötig habt, noch ehe ihr ihn darum bittet.«

6. *Von Gott muß ich nichts erbetteln – er wirkt zu meinem Besten*

Es ist klar, gegen den Willen Gottes zu beten ist aussichtslos. Tun wir es trotzdem, schaden wir uns selbst. Wir beten für etwas, das wir nicht bekommen und vergeuden damit unsere Zeit und Kraft. Und sollte es sein, daß wir es im Gebet von Gott erzwingen wollen, wäre es uns besser nicht zuteil geworden. Ertrotzen bringt nichts Gutes ein.

Andererseits spüren wir schon, wenn Gott selbst uns etwas aufs Herz legt, wenn er uns zu seinen direkten Mitarbeitern macht. In solchen Stunden erleben wir, was nach dem Willen Gottes beten heißt. Das heißt aber nicht, daß wir bei anderen Gelegenheiten mit dem Beten aufhören sollen, bloß weil wir nicht herausgefunden haben, was in diesem Falle Gottes Wille ist.

Wo wir uns nicht im klaren sind, sollen wir im Gebet fragen: »Herr, ist das dein Wille?« Damit bringen wir zum Ausdruck, daß wir uns dem Vater ganz unterordnen und von ihm abhängig sein wollen. Vernünftig ist auch der Zusatz, doch nicht als selbstlaufendes Vokabular, »wenn es dein Wille ist«. Wir können das sagen nach Bitten, wo es nicht ganz offensichtlich ist, ob sie Gottes Willen entsprechen, bei denen wir uns unsicher fühlen. Damit geben wir aus freien Stücken unser Ja zu dem Weg, den Gott uns führt, und wir vertrauen ihm, daß er uns schon geben wird, was für uns gut ist, uns zum Besten dient (Röm. 8, 28).

Von Gott muß ich nichts erbetteln – er wirkt zu meinem Besten

Seit meinem Herzinfarkt ist, außer einigen Wochen, kein Tag vergangen, an dem ich nicht durch Kopfschmerzen in meiner Arbeit behindert bin. Diese Beschneidung meiner Kraft bringt mich oft in innere Bedrängnis. Mir ist klar, daß es Gott ein Kleines ist, dies zu ändern. Aber, warum tut er es nicht? Da steigen dann schon Anfechtungen im Herzen auf, wenn Tag für Tag das Gebet nicht erhört wird, wie man es gerne wünscht. Ja, wie man es für die Sache Jesu als richtig ansieht; denn was könnte ich mehr leisten für Jesus, wenn ich nicht dieser Beschränkung unterworfen wäre.

Gott nahm mir diese Schmerzen bis heute nicht weg, trotz meines Bittens. Seine Antwort lautet so ganz anders: »Laß dir an meiner Gnade genügen; denn meine Kraft ist in den Schwachen mächtig« (2. Kor. 12, 9).

Wie habe ich Gott bestürmt, ja gebettelt habe ich. Doch dann merkte ich, vor allem, wenn ich abends unglücklich zu Bett ging, daß Betteln kein Beten ist. Betteln hilft gar nichts. Es will ja nur, daß

Gott das Schwere wegnimmt, und wenn er es nicht tut, dann schlägt es um in Bitterkeit, und alles wird nur noch schlimmer als zuvor. Beten ist anders. Im Beten ringt sich das vertrauende Denken durch das eigene Sorgen und Grämen hindurch zu Gott. Es lernt ihm vertrauen, denn er hat ja Wege und Mittel zu helfen. Und er wird so helfen, wie es dem Vertrauenden zuträglich ist.

Von Gott muß ich nichts erbetteln – er wirkt zu meinem Besten

Wenn Sie verzagen wollen, es gibt keinen Grund dafür! Gott ist bei Ihnen. Mit Sorgen und mit Grämen läßt er sich nichts nehmen. Schenken Sie ihm Ihr ganzes Vertrauen! Er greift in wunderbarer Weise ein, um das, was Sie momentan bekümmert, so hinauszuführen, daß es Ihnen wirklich zum Segen gereicht. »Euer Vater weiß ja doch, was ihr nötig habt, noch ehe ihr ihn bittet.«

7. Bei Gott muß ich nichts verdrängen – er weiß alles

Als Menschen, die an Jesus Christus glauben, wissen wir, daß wir bestimmte Dinge nicht denken, sagen oder tun sollten. Wir wissen aber auch, daß es immer wieder passiert, daß aus unserem Inneren ein böser Gedanke hochsteigt. Wie reagieren Sie? Es liegt nahe, daß man dann vielleicht nicht aufrichtig genug ist. Es fehlt die Bereitschaft, zuzugestehen: Ja, so bin ich. Solche Gedanken, Wünsche, Begierden stecken in mir drin. Man meint vielmehr: Aber das darf doch nicht wahr sein, das kann ich doch nicht denken.

Die Konsequenz daraus ist: Viele drängen diese aufsteigenden Gedanken ins Unbewußte zurück und bezeichnen diesen Vorgang vielleicht dann sogar als »Sieg über die Sünde«.

Wie kommt das? So fragte ich mich, als ich mich bei einem solchen verkehrten Reagieren ertappte. Das hängt damit zusammen, daß ich nicht den Mut hatte, zuzugestehen: Ja, so bin ich. »In mir, das ist in meinem Fleische, wohnt nichts Gutes« (Röm. 7, 18). Statt diese Gedanken zu verdrängen, hätte ich sie akzeptieren und aufarbeiten sollen. So entstand aus der Gedankensünde eine Herzenssünde. Das aber ist viel gefährlicher als offenkundiges Sündigen, weil es nicht mehr kontrolliert werden kann. Durch ständiges Unterdrücken und Verdrängen von schlechten Gedanken können wir es zwar erreichen, daß bestimmte Dinge nicht in unser Bewußtsein aufsteigen. In Wirklichkeit aber vergiften diese verdrängten Dinge das

Unterbewußtsein. Ihre verheerenden Auswirkungen zeigen sich dann in Neurosen und Psychosen. Verdrängen ist also ein falsch proklamierter Sieg über die Sünde. Daraus erwächst uns keine Heilung und kein Heil.

Bei Gott muß ich nichts verdrängen – er weiß alles

Es ist befreiend, das zum Abschluß eines Tages zu erleben. Ich kann vor Gott mit offenen Karten spielen. Ich brauche nichts, aber auch gar nichts zu beschönigen oder zu verdrängen. Ich kann alles beim Namen nennen. Damit ist die Voraussetzung gegeben, Dinge, die schief gelaufen sind, aufzuarbeiten, sie zu bewältigen. Mit Gott kann ich allem klar ins Angesicht sehen.

Ja, so bin ich! Ich kann neidisch werden, hochmütig; unsaubere Gedanken können plötzlich in mir aufsteigen. Es ist meine Erfahrung, je aufrichtiger ich bemüht bin, nach Gottes Willen zu leben, desto mehr Verderbnis wird mir an meinem Wesen deutlich. »Ja, Herr, so bin ich!« Mit diesem Bekenntnis stehe ich vor Gott. Doch er macht mich nicht fertig. Er ist mir gnädig. Er freut sich über mein unumwundenes Eingestehen. Er will mich reinigen bis ins Unterbewußte, ja ins Unbewußte. Wenn ich so im Gebet vor ihm verweile, erlebe ich die Wirklichkeit des Wortes Gottes: »Gott widersteht den Hoffärtigen, aber den Demütigen gibt er Gnade« (1. Petr. 5, 5).

Das hat es noch nie in meinem Leben gegeben, daß ich mit der aufrichtigen Bitte: »Herr, sei mir Sünder gnädig« (Luk. 18, 13) umsonst zu Gott gekommen wäre. Wo ich am Abend eines Tages mein Vertrauen nicht mehr auf mich selbst setze, nicht nur mit den Lippen und dem Kopf bekenne, sondern alles von Gott erwarte und mich ihm ganz ausliefere, mit allen meinen seelischen Abgründen, mache ich die erquickende Erfahrung der Vergebung meiner Sünden (Ps. 32; 103). Das ist eine gute Voraussetzung, einen neuen Tag zu beginnen, ohne belastende Hypothek an unvergebener Schuld. »Es ist genug, daß jeder Tag seine eigene Plage habe« (Matth. 6, 34).

Bei Gott muß ich nichts verdrängen – er weiß alles

Ob Sie das nicht realisieren wollen? Haben Sie den Mut, zuzustehen: So bin ich! Nur dann machen Sie die beglückende Erfahrung, wie herrlich befreit man sich fühlt, wenn man nichts mehr verdrängen muß. Ihr Leben ist in Gottes Hand. Er läßt Sie nicht fallen. »Euer Vater weiß ja, was ihr benötigt, ehe ihr ihn bittet.«

8. Bei Gott muß ich nicht so tun »als ob« – er vergibt mir

Es vergeht ja kein Tag, an dem wir nicht schuldig werden. Deshalb sollen wir den Tag am Abend überdenken, bevor wir schlafengehen. Dazu bedarf es der Ruhe. Auch Zeit sollen wir uns nehmen. Hektik zum Tagesabschluß bringt nichts Gutes ein.

Wenn wir den Tag nochmals in Gedanken durchgehen, wollen wir nicht nur registrieren, was wir geleistet haben. Wir wollen auch bewußt zur Kenntnis nehmen, was wir verschuldet haben. Fragen wir selbstkritisch: Mußte sich meine Frau, mein Mann heute über mich ärgern? Habe ich meine Kinder richtig behandelt? War mein Verhältnis zu den Arbeitskollegen korrekt? Ging ich aus zwielichtigen Gründen dem Nachbarn aus dem Weg? Habe ich Jesus verleugnet? Bringen Sie Ihre Fragen in einen konkreten Bezug zum Tagesgeschehen.

Wenn Sie nur eine Frage mit Nein beantworten müssen, sollten Sie Gott unter Nennung dieser Sache um Vergebung bitten. Unvergebene Schuld macht nicht nur ein schlechtes Gewissen (Ps. 32), sondern oft auch krank.

Negative Gedanken bringen aus dem seelischen Gleichgewicht. Weil man sich Schuld nicht selbst vergeben kann, sollten Sie das Gespräch mit Jesus suchen und ihm bekennen, was Sie Unrechtes getan haben. Bitten Sie ihn um Vergebung. Er tut es. Im Neuen Testament haben wir die Zusage: »In ihm haben wir die Erlösung durch sein Blut, die Vergebung der Sünden nach dem Reichtum seiner Gnade« (Eph. 1, 7). Und: »Wen der Sohn frei macht, der ist recht frei« (Joh. 8, 36). Das nehme ich als Zusage für mich ganz persönlich in Anspruch.

Bei Gott muß ich nicht so tun »als ob« – er vergibt mir

Was es da noch zu ordnen gibt, das packe ich an. Ich entschuldige mich und bitte den um Verzeihung, dem ich unrecht tat. Ich versuche, vor dem Schlafengehen die Sache zu klären. Ich rufe also den Betreffenden an oder schreibe einen Brief oder mache einen Besuch. Ganz ernst nehme ich dabei den Satz der Bibel: »Laßt die Sonne nicht über eurem Zorn untergehen« (Eph. 4, 26). Es ist meine Erfahrung, daß ich mir mit einem solch disziplinierten Verhalten unnötige physische und psychische Belastungen erspare.

Eine zweite Konsequenz besteht darin, daß ich Jesus, meinen Herrn, bitte, mir zu helfen, daß ich dieselben Fehler nicht wieder mache.

Helfen tut mir dabei, daß ich am Abend meine Bibel lese. Das sind dann meine letzten Gedanken, die befassen sich mit Gottes Wort. Denn Gottes Wort hat reinigende Kraft. Jesus sagt: »Ihr seid schon rein um des Wortes willen« (Joh. 15, 3). Und Paulus spricht davon, daß Jesus Christus seine Gemeinde durch das Wasserbad seines Wortes reinigt (Eph. 5, 26).

Gottes Wort übt unter der Wirkung des Heiligen Geistes die Funktion psychischer Hygiene aus. Es reinigt unsere Gedanken, weil Jesus uns vergibt. Wir dürfen vergessen (Phil. 3, 13). Wenn uns vergeben ist, wenn unsere Gedankenwelt gereinigt ist, kann sie nicht leer bleiben, sonst besteht die Gefahr, daß die alten negativen Gedanken wieder einziehen (Matth. 12, 44).

So füllen wir die Leere mit Verheißungen der Bibel. Ihnen wohnt heilende Kraft inne.

Mit der im Gebet erlangten Vergebung arbeitet, fühlt, entscheidet, handelt man nicht nur besser – man schläft auch besser!

Bei Gott muß ich nicht mehr so tun »als ob« – er vergibt mir

Angst, es kommt doch alles heraus, und Schuld sind zwei schlechte Bettgenossen. Wenn der Mensch aber nicht mehr so tun muß »als ob«, hat er lebensspendende Befreiung erfahren. Gott wartet darauf, daß Sie Ihre Schuld erkennen, bekennen, mit Gottes Hilfe lassen, hassen und dankbar ein neues Leben beginnen.

Sie werden, wenn Sie so einen Tag beschließen, am nächsten Morgen die wohltuende Erfahrung machen, daß, wenn Friede mit Gott Ihr Herz bestimmt, Sie anders in den Tag gehen als bisher. Es ist nämlich eine Wohltat zu leben, ohne unvergebene Schuld mitzuschleppen. Das gehört täglich zu meinen eindrucksvollsten Erlebnissen.

9. Bei Gott muß ich nicht in Bedrängnis bleiben – er läßt mich aufatmen

Bedrängnis hat mit Angst zu tun. Man kommt sich in die Enge getrieben vor. Man sucht Geborgenheit, Verständnis und Zuneigung. Sooft aber findet man Ablehnung, Drohung, Alleinsein, Unzuverlässigkeit, Unverstandensein vor – alles Streßursachen, die fertig machen (Ps. 25). Bei vielen Menschen kommt die Angst noch dazu, abgeschrieben zu sein bei Menschen und Gott. Aus der Angst erwächst eine handfeste, die Existenz erschütternde Anfechtung. Man nimmt denkend, träumend, sorgend vorweg, was möglicherweise geschehen könnte. Man sagt: Die Angst überkommt mich, sie überfällt mich! Man versucht vielleicht, sie zu überspielen, mit einem energischen Ruck abzuschütteln, man spricht sich selbst Mut zu, man stürzt sich in die Arbeit, um sich selbst zu vergessen. Andere versuchen es mit Tabletten und Alkohol. Angst – wie viele Menschen sind auf der Flucht vor ihr und ihren vielen Gesichtern.

Angst gehört zum Leben. Aber sie kann bewältigt werden. Gott führt nicht in weitem Bogen um die Zonen der Angst. Er führt mitten hindurch. Die Psalmen sind ein beredtes Zeugnis dafür (Ps. 4; 22; 31; 61).

Bei Gott muß ich nicht in Bedrängnis bleiben – er läßt mich aufatmen

Es war am Abend vor einer entscheidenden Untersuchung. Meine ständigen Kopfschmerzen hatten mich in große Bedrängnis gebracht. Die Angst war in meiner ganzen Persönlichkeit. Sollte es einen ernsteren Anlaß geben? Stimmte etwas nicht mit meinem Kopf? Diese Befürchtungen veranlaßten mich, mich in der Poliklinik in Frankfurt am Main einer gründlichen Untersuchung zu unterziehen. Auch ein EEG sollte weitere Klarheit bringen. Ich fieberte dieser Untersuchung entgegen. Resignation kroch heran und focht meinen Glauben an. Doch ich wehrte mich, nicht in diese negativen Gedanken einzuhaken. Sie änderten die Situation ja nicht positiv, sondern nur negativ. Ich wollte meine Gedanken positiv beeinflussen. So griff ich nach dem Gesangbuch, und über dem Lesen der beiden Choräle »Befiehl du deine Wege . . .« und »Wer nur den lieben Gott läßt walten . . .« kam ich von selbst ins Gespräch mit meinem Herrn Jesus Christus: »Dem Herren mußt du trauen . . .«

Langsam wurde mir bewußt, Jesus ist mein Partner. Er führt mich auf rechter Straße. Sein Name ist Bürge dafür (Ps. 23). So überließ ich die vor mir liegende Nacht meinem Herrn. Ich erfuhr, wie mir im Gebet unmittelbare Kraft zuströmte. Jesus führte mich durch die Bedrängnis. Am nächsten Morgen fuhr ich ruhig nach Frankfurt.

Bei Gott muß ich nicht in Bedrängnis bleiben – er läßt mich aufatmen

Was immer Sie ängstet, Jesus ist bei Ihnen! Er sagt Ihnen zu: »Sei getrost, denn ich habe die Welt überwunden« (Joh. 16, 33). »Wenn ich mitten in der Angst wandle, so erquickst du mich, wenn mein Geist in Ängsten ist, so nimmst du dich meiner an« (Ps. 138, 7). Gott spricht Ihnen durch sein Wort und seinen Geist neuen Mut zu, indem er Sie an seine Treue erinnert, an seine Allmacht, der keine Gefahr zu groß ist. »Fürchte dich nicht, ich bin mit dir. Ich stärke dich, ich helfe dir auf. Ich errette dich!« (Jes. 41, 10). Nehmen Sie einen Rotstift und umrahmen Sie das Wort in Ihrer Bibel, so werden Sie immer wieder an Gottes Treue ganz real erinnert. Mitten im Labyrinth der Angst gilt Ihnen Gottes Wort: »Fürchte dich nicht, ich habe dich erlöst, ich habe dich bei deinem Namen gerufen, du bist mein« (Jes. 3, 40). Bei Gott gibt es für Sie letzte Geborgenheit. Sie können bei ihm aufatmen.

Merksätze

1. Gott bin ich nie lästig – er hat immer Zeit für mich.

2. Gott muß ich nicht mit vielen Worten kommen – er versteht mich.

3. Gott muß ich nicht richtig informieren – er kennt mich.

4. Gott muß ich nicht umstimmen – er ist für mich.

5. Gott muß ich nicht einstimmen – er liebt mich.

6. Von Gott muß ich nichts erbetteln – er wirkt zu meinem Besten.

7. Bei Gott muß ich nichts verdrängen – er weiß alles.

8. Bei Gott muß ich nicht so tun »als ob« – er vergibt mir.

9. Bei Gott muß ich nicht in Bedrängnis bleiben – er läßt mich aufatmen.

Kapitel 5

Verwende Liebe verschwenderisch

Unser Leben ist geprägt von menschlichen und sachlichen Beziehungen, die wir haben, bzw. in die wir gestellt sind. Dabei spielt die Liebe wohl die bedeutendste und entscheidendste Rolle. Liebe ist die Macht, welche Menschen verändert. Durch veränderte Menschen wird die Welt verändert. Zugespitzt sage ich: Ohne Liebe kein wirkliches Leben!

Nun leiden mehr Menschen, als viele ahnen, unter der seelischen Kälte, die unser Wohlstandsmilieu durchzieht. Die leitende Oberin eines Sanatoriums machte mich bei einem Besuch auf diesen Tatbestand mit den Worten aufmerksam: »Der überwiegende Teil unserer Patienten ist hier, weil sie nicht geliebt haben oder nicht geliebt worden sind. Das ist ihre eigentliche Krankheit. Alles andere sind nur Symptome. Also müssen wir sie durch Liebe die Liebe lehren. Jede Gelegenheit der Begegnung muß zu einer Begegnung mit der Liebe werden.« Auf diesem Hintergrund ging mir ganz neu die Einzigartigkeit der biblischen Botschaft auf, die feststellt: Es gibt eine Macht, die Macht der Liebe Gottes, die sich in Jesus offenbart, die in sich die Dynamik hat, kalte, wunde, leere Herzen, nach Heil und Erlösung rufende Menschen gesund zu machen und ihnen Sinnerfüllung ihres Lebens zu schenken. Das ist erfahrbar. Und diese Gewißheit: Ich bin geliebt – sie ist stärker als Zweifel und Verzweiflung, Gotteshaß und Menschenhaß, Abgestumpftsein und Verbitterung, um nur einiges zu nennen, was heute die Frustration des Menschen ausmacht.

Es ist mein Gebet beim Niederschreiben dieser Zeilen, daß Gott Ihnen beim Lesen dieser Überlegungen, unter der Wirkung seines Heiligen Geistes, Herz und Lippen öffnet, damit Sie nachsprechen, ja dankbar feststellen am Ende dieser Lektüre: Ich bin geliebt, geliebt von Gott für Zeit und Ewigkeit. Nichts, nichts kann mich von dieser Liebe scheiden.

Um dies allein geht es mir, daß Sie feststellen: Ich bin geliebt und dadurch befähigt zur Liebe. Vielleicht denken Sie: Was wissen wir Menschen schon vom Lieben? Wer sagt uns, was Liebe ist? Alle Welt schreit nach Liebe und von Liebe. Das Radio spricht von Liebe, das Fernsehen spricht von Liebe, das Kino spricht von Liebe, die Illustrierte spricht von Liebe, das Magazin spricht von Liebe, das Liebespaar spricht von Liebe – aber da ist ein heimlicher Defekt vorhanden, der hin und wieder offenbar wird, besonders wenn es darum geht, Macht über unser eigenes Ich auszuüben. Das kommt daher: Wir lieben um deswillen, was wir empfangen, was wir voneinander und aneinander haben. Wir lieben niemals zuerst. Gerade umgekehrt geht es bei uns: Erst muß der da sein, der uns liebenswert erscheint, erst das, was wir haben wollen, was unsere Liebe reizt. Auf diesem Hintergrund hebt sich Gottes Liebe zu uns Menschen unbegreiflich, tröstend, rettend, befreiend ab. Gottes Liebe zu uns ist darin so göttlich und mit keiner menschlichen Liebe in einem Atemzug zu nennen, daß er immer zuerst liebt. Gott kommt uns mit seiner Liebe immer zuvor. Es ist gerade nicht so, wie wir es in unserer Frömmigkeit manchmal meinen, als ob wir uns zuerst nach Gott ausstrecken und seine Liebe suchen würden und Gott sich dann gleichsam von uns erweichen ließe, sich uns zuzuneigen. Es ist nicht so, daß wir zuerst Stufen zu Gott emporbauen müßten, also eine Leistung erbringen müßten, damit er zu uns kommt, sich uns zuwendet. »Darin steht die Liebe, nicht daß wir Gott geliebt haben, sondern daß *er uns zuerst* geliebt hat – zuerst geliebt! – und gesandt seinen Sohn zur Versöhnung für unsere Sünden« (1. Joh. 4, 19). Daß Gott uns zuerst geliebt hat, ist nicht eine allgemeine Feststellung. Daß Gott uns zuerst liebt, ist Geschehen. »So sehr liebt Gott die Welt, daß er seinen einziggeborenen Sohn dahingab, damit alle, die an ihn glauben, nicht verloren werden, sondern das ewige Leben haben« (Joh. 3, 16).

Fragen wir uns doch einmal aufrichtig: Was haben wir eingebracht? Was haben wir für Voraussetzungen geschaffen, daß er sich uns in seiner ganzen Liebe so zuwendet? Tatsächlich ist es doch so, daß Gott unsere Armut, unsere gottverlassene, todverfallene Existenz eintauschte. Wenn schon davon die Rede sein soll, was wir Gott zuerst bringen, dann ist es doch unser Mißtrauen gegen ihn, unser Haß gegenüber seinen gerechten Gerichten, unsere Angst vor seiner Nähe, unser Widerwille gegen seine bedingungslose Gnade, unser

Fertigsein gegenüber seiner Barmherzigkeit. Mit einem Satz: unsere Sünde, die im Tod als Bezahlung gipfelt. Gott findet also gar nichts vor, das ihn an uns zum Lieben reizen oder gar nötigen könnte. Doch gerade da offenbart er sich als der, der zuerst liebt. Er kommt in Jesus zu uns und bezeugt sichtbar seine Liebe: Ich liebe dich – zuerst! Noch ehe wir seinen Namen lallen können, noch ehe wir sein Wort verstehen, noch ehe wir reagieren können, sagt er uns zu: Ich liebe dich – aus freien Stücken.

Uns so zu lieben, wie wir sind, gehört zur Majestät und Freiheit Gottes. Wir müssen uns nicht erst anders, besser machen. Gott liebt uns brutto! Er liebt uns auch dann, wenn wir es nicht wollen. Da es bei diesem *zuerst geliebt* bleibt, gibt es nichts, was der Liebe Gottes eine Schranke und unüberbrückbare Grenze setzen könnte. Dann mögen Ihre tausend Zweifel aufmarschieren, Sie mögen aus allen Geschützen Ihres Verstandes schießen, Ihr Leben mag noch so verpfuscht sein und verfahren, Sie mögen mit der schrecklichen Selbstverständlichkeit oder Gleichgültigkeit eines Menschen des 20. Jahrhunderts leben, als ob Gott nicht lebe, als ob er Sie nicht liebe – es bleibt doch wahr: Sie sind geliebt – *zuerst geliebt von Gott!* Was Gott haßt, ist die Sünde – auch in Ihrem Leben; aber Sie selbst, als Persönlichkeit, liebt er! Er bejaht Sie! Gott ist für Sie! Und wenn Sie fliehen bis ans äußerste Ende der Welt – seine Liebe gilt Ihnen auch dort. Sie können diese Liebe ablehnen, diese Freiheit haben Sie. Die einzig richtige Reaktion auf diese Aktion Gottes ist jedoch, daß Sie jetzt diese Liebe annehmen und antworten: Ja, ich bin geliebt, zuerst geliebt – von dir, meinem Gott und Herrn!

Das ist die Antwort, auf die Gott wartet. Nicht, daß Sie ihm etwas geben, etwa Ihren Dank als Gegengabe bringen sollten. Es bleibt dabei: »Nichts hab ich zu bringen, alles, Herr, bist du« – zuerst geliebt! Auch gerade, wenn wir danken, stehen wir unter der Macht der Gnade, die immer vor unserem Danken auf dem Plan ist. Weil Gott nun aber nichts und niemand bedarf, so schickt er uns mit unserem Dank an die Adresse dessen, der unserer Liebe bedarf, das heißt zu unserem Mitmenschen. In der Beziehung zu ihm wird deutlich, was es heißt: »Laßt uns Gott lieben, denn er hat uns zuerst geliebt.«

Gott lieben können wir in unserem Nächsten, denn in ihm begegnet uns Gott. Jesus sagt: »Was ihr getan habt einem unter diesen meinen geringsten Brüdern, das habt ihr mir getan« (Matth. 25, 40). Gott hat uns zuerst geliebt; in Jesus Christus dokumentiert er das am eindrücklichsten – und wir können ihn wieder lieben, indem wir die von Gott Geliebten lieben. Wir sollen nach Gottes Weise verfahren, indem wir nicht danach fragen, ober der andere unserer Liebe wert und würdig ist, ob er sie uns auch entgelten kann. »Liebe deinen Nächsten wie dich selbst« (Matth. 22, 39). Diese Anweisung Jesu gibt den Schlüssel, um Zugang zu finden zum Menschen unserer Tage mit seiner Vereinsamung, seinem Hunger nach Liebe, seinen Zwängen. Dabei braucht es keiner von uns aus eigner Kraftanstrengung zu unternehmen. Das gibt doch nur Krampferei. Wir sollen unser Leben, unseren Umgang, unsere Beziehung zum Mitmenschen bestimmen lassen von der Liebe Gottes – denn er hat uns zuerst geliebt. Dieses Geheimnis gilt es neu zu entdecken und als Tatsache für sich persönlich in Anspruch zu nehmen. Dabei wird für uns wichtig sein, daß wir Liebe nicht als ein Wort hinnehmen. Wir müssen die Liebe als eine Haltung, eine Tat empfangen und leben, sonst können wir sie nicht erleben. Liebe bekommt Arme, Hände und Füße. Darin artikuliert sie sich, sonst verliert sie ihre Kraft. So heißt lieben erst wirklich leben.

Auf einen wichtigen Unterschied will ich noch hinweisen. Jesus sagt: »Ein neu Gebot gebe ich euch, daß ihr euch untereinander liebt, wie ich euch geliebt habe, auf daß auch ihr einander liebhabt. Dabei wird jedermann erkennen, daß ihr meine Jünger seid, so ihr Liebe untereinander habt« (Joh. 13, 34 f.). Der Satz, der in diesem Zusammenhang so wichtig ist, heißt: »Wie ich euch geliebt habe.« So heißt die Definition für Lieben: Lieben wie Jesus liebt! Dadurch erhält erst das Wort lieben seine ganze Bedeutung. Alles andere, was sich Liebe nennt, bleibt dünn, fade und unbestimmt. Aber, im Vollzug der Nachfolge Jesu: Wie ich euch geliebt habe, das gibt den rechten Maßstab. Menschliche Liebe, die nicht Echo auf die göttliche Liebe ist, bleibt immer ichbezogene, egozentrische Liebe.

Die Bibel hat für Liebe mehrere Ausdrücke. Sie nennt die menschliche Liebe Eros und die göttliche Liebe Agape. Agape ist die selbstlose Liebe. Sie sucht nicht sich selbst. Sie gibt sich selbst dahin. Ich möchte auf den ersten Brief des Apostels Paulus an die Gemeinde in Korinth hinweisen, wo er schreibt: »Die Liebe ist langmütig und freundlich, die Liebe eifert nicht, die Liebe treibt nicht Mutwillen, sie blähet sich nicht, sie stellt sich nicht ungebärdig, sie sucht nicht das Ihre, sie läßt sich nicht erbittern, sie rechnet das Böse nicht zu, sie freut sich nicht der Ungerechtigkeit, sie freut sich aber der Wahrheit; sie verträgt alles, sie glaubt alles, sie hofft alles, sie duldet alles« (Kap. 13, 4–7).

Agape lebt aus Gottes Leben und wagt deshalb, das eigene Leben zu verlieren. Eros ist der Wunsch, zu besitzen und zu bekommen und beruht auf Mangel und Bedürfnis. Agape ist Freiheit im Geben und beruht auf Reichtum und Fülle. Geben Sie doch in Wort und Tat Gott Ihre ganze Erosliebe, daß er sie erlöse zu seiner Agapeliebe! Diese göttliche Liebe heilt nicht nur, sie schafft Neues und aktiviert Kräfte zum gottgewollten Lieben.

Verwende Liebe verschwenderisch ist die Antwort auf die quälenden Fragen innerhalb der Beziehung des menschlichen Lebens – auch heute. Ich für meine Person bin davon überzeugt, daß Erkrankungen der menschlichen Persönlichkeit und Differenzen in den zwischenmenschlichen Beziehungen geheilt werden können, wenn die Beteiligten neu den Wert der Liebe Gottes erkennen und die Bedeutung des Satzes – gerade auch in diesem Zusammenhang – akzeptieren: »Geben ist seliger denn Nehmen« (Apg. 20, 35).

»Liebe vermag alles« – dieser Satz ist nicht am Schreibtisch entstanden, sondern aus dem täglichen Umgang mit Menschen und den mit ihnen gemachten Erfahrungen. Zur Bewältigung der Konflikte und zum Leben mit Spannungen benötigen wir die personale Beziehung zu dem, der die personifizierte Liebe ist, zu Jesus Christus. Ihm müssen wir täglich neu unser Leben ausliefern. Die Liebe zu ihm vertreibt die eigene Liebe. Wir können von einem Verlangen, einem ichbezogenen Verlangen, nur loskommen, wenn ein stärkeres Verlangen an seine Stelle tritt. Und da die Liebe Jesu diese zentrale Bedeutung hat, geht es darum, zu ringen, neu fähig zu werden zum rechten Lieben. Dazu bedarf es der täglichen Einübung, des willentlichen Einsatzes, der bewußten Entscheidung für ein Leben mit Jesus Christus.

Gott will Ihre Liebe benutzen, daß der, der sie erfährt, konstatiert: Ich bin geliebt – zuerst geliebt – von Gott! Wenn Sie diese Erfahrung machen, sind Sie selbst der Beschenkte. Gott läßt sich eben nichts schenken.

Wie kann das nun praktisch aussehen? Beispiele sollen es wieder verdeutlichen. Merksätze sollen uns helfen, die praktische Anwendung im Leben nicht zu vergessen. Auch auf diesem Gebiet der Lebensbewältigung trifft es zu: »Was nicht zur Tat wird, hat keinen Wert!«

Die Liebe ist langmütig

Gerade Seelsorgefälle machen mir immer wieder deutlich, wie hilfreich Langmut ist. Wenn mir der lange Atem ausgehen will, weil ich dieselbe Not nun schon zigmal anhöre und ich das Ende, d. h. die Bewältigung der verfahrenen Situation des Klienten herbeisehne, zeigt sich ihre Kraft. Oft meine ich, jetzt müsse die Einsicht da sein und die längst fällige Entscheidung getroffen werden. Doch dann heißt es im Verlauf des Gespräches: »...ja aber...«, und wir stehen wieder am Anfang der Bemühungen.

Nun habe ich gelernt, daß Jesu Liebe hilft, sich immer wieder neu einzubringen. Zuwarten können, schonend Nachsicht üben, ist in der Seelsorge notwendend. Zu seiner Zeit wird Gott auf seine Weise eingreifen. Meine Aufgabe besteht darin, den mir anvertrauten Menschen bis zu diesem Zeitpunkt und eventuell auch darüber hinaus zu begleiten. Dabei hilft es ihm, wenn er spürt und erfährt, ich begleite ihn nicht mit halbem, sondern mit ganzem Herzen. Ich bin ungeteilt für ihn da.

Merksatz: *Geh die zweite Meile mit!*

Die Liebe ist geduldig

Dieser Satz hängt eng mit dem vorherigen zusammen. Wie oft im Verlauf des Tages ist Geduld erforderlich. Wenn zum Beispiel ein Kind sich in dem Alter befindet, in dem die vielen Warum-Fragen ihm zu schaffen machen, oder ein älterer Mensch, mit dem man zusammenlebt, aufgrund von Verkalkung immer wieder dasselbe redet und fragt. Da kann es schon einmal passieren, daß der Geduldsfaden zum Zerreißen gespannt ist.

Mir hat es wesentlich geholfen, als ich begonnen habe, zwischen Sache und Person zu unterscheiden. Weder das Kind noch der ältere Mensch haben ja die Absicht, jemanden zu ärgern. Daher ist es angebracht, sachlich die Fragen des Kindes zu beantworten und auch entsprechend liebevoll, mit wohlwollendem Verständnis auf den älteren Menschen einzugehen. Dadurch nehmen wir unser Gegenüber ernst, erweisen ihm Liebe, und wir selbst üben uns in Geduld. Wir bewahren unser Gegenüber vor Enttäuschung und schwindendem Vertrauen.

Merksatz: *Geduld üben.*

Die Liebe ist nicht taktlos

Es ist für ein harmonisches Miteinander ganz wesentlich, wie ich einem Menschen etwas sage. Hilfreich ist dabei immer die Einstellung: »Sage die Wahrheit in Liebe und in der Liebe die Wahrheit.« Wenn diese Haltung mein Leben kennzeichnet, kann ich auch Unangenehmes so mitteilen, daß es nicht verletzt.

Angenommen, es fehlt einem Besucher jegliches Zeitgefühl. Er beansprucht über die Maßen den anderen. Das wird dann besonders bedrängend, wenn die persönliche Zeit verplant ist. Nun könnte man hingehen und den Besucher unhöflich auf sein unbedachtes Verhalten aufmerksam machen, etwa mit den unangebrachten Worten: »Sie waren jetzt lange genug da, so viel Zeit habe ich nicht für Sie.« Es kann aber auch passieren, daß jemand, um das Gespräch zu beenden, einfach aufsteht und seine Sachen zusammenpackt. Das soll dann heißen: So, jetzt ist Schluß, genug geredet. – Ein solches Verhalten tut weh. Und es ist nicht angebracht.

Das betrifft all die Lebenslagen und Dinge, die uns an einem anderen Menschen nicht gefallen. Sei es seine Art, sich zu kleiden, sich zu geben oder zu reden.

Da habe ich mich immer erst zu fragen, ob ich überhaupt das Recht habe, meine Bedenken zu äußern. Es geht ja nicht um mich, sondern um die Sache Jesu. Habe ich mich geprüft, und bin ich zu der Überzeugung gelangt, ich soll es tun, dann nicht mit unqualifizierten, sondern mit passenden Worten. Denn auch ein solches Verhalten ist möglich. Ich kann z. B. bei einer kurzen Gesprächspause darauf hinweisen, daß ich nun noch andere Verpflichtungen zu erfüllen habe. Im Blick auf das Verhalten meines Mitmenschen kann ich ihn mit Takt darauf aufmerksam machen, daß er doch einmal seinen Lebensstil, sein Reagieren und Reden überprüfen möchte, ob nicht andere Menschen dadurch in Anfechtung gebracht werden. Solche Gespräche sollten nie spontan geführt werden, sondern immer im Gebet vorbereitet sein. Hilfreich ist, wenn ich mir vergegenwärtige: Wie würde ich es mir selbst sagen?

Merksatz: *Der Ton macht die Musik.*

Die Liebe ist nicht mißtrauisch

Im Mißtrauen liegt viel Gift. Es ist negativer als fehlendes Vertrauen. Oft ist es Angst um die eigene Person und damit Einkapselung der eigenen Person. Dadurch wird verhindert, daß Menschen sich wirklich annehmen und vertrauen. Mißtrauen untergräbt die Gemeinschaft. Das zeigt sich schon in der kleinsten Zelle, der Ehe und Familie. Wenn Ehepartner einander mißtrauen, gibt es weder ein Zueinander noch ein rechtes Miteinander. Mißtrauen ist eine Unterstellung dem anderen gegenüber, er gehe mit der Wahrheit nicht wahrhaftig um.

Wenn Eltern aufgrund dessen, daß ihr Kind einmal gelogen hat, von vornherein damit rechnen, daß es wieder lügt, entziehen sie ihm damit die reale Vertrauensbasis. Hilfreich ist für das Kind, wenn ihm uneingeschränkt neu ganz das Vertrauen entgegengebracht wird. Das geschieht u. a. dadurch, daß ich das versöhnende Gespräch aufnehme. Damit wird Mißtrauen abgebaut und Brücken des Vertrauens werden geschlagen.

Merksatz: *Vertrauen baut auf.*

Die Liebe ist barmherzig

Gütige Menschen strahlen eine wohltuende Barmherzigkeit aus. Sie sind bereit, den anderen Menschen mit seinen Fehlern erst einmal anzunehmen, zu tragen und zu ertragen.

Ich erinnere mich an eine bestimmte Situation in meinem Leben. Ich hatte Schuld auf mich geladen, Schuld, welche die Gemeinschaft mit Gott und Menschen störte und belastete. Ich suchte das Gespräch mit dem Betroffenen. Kein Wort des Vorwurfs traf mich, obwohl ich weh getan hatte. Keine lieblose Zurechtweisung, obwohl ich einen verkehrten Weg gegangen war. Keine Rüge, wenn es wieder passieren sollte, dann... Kein moralisches Auf-den-Boden-geschmettert-Werden mit erhobenem Zeigefinger. – Nein, mir wurde vergeben, mir wurde neu mein Lebensraum zur Verfügung gestellt mit allen seinen Vor- und Nachteilen. Ich habe bei Gott und Menschen, die Jesus gehören, die wunderbare Erfahrung gemacht: Barmherzigkeit gibt in einer Leistungsgesellschaft dem Versager eine neue Chance und verdammt ihn nicht.

Merksatz: *Wie uns denn Barmherzigkeit widerfahren ist, so laßt uns Barmherzigkeit üben an jedermann.*

Die Liebe kennt keine hoffnungslosen Fälle

Wie schnell sind wir geneigt, einen anderen als »hoffnungslosen Fall« abzuschreiben. Ob das ein Mensch ist mit einem moralischen Defekt, ob es jemand ist, der dem Alkohol verfallen ist oder ein Kind, das Schwierigkeiten beim Lernen hat, oder ein Vorgesetzter, der nur an seinen Vorteil denkt.

Hoffnungslos – man gibt auf, weil sich die Meinung festgesetzt hat, aller Einsatz bringt nichts ein, Frustration! Aber gerade da ist die Frage angebracht: Welche Erwartung praktischer, geistiger und geistlicher Art stellen wir? Diese Frage ergeht an uns, nicht an den »hoffnungslosen Fall«.

Gott ist kein Ding unmöglich. Er kann jeden Menschen und alle Situationen ändern. Das ist einmal das erste, das wir festhalten wollen. Aber auch das andere dürfen wir nicht übersehen: Denen, die meinen, sie seien »hoffnungslose Fälle«, wollen wir kleine Schritte anbieten, ihnen Erfolgserlebnisse vermitteln, die sie Mut schöpfen lassen. Wir wollen mit ihnen ein Stück auf ihrem Weg gehen, daß sie erfahren: Ich bin als Persönlichkeit vor Gott und Menschen wert geachtet.

Merksatz: *Hoffnung läßt nicht zuschanden werden.*

Die Liebe rechnet das Böse nicht zu

Wer kennt nicht die unwillkürlich aufsteigende Reaktion im Herzen: Dem zahle ich's aber heim! Die speziellen Gründe dafür mögen vielfältig sein. Jedenfalls hat man uns weh getan, und wir wollen uns dafür revanchieren. Wie du mir, so ich dir!

Das müssen gar nicht weltbewegende Ungerechtigkeiten sein, die dazu beitragen, daß man beginnt, eine Strichliste zu führen und aufzurechnen. Oft sind es die kleinen Sticheleien des Alltags. Es hat uns jemand übersehen, ein anderer hat eine spitze oder abfällige Bemerkung über uns gemacht, wir bekamen eine lieblose Äußerung mit, die uns verletzte. Wie viele warten nun auf eine »günstige Gelegenheit«, sich durch Heimzahlen abzureagieren. Doch die richtige Reaktion heißt nicht Vergeltung, sondern Vergebung. Das ist die V-Waffe eines Menschen, der Jesus gehört. Sie beruht darauf, daß wir täglich aus der Vergebung Gottes leben. Also gilt es, die Strichliste an Jesus abzugeben und keine Bitterkeit im Herzen aufkommen zu lassen. Wesentliche Hilfe dabei ist das Bewußtsein, daß ich ja täglich davon lebe, daß Jesus mich bejaht. Darum heißt es: Den Schuldner lieben – die Schuld nicht nachtragen. Die Vergeltung Gott überlassen!

Merksatz: *Wie du – Jesus – mir, so ich dir, meinem Nächsten.*

Die Liebe duldet das Schwere

Das will uns nicht ganz einleuchten. Viel näher liegt uns, gegen die Last aufzubegehren. Wir möchten das Schwere abwerfen, unbelastet unseren Weg gehen. Oft kommt es daher zu Spannungen in unserem Leben. Da ist ein Mensch, der uns mit seiner Art gar nicht liegt. Wir müssen einen Weg gehen, zu dem wir kein Ja haben. Das Schwere wird uns zur Anfechtung. Wie reagieren wir? Im Falle des Menschen, der uns nicht liegt, ist es gut, auf den Rat der Bibel zu achten, die uns darauf hinweist, daß der Friede mit Gott, mit sich selbst und mit dem Nächsten wichtiger ist als unser Recht. Das Schwere dulden, kann also in diesem Fall bedeuten, um des Friedens willen persönliches Unrecht in Kauf zu nehmen. Man sollte jedoch nicht vorschnell in falsch verstandener Demut aufgeben. Das wäre kein Dulden, sondern ein Resignieren. Erst wenn ein Eintreten für das eigene Recht auf Kosten des Friedens geht, dann soll man darauf verzichten. Und im Blick auf die Wegführung, die wir nicht verstehen, hilft kein Aufbegehren. Sich dem Schweren stellen und es als derzeitige Gegebenheit erst einmal annehmen, öffnet den Weg zu seiner Bewältigung, die auch darin bestehen kann, daß man es lernt, damit zu leben. Darum ist es gut, vordergründig auf Gott zu schauen.

Merksatz: *Dulden heißt reifen.*

Die Liebe kennt kein Vorurteil

Vorurteile versperren den Zugang zur Persönlichkeit des andern. Es gab eine Zeit in meinem Leben, wo ich dieser Gefahr immer wieder unterlag. Ich hatte ein fertiges Urteil über mein Gegenüber, ohne ihn wirklich zu kennen.

Dann ging mir im Laufe der Zeit auf, wie verkehrt es ist, einen Menschen einzustufen, ohne ihn näher zu kennen. Seitdem bin ich bemüht, bewußt in meiner Urteilsfindung beweglich und offen zu bleiben. Ich versuche, mir von meinem Gegenüber stückweise durch Kennenlernen und Hinterfragen ein Bild zu machen und immer wieder neu gegenwartsbezogen zu einem Urteil zu kommen. Es hat sich für mich herausgestellt, daß es immer einen Grund gibt, warum jemand so ist, wie er ist, so reagiert, wie er reagiert, so handelt, wie er handelt. Und so lange ich den Grund nicht weiß, kenne ich ihn nicht wirklich. Das hat zur Folge, daß ich mit meinem Urteil sehr zurückhaltend bin. Ich will den anderen verstehen lernen, um ihn zu verstehen.

Merksatz: *Verstehen – nicht urteilen.*

Die Liebe akzeptiert den anderen

Es fällt allgemein schwer, den Nächsten immer zu akzeptieren. Es gibt so vieles, was andere anders machen. Sie leben anders, sie denken anders, sie handeln anders. Weil ich aber als Nachfolger Jesu nur dann Nachfolge vollziehe, wenn ich wirklich meinen Nächsten liebe wie mich selbst, ist es Voraussetzung, daß die Liebe Gottes primär das Verbindende und nicht das Trennende mich sehen lehrt. Das ist ganz besonders wichtig für gläubige Menschen, die zu verschiedenen Denominationen gehören. Zinzendorfs Rat hat mir da sehr geholfen: »In der Hauptsache (den heilsgeschichtlichen Fragen) Einheit, in den Nebensachen Freiheit, in allem aber die Liebe.« Ein Miteinander ist nur möglich, wenn das Temperament und der Lebensstil des anderen z. B. von mir anerkannt und als Geschenk akzeptiert werden. Es geht hierbei darum, die Einmaligkeit des einzelnen anzuerkennen und ihn nicht in ausgefeilte Schablonen pressen zu wollen.

Die Legitimation des an Jesus Christus Glaubenden besteht nicht in der Zugehörigkeit zu einer bestimmten Denomination, sondern nach den Worten Jesu im Praktizieren der innewohnenden, einander verbindenden Liebe Jesu (Joh. 13, 15).

Merksatz: *In Hauptsachen Einheit, in Nebensachen Freiheit, in allem aber Liebe.*

Die Liebe freut sich über das Gelingen des andern

Es ist durchaus nicht immer so, daß man sich freut über das Gelingen des andern. Besonders dann kann die Anfechtung groß werden, wenn dem andern etwas auf einem Gebiet gelingt, auf dem man selbst darauf aus ist, Erfolg zu haben. Aber auch sonst kann es einem zu schaffen machen, wenn anderen das, was sie anpacken, gerät und einem selbst geht – so meint man – alles daneben.

Hier hilft, sich klar zu machen, daß alle Menschen vor Gott gleichwertig sind, auch wenn sie verschieden begabt sind. Die eigenen Fähigkeiten – und jeder hat solche – gilt es zu erkennen, zu bejahen und mit Phantasie einzusetzen. Wer sich über die Fähigkeiten und Erfolge des andern freuen kann, wird damit Gott preisen und ohne Neid – und das ist ja eine zersetzende Kraft – mit dem Nächsten in Liebe verbunden bleiben. Nur demütige Menschen können sich von Herzen mitfreuen. Je mehr ich es lerne, dem andern seine Erfolge nicht zu mißgönnen, sondern zu gönnen – und zwar uneingeschränkt, von ganzem Herzen –, desto freier werden gebundene Kräfte in meinem eigenen Leben zu schöpferischem, erfolgreichem Tun.

Merksatz: *Freue dich mit!*

Die Liebe wird nicht bitter

Das Leben geht nicht ohne Enttäuschungen. Schon das Wort sagt ja, daß wir uns in einer Täuschung befunden haben, der wir nun enthoben sind. Es zeigen sich die Realitäten. Von daher ist Enttäuschung durchaus etwas Positives. Es besteht kein Grund, bitter zu werden. Der neuen Sachlage gilt es, sich mit Gottes Hilfe zu stellen. Das trifft auch zu, wenn wir von jemand getäuscht worden sind. Da gab uns jemand sein Wort, er würde über das vertrauliche Gespräch schweigen, und dann fing er an, bei anderen darüber zu schwätzen.

Oder jemand hat seine Mitarbeit an einem Projekt versprochen. Wir haben das einkalkuliert und rechnen damit. Als es dann daran ging, Opfer zu bringen, als Einsatz gefordert wurde, zog er sich zurück. Wie schnell kann da aus der Enttäuschung Verbitterung werden. Die Enttäuschung darf sich nicht festsetzen. Hilfe besteht darin, die Enttäuschung nicht für sich zu behalten und in sich rumoren zu lassen, sondern im Gespräch an Jesus abzugeben. Von ihm erfahren wir Entkrampfung, Ermunterung und Ermutigung.

Merksatz: *Bleibe nicht dran hängen!*

Die Liebe spielt nicht falsch

Falschspiel ist heimtückisch. Man spielt nicht mit offenen Karten, sondern hat unlautere Absichten. Die Liebe spielt mit offenen Karten. Sie beabsichtigt nicht, einen anderen hereinfallen zu lassen, ihn in einen Hinterhalt kommen zu lassen.

Es ist ein ganz scheinheiliges Verhalten, wenn ich einem Menschen sage oder zu verstehen gebe: Ich mag dich, ich brauche dich, gut, daß du da bist – und in meinem Herzen denke ich: Wärst du doch da, wo der Pfeffer wächst! Noch schlimmer ist es fast, wenn er mir gleichgültig ist und ich gar kein Interesse an ihm habe. Ein Mensch, in dessen Leben die Liebe Jesu regiert, braucht sich so nicht zu verstellen. Die Liebe Jesu befreit von dem ständigen Wechseln der Rolle auf der Bühne des Lebens. Das kostet ja so viel Kraft, immer wieder eine andere Rolle zu spielen, um sich den ständig ändernden Gegebenheiten anzupassen. Hier bin ich so, um mein Gesicht zu wahren, dort bin ich so, um meinen Vorteil herauszuschlagen, und woanders bin ich wieder anders, um auf meine Kosten zu kommen. Wenn bei dieser Anpassung unlautere Motive dahinterstehen, ist meine Liebe nicht echt. Auf die Dauer gesehen, wird ein solcher Mensch in Verruf kommen, denn er ist in seinem Verhalten undurchsichtig.

Wie ganz anders, wie befreiend, wenn ich in allen Lebenslagen ich selbst sein kann, ohne falsch zu spielen. Das entkrampft, befreit zu einem ganzheitlichen Leben. Das Ja sei ein Ja, das Nein ein Nein!

Merksatz: Ehrlichsein befreit!

Die Liebe läßt sich nicht zum Zorn hinreißen

Wohl ist Zorn mit eine Temperamentssache. Einer kommt schneller als der andere auf 180. Aber vor Gott ist Zorn, ob er sich äußert oder nur innerlich schwelt, Unrecht. Zorn verletzt den andern, auf den er sich richtet. Da Zorn oft unkontrolliert ist, werden Situationen heraufbeschworen, die unberechenbar sind. Sätze wie »ich kannte mich selbst nicht mehr«, oder »ich kann nicht begreifen, daß mir das geschehen konnte« zeigen das. Die Bewältigung von Zorn im persönlichen Leben zielt auf die Frage nach der persönlichen Heiligung unter der Zucht des Heiligen Geistes. Denn nicht nur zwischenmenschliche Beziehungen werden durch Zorn zerstört, sondern auch die Beziehung zu Gott wird belastet.

Wo Zorn in einem Menschenleben aufbricht, kann nicht zugleich Liebe wohnen. Das bringt Zwiespältigkeit in die Persönlichkeit. Darunter leidet folglich die Eindeutigkeit, die das Leben eines Menschen, der Jesus gehört, kennzeichnen soll.

Mit Jesus leben – das heißt: mit ihm sprechen und sich seinem Wort aussetzen, um seine Gesinnung bitten und sich bewußt unter den

Einfluß des Heiligen Geistes stellen – ist Hilfe, wenn die Grenzen unserer Beherrschung in Sichtweite kommen. Es gilt, vor dem Zornesausbruch den direkten Kontakt mit Jesus im Gebet herzustellen, damit er uns beherrschen kann und wir nicht vom Zorn beherrscht werden.

Merksatz: *Nicht vom Zorn – von Gott beherrscht werden.*

Die Liebe sucht nicht den eigenen Vorteil

Wie sehr haben wir dagegen anzugehen, um nicht in unser Handeln, Denken und Reden ein egoistisches Motiv einfließen zu lassen! Die Hauptsache ich! Diese Haltung zerstört jegliche Gemeinschaft. Sie will nur für sich haben und ist nicht bereit, auch zu geben. Vorteil suchen kann somit auch heißen: Gegenliebe erwarten. Aber Liebe ist absichtslos und bedingungslos. Ich bin für jemanden da, auch wenn dabei nichts für mich herausspringt.

Ich denke da an eine Frau, die wöchentlich einmal zu alten Leuten geht, um bei ihnen zu putzen; oder an eine Familie, die für längere Zeit ein Kind aufnimmt, damit die Mutter zur Kur gehen kann; oder an einen Ingenieur, der sein Fachwissen an seine Mitarbeiter weitergibt, ohne auch nur den Gedanken an eine Gegenleistung zu haben.

Merksatz: *Verschwenden macht reich!*

Die Liebe eifert nicht

Eifer ist dann nicht aus der Liebe, wenn er sich verselbständigt von der Motivation. Dann wird er zum Fanatismus. Er will dann etwas erreichen, etwas durchsetzen, weil der sich Ereifernde es sich nun einmal so in den Kopf gesetzt hat.

So hat falscher Eifer zersetzende Kraft. Ihm fehlt das Vertrauen. Das aber ist entscheidend wichtig in den zwischenmenschlichen Beziehungen, zum Beispiel zwischen Kollegen, zwischen Kindern und Eltern bzw. Schwiegereltern, zwischen Ehepartnern, auch zwischen Geschwistern – um nur ein paar konkrete Beziehungen zu nennen.

Ich denke da an eine Mutter, die ihr ganzes Herz an ihren Sohn hängte. Als er heiratete, brachte sie es nicht fertig, ihre Liebe zu ihrem Sohn mit der Schwiegertochter zu teilen. Mit Eifer beobachtete sie alles, mischte sich in vieles ein; denn kaum etwas war ihr gut genug für ihren Sohn gemacht. Sie meinte, nur sie könne am besten für ihn sorgen. Das Ergebnis: Die Ehe ging entzwei.

Wo Eifer zur Sucht wird, werden die Gegebenheiten entstellt; es kommt nicht mehr zu einer sachlichen Einschätzung von Person und Dingen. Der sich Ereifernde steigert sich in Vorstellungen, die nicht mehr der Wirklichkeit entsprechen. Nicht umsonst spricht man davon, daß Eifersucht blind macht. Sie ist eine falsche Liebe, die krank ist, weil ihr das Vertrauen fehlt.

Ganz anders, wenn Liebe frei ist von Eifersucht. Sie wirkt verbindend, wohltuend, aufbauend und heilend.

Merksatz: *Eifer entzweit – Verständnis bindet.*

Die Liebe spielt sich nicht auf

Wenn Leute auftreten in der Manier: Ich bin der König, dann werden andere meistens an die Wand gespielt. Sich aufspielen bedeutet demnach: Etwas Eigenes herausstellen und als allein gültig oder besonders wichtig ansehen und sei es die eigene Person. Wie lieblos ist es doch zum Beispiel, immer das letzte Wort haben zu müssen und den andern nicht als gleichwertig zu akzeptieren.

Wer Gott liebt, kann sich so nicht vor anderen, bzw. auf Kosten anderer produzieren, selbst wenn er mehr weiß als der andere, mehr hat als der andere, mehr kann als der andere, schöner ist als der andere, frömmer ist als der andere. Er kann sich nicht aufspielen, weil er Gottes Größe immer im Blick behält. Wer seinen Nächsten liebt, erhebt sich nicht über ihn, weil er ihn damit kleiner machen würde. Wer aber der Größte sein will, der sei nach Jesu Anweisung »aller Diener«. Bei Jesus gelten andere Wertmaßstäbe!

Merksatz: *Nicht wer angibt, hat mehr vom Leben!*

Die Liebe kennt keine Schadenfreude

Schadenfreude kann verschiedene Gründe haben: Minderwertigkeitskomplexe, Wunsch nach Selbstbestätigung, Anerkennungssucht. Was immer aber die Gründe sein mögen, Schadenfreude ist nie reine Freude. Sie hat immer einen bitteren Beigeschmack, denn sie distanziert sich nicht nur von dem, der Schaden nahm, sondern auch von Gott. Nicht selten kommt es vor, daß über einen Zweiten ein Gerede in Umlauf gesetzt wird, das negative Auswirkungen hat. Das böse Herz freut sich darüber, weil es im Grunde dem Betroffenen nichts Gutes wünscht. Man will glänzen auf seine Kosten, und im geheimen denkt man: So was könnte mir nie passieren!

Ganz anders verhalte ich mich, wenn ich bereit bin, den Schaden mitzutragen, mit dem vom Schaden Betroffenen mitzuleiden. Dann zieht der Schaden durch mich keine weiteren Kreise. Ich helfe ihn zu bewältigen, und dem Betroffenen wird aufgeholfen. Dazu gehört jedoch Zeit und die Bereitschaft, sich zu engagieren.

Merksatz: *Statt Schaden anrichten – Schaden bewältigen helfen.*

Die Liebe ist nicht nachtragend

Sie kennen den Ausspruch: Vergeben ja, aber vergessen kann ich dir das nie. Und dann wird bei jeder passenden und unpassenden Gelegenheit, das was einem angetan wurde, dem andern wieder aufs Brot geschmiert. Das Ganze geschieht dann eventuell noch mit der Bemerkung: Es macht mir ja nichts mehr aus, aber . . . Eigentlich ist es ja vergessen, aber . . . Doch diese Einschränkungen offenbaren eine unbewältigte Vergangenheit. Das Böse, das einem widerfahren ist, ist nicht wirklich verarbeitet und an Jesus im Gebet abgegeben worden. Darum ist ihm die bohrende Spitze nicht genommen, und die Vergebung hat keine nachhaltige Wirkung.

Aus eigner Kraft vermögen wir es nicht, total zu vergeben. Doch Jesu Liebe befähigt uns dazu. Seine Liebe wird in uns stark, wenn wir uns bewußt machen, was Jesus für uns getan hat, als er sein Leben am Kreuz auf Golgatha für uns opferte. Wir leben davon, daß er uns täglich vergibt. Er wärmt auch nicht das wieder auf, was er uns vergeben hat. Wenn ich mir das klar mache, wird mein Verhalten eindeutig. Dann bete ich bewußt: Vergib mir meine Schuld, wie auch ich bereit bin, dem zu vergeben, der an mir schuldig wurde.

Merksatz: *Vergebung ist endgültig.*

Die Liebe ist nicht rücksichtslos

Wo etwas gewaltsam durchgesetzt wird, hat die Liebe keinen Platz mehr. Rücksichtslose Profitgier beherrscht viele Menschen. Um zu ihrem Ziel zu kommen, scheut man auch nicht davor zurück, »über Leichen zu gehen«. Die Liebe kann so nicht vorgehen. Sie will keine Zerstörung anrichten. Deshalb kann auch ein von Gottes Liebe durchdrungener Mensch andere nicht übervorteilen. Das gilt für alle Gebiete des Lebens.

Alles anvertraute Gut, besonders aber Menschen, sind eine Gabe Gottes und damit auch eine Aufgabe. Die Liebe wird immer erst die Aufgabe am Menschen sehen und nicht den eigenen Nutzen. Sie will nicht überfordern, sondern wertvoller machen; nicht ausnutzen, sondern bereichern. Darum setzt sich ein von Jesu Liebe durchdrungener Mensch für den andern ein. Sein Nächster ist für ihn einmalig, er sieht in ihm eine von Gott geliebte Persönlichkeit. Sie rangiert vor dem Profit an erster Stelle.

Merksatz: *Den andern nicht überfordern – bereichern.*

Die Liebe verträgt alles

Dieser Satz darf nicht mißverstanden werden, etwa in dem Sinne, daß die Liebe zu allem »Ja und Amen« sagt. Ein Mensch, in dem Jesu Liebe regiert, ist bemüht, zwischen Wesentlichem und Unwesentlichem zu unterscheiden. Das bestimmt sein Verhalten, wenn es darum geht, einen Menschen, der sich verkehrt verhält, nicht durch Schweigen auf seinem Irrweg noch zu bestärken.

Wir kennen alle solche Lebenslagen. Ein Geschehen ist so verworren, daß man keinen Durchblick mehr hat. Eine Begebenheit ist so schwer, daß man nicht den Mut aufbringt, sich darunterzustellen.

Man hat Angst vor der Belastung, sieht die Schwäche der eigenen Kraft. Doch wir sind als Leute Jesu berufen, weiter zu schauen. Der Blick braucht nicht begrenzt zu bleiben. Er richtet sich auf Jesus, der die Macht hat, alles zu ändern. Mit ihm in Gemeinschaft hören die unannehmbaren Verhältnisse auf. Lebenslagen, die man sonst gemieden hätte, werden tragbar, denn Gott trägt und erträgt uns.

Merksatz: *Wer »Ja und Amen«* sagt, sagt nicht »Ja und Amen«.

Die Liebe ist freundlich

Im Miteinander der Menschen sind Worte ein wesentliches Kommunikationsmittel. Sie öffnen oder verschließen einem den Zugang zur menschlichen Persönlichkeit. Ich denke da jetzt besonders an die kleinste Zelle der Gemeinschaft, die Ehe. Wie viele Ehepartner haben sich nichts mehr zu sagen, und wenn sie schon miteinander reden, dann sind es oft belanglose Dinge. Man lebt gleichgültig nebeneinander her. Dazu kommt, daß man die Dienste des andern für selbstverständlich hinnimmt. Alles in allem nicht nur eine deprimierende, sondern auch eine zermürbende Angelegenheit.

Welch eine Befreiung tritt ein, wenn man das Miteinander, das einem Tag für Tag geschenkt ist, nicht mehr für selbstverständlich nimmt und das auch in Worten zum Ausdruck bringt. Ein Danke, ein Wort der Anerkennung, ein hilfreicher Hinweis wirkt oft Wunder. Aus dem Miteinander wird auch ein Füreinander. Das gibt ganz neu Auftrieb im persönlichen Leben wie im Berufsleben, wenn eine Ehe harmonisch verläuft, wenn Ehepartner sich immer wieder einmal sagen: Ich liebe dich. Es ist gut, daß du da bist. Ich brauche dich.

Merksatz: *Das richtige Wort zur rechten Zeit.*

Die Liebe glaubt alles

Da wird nicht der Leichtgläubigkeit das Wort geredet. Wieviel Unheil wird angerichtet, weil Menschen blindlings glauben, was ihnen in Werbung und Propaganda zum Beispiel vorgemacht wird. Ja, sogar auf dem Gebiet der Theologie muß man acht haben, um sich nicht von jedem Wind der Lehre treiben zu lassen. Von keinem Menschen sollte das Urteil zutreffen, das man oft so landläufig hört: Der glaubt ja alles, den kann man für dumm verkaufen. – Wir sollen prüfen und das Gute behalten.

Also will dieser Leitsatz etwas anderes ausdrücken. Gemeint ist das Vertrauen: Es gibt nichts, was bei Gott unmöglich ist. Darum kann der Mensch, in dessen Leben die Liebe regiert, im Vertrauen zu Gott alles glauben, was in seinem Wort steht. Die Erfahrung bezeugt die Wahrhaftigkeit seiner Zusagen.

Merksatz: *Glaube bewahrt vor Leichtgläubigkeit.*

Die Liebe wirkt verbindend

Alles Trennende ist ihr zuwider. Darum achtet die Liebe darauf, daß sie niemand verletzt. Wenn Spannungen, Verfehlungen oder Schuld die Gemeinschaft stören, kann die Liebe nur verbindend wirken, wenn der einzelne nicht auf den andern wartet, sondern auf ihn zugeht und taktvoll das Gespräch beginnt. In völliger Offenheit können dann Mißverständnisse ausgeräumt, Verfehlungen bekannt und Schuld bereinigt werden. Nachdem alle Störfaktoren beseitigt sind, ist der Weg zu einer neuen und noch festeren Verbindung innerhalb der Gemeinschaft frei. Die Liebe erweist ihre verbindende Kraft. Sie einsetzen heißt, sich mehr für die Belange des anderen interessieren als bisher, mit ihm leben und mit ihm leiden. Miteinander lassen sich schwierige Lebenslagen besser bewältigen und ertragen. Im Wir ist tragende Kraft, wenn die Liebe als verbindende Macht wirkt.

Merksatz: *Im Blick für den andern liegt Einblick.*

Die Liebe ist nicht machthaberisch

Der Mensch ist zum Herrschen berufen. Wirklich herrschen können wir aber nur in der Abhängigkeit von Jesus Christus, wenn er in uns herrscht. Tun wir es unabhängig von ihm, geraten wir in die

Fänge der Herrschsucht. Sie aber ist ichbezogen. Auch dann, wenn mit einem behutsamen Zwang die eigenen Interessen durchgesetzt werden sollen, ist die Liebe verdrängt worden.

Machthaberisch sein kann auch heißen, das Können des andern abwerten, damit die eigenen Leistungen höher eingeschätzt werden. Man will durch Einflußnahme eigene Macht gewinnen und den andern auf eine niedrigere Ebene drücken. Die Liebe kann das jedoch nicht. Sie achtet den andern höher als sich selbst.

Merksatz: *Nicht herrschen – dienen.*

Bringen Sie die folgenden Leitsätze in eine konkrete Beziehung zu Ihrer Lebens- und Arbeitsgemeinschaft (Familie, Beruf, Gemeinde). Wo erweist sich die Gemeinschaft als tragfähig? Wo sollte Korrektur oder Änderung einsetzen? Achten Sie auf die leichten Abstufungen in den einzelnen Aussagen!

Die Liebe ist langmütig. = Geh' die zweite Meile mit!
Die Liebe ist geduldig. = Geduld üben!
Die Liebe ist nicht taktlos. = Der Ton macht die Musik!
Die Liebe ist nicht mißtrauisch. = Vertrauen baut auf!
Die Liebe ist barmherzig. = Wie uns denn Barmherzigkeit widerfahren ist, so laßt uns Barmherzigkeit üben an jedermann!

Die Liebe kennt keine hoffnungslosen Fälle. = Hoffnung läßt nicht zuschanden werden!
Die Liebe rechnet das Böse nicht zu. = Wie du – Jesus – mir, so ich dir, meinem Nächsten!
Die Liebe duldet das Schwere. = Dulden heißt reifen!
Die Liebe kennt kein Vorurteil. = Verstehen – nicht urteilen!
Die Liebe akzeptiert den andern. = In Hauptsachen Einheit, in Nebensachen Freiheit, in allem aber Liebe!

Die Liebe freut sich über das Gelingen des andern. = Freue dich mit!
Die Liebe wird nicht bitter. = Bleib nicht dran hängen!
Die Liebe spielt nicht falsch. = Ehrlichsein befreit!
Die Liebe läßt sich nicht zum Zorn hinreißen. = Nicht vom Zorn – von Gott beherrscht!
Die Liebe sucht nicht den eigenen Vorteil. = Verschwenden macht reich!
Die Liebe eifert nicht. = Eifer entzweit – Verständnis bindet!

Die Liebe spielt sich nicht auf. = Nicht wer angibt, hat mehr vom Leben!

Die Liebe kennt keine Schadenfreude. = Statt Schaden anrichten – Schaden bewältigen helfen!
Die Liebe ist nicht nachtragend. = Vergebung ist endgültig!

Die Liebe ist nicht rücksichtslos.	= *Den andern nicht überfordern – bereichern!*
Die Liebe verträgt alles.	= *Wer »Ja und Amen« sagt, sagt nicht »Ja und Amen«!*
Die Liebe ist freundlich.	= *Das richtige Wort zur rechten Zeit!*
Die Liebe glaubt alles.	= *Glaube bewahrt vor Leichtgläubigkeit!*
Die Liebe wirkt verbindend.	= *Im Blick für den andern liegt Einblick!*
Die Liebe ist nicht machthaberisch.	= *Nicht herrschen – dienen!*

Pflicht ohne Liebe macht verdrießlich.*
Verantwortung ohne Liebe macht rücksichtslos.
Gerechtigkeit ohne Liebe macht hart.
Erziehung ohne Liebe macht widerspruchsvoll.
Klugheit ohne Liebe macht gerissen.
Freundlichkeit ohne Liebe macht heuchlerisch.
Ordnung ohne Liebe macht kleinlich.
Sachkenntnis ohne Liebe macht machthaberisch.
Macht ohne Liebe macht gewalttätig.
Ehre ohne Liebe macht hochmütig.
Besitz ohne Liebe macht geizig.
Glaube ohne Liebe macht fanatisch.
Leistung ohne Liebe macht brutal.
Urteilsfähigkeit ohne Liebe macht unweise.
Wahrheit ohne Liebe macht eitel.
Können ohne Liebe macht egoistisch.
Eifer ohne Liebe macht eifersüchtig.
Vergebung ohne Liebe macht nachtragend.
Erfolg ohne Liebe macht einsam.
Leiden ohne Liebe macht bitter.
Überlegenheit ohne Liebe macht ironisch.
Spontaneität ohne Liebe macht unwirsch.
Gehorsam ohne Liebe macht sklavisch.

Ein Leben ohne Liebe ist sinnlos!

---

*Die ersten Leitsätze stammen von einem mir unbekannten Christen

Für jeden Tag

Nehmen Sie diesen Tag dankbar als Geschenk
aus Gottes Hand.
Halten Sie ihn rein von
Bitterkeit und Zorn,
Geiz und Neid,
Pedanterie und Angst.
Zerlegen Sie ihn in Stunde für Stunde,
so daß der Vorrat reicht für den ganzen Tag.
Jede Stunde wird einzeln gelebt,
sei es, daß sie sich aus Aktivität oder
schöpferischer Ruhe zusammensetzt.
Nehmen Sie in jede Stunde
Freude und Dankbarkeit,
viel Zuversicht und Gelassenheit,
etwas Toleranz und Zurückhaltung,
ein wenig Skepsis.
Ihre ganze Haltung aber lassen Sie
durchdrungen sein von der Liebe.
Begegnen Sie dann ihrem Nächsten
Augenblick für Augenblick mit
Freundlichkeit.
Sie werden erfahren,
nicht nur Sie werden glücklich –
auch andere!

Die folgenden Antworten eines Weisen haben mir in meinem Leben
entscheidend weitergeholfen; er wurde gefragt:
Welches ist die wichtigste Stunde im Menschenleben?
Welches ist der bedeutendste Mensch, der dir begegnet?
Welches ist das notwendigste Werk?

Seine Antwort lautete:

Die wichtigste Stunde ist immer die Gegenwart.
Der bedeutendste Mensch ist immer der, der mir gerade gegenübersteht.
Das notwendigste Werk ist immer die Liebe.

Kapitel 6

Grund der Freude –
Grund zur Freude

Freude gehört zu unserem Leben. Wir wissen aus Erfahrung, wie sehr es uns beflügelt, wenn wir Freude erleben. Das Leben sieht anders aus. Wir wissen aber auch, wie sehr es niederdrücken kann, wenn echte, bleibende Freude im Herzen nicht aufkommen will. In solchen Zeiten spüren wir: Freude, das Leben ausfüllende Freude, kann man selbst nicht machen. Wir wehren uns zurecht gegen eine oberflächliche oder verkrampfte Aufforderung zur Freude. In Zeiten des Bedrücktseins, der Sorge oder des Leides können wir eine Aufforderung wie »freuet euch!« nur hören, wenn wir wissen, der diese Aufforderung ausspricht, hat die gleichen Erfahrungen gemacht wie wir, sein Zuspruch ist keine Floskel. Er demonstriert mit seinem Leben, daß er es vermag, sich auch in schweren Lebenslagen zu freuen. Demnach muß diese Aufforderung zur Freude einen festen Grund haben.

Von diesem Grund der Freude wird im Philipperbrief, Kapitel 4, in den Versen 4–7 berichtet: »Freut euch, daß ihr immer in des Herrn Hand seid; und noch einmal: »Freut euch! Seid gütig zu allen Menschen! Der Herr ist nahe! Macht euch keine Sorgen, laßt eure Bitten in jedem Fall betend und dankbar Gott wissen. Der Friede Gottes, der so viel mehr ist als unsere Gedanken verstehen, sei ein Schutzwall und eine Macht um eure Herzen und um eure Gedanken, daß nichts und niemand euch von Jesus Christus trennen kann.«

Diese Freude, die in und aus Jesus Christus kommt, bedeutet für unser seelisches Leben das gleiche, was Vitamine für unseren Körper ausmachen. Diese Freude läßt leben; sie ist heilende Medizin. Das hat der Apostel Paulus, der diese Aufforderung zur Freude aus dem Gefängnis schreibt, in seinem eigenen Leben erfahren. Und er schreibt in dieser Lebenslage an Menschen, die auch in Bedrängnis leben, die verfolgt werden, sich Sorgen machen, unter Schmerzen leiden, angefochten sind und ihren Lebensweg nicht verstehen. Ihnen sagt er: Trotzdem könnt ihr euch freuen! »Freut euch, daß ihr immer in des Herrn Hand seid!« Der Grund der Freude liegt also in dem Bewußtsein, daß Jesus Christus mich von allen Seiten umgibt. Ich sitze oder stehe, ich liege oder gehe, du hältst stets deine Hand über mir. Diese Gewißheit schenkt Getrostsein, diese Freude vermittelt Geborgenheit.

In allen Lebenslagen bleibt Jesus Christus der Herr. Das ist eine Gewißheit, die ich mir nicht selbst aus dem Herzen hervorholen kann. Sie ist ein Geschenk des Heiligen Geistes. Weil sie Geschenk des Heiligen Geistes ist, ist sie auch unabhängig von äußeren Umständen und physischer Veranlagung. Das ist etwas ganz, ganz Wunderbares. Freude in und aus Jesus Christus braucht nicht zu schwinden in Stunden der Anfechtung. Trübsal und Freude schließen sich nicht aus im Leben eines Menschen, der Jesus Christus gehört. Sie schließen sich deswegen nicht aus, weil ich auch dann, wenn ich Gottes Wege mit meinem Leben nicht verstehe, wissen kann: Ich bin immer in des Herrn Jesus Christus Hand. Von allen Seiten, wirklich von allen Seiten, umgibst du mich, o Herr.

Diese Glaubenshaltung »in dir ist Freude in allem Leide . . ., du der wahre Heiland bist . . .« bleibt nicht verborgen. Dieses Getrost- und Zufriedensein auch in schweren Lebensführungen läßt andere aufhorchen. Menschen, die getrost sind, die sich in Jesus Christus geborgen wissen, lassen ihre Güte auch andere Menschen spüren – und zwar alle Menschen gleich. »Seid gütig zu allen Menschen.« Also nicht nur denen sich in Güte und Liebe zuwenden, die mir sympathisch sind. Nein, auch denen, die mir allein schon durch ihre Gegenwart auf den Wecker gehen, mir zur Anfechtung werden. Weil Jesus Christus mit seiner Kraft in mir mächtig sein will – und wenn ich ihm die Regie einräume, auch ist –, vermag ich es, auch Menschen, die mir gar nicht liegen, mit Verständnis zu begegnen. Es gehört zum Geheimnis Gottes – und das ist etwas ganz Großes –, daß Freude, die man nicht bereit ist an andere weiterzugeben, ein Stück Freude ist, die einem selbst verlorengeht. Es macht aber mein Leben reich und glücklich, wenn ich bereit bin, die Freude, die ich erfahre, mit andern zu teilen. »Denn die Freude, die wir geben, kehrt ins eigne Herz zurück . . .«

Hintergrund, Motor dieser Lebenshaltung ist die Gewißheit, die in den Worten zum Ausdruck kommt: »Der Herr ist nahe!« Der Herr

Jesus Christus ist bei mir. Von allen Seiten umgibt er mich. Wir müssen diese Worte doppelt verstehen. Paulus und die Gemeinde in Philippi, die diesen Brief zuerst erhalten hat, rechnen fest damit, daß Jesus bald, d. h. zu ihren Lebzeiten, wiederkommt. Eine solche Glaubens- und Lebenshaltung gibt dem gegenwärtigen Augenblick den Ernst. Wenn Jesus bald wiederkommt, dann wird man sich bald für sein Tun verantworten müssen; dann kann ich die Entscheidung, die schon längst fällig ist, nicht mehr aufschieben. Wer weiß, ob es morgen noch möglich ist?! Dann muß ich heute die Konsequenzen ziehen.

Und das andere, das dahinter als Antriebskraft steht: Wenn Jesus nahe ist, dann nimmt das der Gegenwart allen Druck. Dann bin ich nämlich geborgen. Alles Schwere und Belastende darf ich dann an ihn abgeben. Er trägt mit mir. »Der Herr ist nahe!« Er ist immer da, er ist mir heute nah. Das gilt! Er ist Augenblick für Augenblick nahe!

Weil Jesus nahe ist, brauche ich mich auch nicht in verkehrter Weise zu sorgen, abzumühen, zu zermürben, fertig zu machen. »Macht euch keine Sorgen«, keine unnötigen Sorgen meint Paulus. Was ist denn Sorge? Sorge ist doch der Versuch des Menschen, sein Schicksal in die eigene Hand zu nehmen und in eigner Regie zu meistern; selbstherrlich über seine Zukunft zu verfügen. Sorge ist immer Angst vor dem Morgen, dem Kommenden. Aber von allen Seiten umgibst du mich, o Herr. Das gilt! Jesus ist der Herr, heute und morgen, in alle Ewigkeit, wie er es gestern gewesen ist. Das nimmt der Sorge alle Existenzberechtigung. Jesus ist der Herr der Zukunft. Wenn ich in seiner Gemeinschaft lebe, brauche ich vor dem Morgen keine Angst zu haben. Er ist der Stärkere! Damit sind grundsätzlich die zermürbenden Probleme von ihm her beantwortet. Darum sollen an Jesus Christus glaubende Menschen sich nicht zersorgen, sondern beten. Sorgen und beten läßt sich nicht miteinander vereinbaren. Wenn ich im Gespräch mit Jesus Christus stehe, darf ich mein Sorgen an ihn abgeben. Denn er hat mir zugesagt, für mich zu sorgen. Deswegen »laßt eure Bitten in jedem Falle« – sagt Paulus – »dankbar und betend Gott wissen«. Das ist ein großartiges Lebensangebot. Alles, was mich beschäftigt, was mich umtreibt und auch vielleicht fertigmachen will, kann ich im Gespräch an Jesus Christus abgeben. Nur soll ich das Danken dabei nicht vergessen. Das ist ganz wesentlich.

Wer in seinem Leben das Danken vergißt, steht sich selbst im Weg, er trennt sich von der Fülle des göttlichen Lebens. Dankbarsein macht unwahrscheinlich glücklich. Es bindet an den Geber, an Gott. Selbst wenn die Wohltaten in der Vergangenheit versinken, Gott bleibt in Ewigkeit. Und ich bleibe mit ihm, weil er mich liebt und ich ihn wiederlieben kann. Danken befreit das Herz und macht froh und getrost. Wenn wir Jesus Christus alles gesagt haben, was unser Herz bedrückt, können wir stille werden, er wird es recht machen. Wer ihn walten läßt, wer auf ihn allezeit hofft, den wird er in aller Not und Traurigkeit wunderbar erhalten. Ich habe immer wieder die Erfahrung gemacht, wenn ich mich so verhalten habe, daß mein Leben nicht grundlos ist. Die Freude an und in Gott ist meine Stärke. Gott wird das Erbetene, wenn es dem Bittenden zuträglich ist, in Erfüllung gehen lassen. Dieses Wissen entkrampft, macht getrost und gibt Freude, und dafür kann ich wiederum von Herzen danke sagen.

Wer dankt, steht im Schutz des göttlichen Friedens. Der Friede Gottes, der so viel mehr ist als unsere Gedanken verstehen, ist erlebbar.

Er legt sich als Geborgenheit wie ein Schutzwall um mein Herz und meine Gedanken. Er umhüllt mich wie ein Mantel, damit die negativen Gedanken mich nicht in die endlose, nach unten ziehende Traurigkeit verstricken können. Nichts, niemand kann mich aus dieser Geborgenheit reißen, denn Jesus Christus ist mein Bürge dafür, und er will, daß ich mich freue.

Dieser Grund der Freude ist nun auch der Grund zur Freude. Einige Merksätze sollen das wieder verdeutlichen:

1. *Ich will mich freuen!*

Auch in der modernen Konsumgesellschaft, in der man nahezu alles kaufen kann, gibt es unverkäufliche Güter, die ausschließlich verschenkt werden. Zu ihnen gehört die Freude.

Obwohl man sich zur Freude nicht zwingen kann, ist es möglich, Voraussetzungen für ihren Empfang im eigenen Leben zu schaffen. Dazu gehört wesentlich die Bereitschaft, sich freuen zu wollen. Das ist mit die Grundvoraussetzung, daß Freude sich im eigenen Leben verwirklichen kann.

Man kann sich nämlich auch in eine Lebenshaltung verlieben, die abseits von der Lebensfreude ihr Dasein fristet. Es ist nicht von ungefähr, daß man bei Menschen, die meinen, keinen Grund zur Freude zu haben, vom »tierischen Ernst« spricht. Besonders tragisch finde ich es, wenn Leute Jesu sich so verhalten, daß Außenstehende den Eindruck gewinnen müssen, Glauben sei eine freudlose Sache oder gar »tierisch ernst«; Gott sei ein Miesmacher, der seine Freude daran habe, uns die Freude zu vergällen. Nein, Gott will, daß wir uns freuen! Darum läßt er uns durch Jesus Christus sagen: »Euer Herz wird sich freuen, und niemand wird euch eure Freude wegnehmen« (Joh. 16, 22).

Weil Gott will, daß wir uns freuen, haben wir die Freiheit, es zu tun!

2. *Ich freue mich, daß ich bin!*

Diese Überzeugung ist nicht gleichzusetzen mit der Einstellung: »Immer fröhlich, immer fröhlich, alle Tage Sonnenschein«, oder gar mit der scheinheiligen Haltung: »Immer nur lächeln, immer vergnügt ... doch wie's da drinnen aussieht, geht niemand was an.« »Ich freue mich, daß ich bin«, ist die bewußte Absage an das Summieren negativer Eindrücke und Erfahrungen. Es ist das Ja zu meinem Leben mit seinen verschiedenen Schattierungen; ein Ja zu meiner Persönlichkeit als einer von Gott gewollten Schöpfung.

Ja, Gott hat mich gewollt. Ich kann nicht den Schöpfer als meinen Herrn anerkennen und mich selbst als sein Geschöpf verneinen. Aus dem dankbaren Sich-selbst-annehmen, aus der Bejahung des eigenen Lebens in seinem Sosein erwächst die Freude am Leben und die Befreiung zum Leben.

»Ich danke dir dafür, Gott, daß ich so wunderbar gemacht bin« (Ps. 139, 14).

3. *Ich freue mich heute*

Diese Einstellung resultiert aus der Erfahrung, daß ich die Chance im Heute zu leben nur einmal habe. Da das Heute viele Möglichkeiten, sich zu freuen, in sich schließt, gilt es zu lernen, sie zu sehen.

Das ist ein Prozeß, der damit beginnt, daß man bewußter zu leben anfängt, eben im Heute!

Viele verlagern ihre Freude in die Zukunft. Sie versäumen sie damit im Heute. Sie sagen sich fälschlicherweise: Wenn das geschafft ist, dann . . ., wenn das sein wird, dann . . ., wenn das eintritt, dann . . . So nippen sie nur an dem, was heute ihr Leben reich machen will. Aus Angst, etwas zu versäumen, eilen sie hektisch von Erlebnis zu Erlebnis und warten und warten auf die Freude von Morgen. Dabei geht ihr Weg an der Freude, die jeder Tag für sich beinhaltet, vorüber.

Viele hängen aber auch am Gestern. Sie trauern dem Vergangenen nach. Sie legen sich damit selbst Fesseln an. Dadurch werden sie nicht frei zum Empfang der Freude heute. Weil jeder Tag seine Freude hat, machen sie sich selbst ärmer.

Im Heute leben, bringt ein ganz neues Erleben. Das Dasein wird umfassender, tiefgründiger; denn Freude ist das Glück des Lebens. Heute gilt es, sich auf die Gegebenheiten einzustellen, sie auszuschöpfen, sie auszukosten.

4. *Gebet um Freude*

Vater im Himmel, auch für diesen Tag erbitte ich von dir Freude. Du bist die Quelle der Freude. Ich danke dir, du willst mich nicht von dir wegschicken. Wo anders bekomme ich keine Freude, die beständig ist, die mich in der Tiefe meines Herzens froh und frei macht.

Vater im Himmel, ich habe festgestellt, daß ich mir frohmachende Freude nirgends kaufen kann, weder en gros noch im détail. Aber du hast Freude die Fülle. Du stößt keinen, der zu dir kommt und um diese deine Freude bittet, von dir weg. Ich preise dich, daß du so barmherzig und freundlich bist. Deine Güte ist unerschöpflich.

Wenn ich mich freue, gleiche ich einem, der eine einsame Insel verläßt; denn Freude will sich mitteilen, Freude bringt Hoffnung und Mut, Freude öffnet das Herz des Menschen.

Herr Jesus Christus, ich lebe in einer Welt, in der Freude und Leid eng beieinander wohnen. Vielen ist es selbstverständlich, daß sie Arbeit haben und verdienen, was sie zum Leben brauchen. Andere finden keine Arbeit und haben es schwer, sich und ihre Familien zu ernähren. Die einen können leben, wo sie zu Hause sind und sich geborgen fühlen. Andere müssen ihre Heimat verlassen und unter Fremden leben. Die einen können ihre Gedanken frei aussprechen. Andere sind verachtet und verfolgt, weil sie für ihre Überzeugung frei eintreten. Es gibt Menschen, die glücklich sind und sich an den Schönheiten des Lebens freuen, und andere, die im tiefsten Herzen verzweifeln und keinen Ausweg wissen. Es gibt Menschen, die gesund sind und dir dafür danken, und andere, die von Schmerzen geplagt nach Linderung und Heilung rufen. Es gibt Menschen, die Freude und Zuversicht im Glauben haben, weil sie sich an dich halten, und andere, in deren Herzen die Sehnsucht nach Freude brennt. Laß sie sich doch auch zu dir wenden, um Erfüllung ihrer Sehnsucht zu bekommen!

Herr Jesus Christus, ich weiß, ein Leben ohne Freude ist wie der Tod. Teile Freude aus, gewirkt durch deinen Heiligen Geist. Es tut not. Keiner kann ohne Freude von dir wirklich leben. Ich bete dich an, weil du der Heilige, der Ewige bist. Du bist die Freude. Erbarme dich meiner und wende dich mir täglich neu zu mit deiner Leben spendenden Freude. Dank sei dir dafür! Amen.

5. *Freude beginnt mit den kleinen Dingen*

Es ist ein Zeichen großer innerer Verarmung, wenn Menschen immer mehr anschaffen müssen und doch keine bleibende Freude und Zufriedenheit in ihrem Leben eintreten.

Freude fängt nämlich beim Einfachsten an. Sich freuen über ein Lächeln, ein aufmunterndes Wort, ein Strahlen der Augen, einen Kartengruß, einen Brief, einen Telefonanruf. All das will uns doch sagen: Ich denke an dich, du bist nicht vergessen, nicht abgeschrieben. Es gehört schon Mut zur Freude, indem man diese Erfahrungen nicht für selbstverständlich hinnimmt.

Freude an der Natur, den Blumen, dem See, der Lerche, dem Schmetterling, dem Trommeln der Regentropfen . . .

Freude an einem tapferen Menschen, an einer guten Tat, an Opferbereitschaft . . .

Freude ist mehr als Genuß und Vergnügen. Freude ist nicht oberflächlich. Sie steigt aus der Tiefe des Gott vertrauenden Denkens.

Freude strahlt weit über den Augenblick hinaus. Freude ist die Freude der Gewißheit über das Woher, das Wozu und das Wohin meines Lebens.

Es ist mir unvergeßlich, wie auf einem Spielplatz – als unsere drei Kinder sich so nach Herzenslust austobten – eine ältere Dame nach längerem Zuschauen sagte: »Nur immer gefreut, später vergeht's einem von selbst.« Ist das wirklich so?

Was ist das für eine Zeit, in der junge und ältere Menschen äußern: »Früher, da konnte ich das noch, mich freuen. Warum kann ich das heute nicht mehr? Ich verstehe das nicht.« Sicher, man kann Freude nicht kaufen, aber – wie schon an anderer Stelle zum Ausdruck gebracht – Sie können sich auf den Empfang der Freude einstellen. Wer es lernt, sich über kleine Dinge zu freuen, dessen Leben wird unwahrscheinlich bereichert. Es wird ausgefüllt. Er bekommt einen neuen Blick für das Leben. Er lebt intensiver.

Wenn ich mich heute dankbar freue, liegt es daran, daß ich lerne, nichts für selbstverständlich zu nehmen. Dadurch werden gerade auch die kleinen Dinge im Leben so wertvoll.

In Abwandlung möchte ich Dietrich Bonhoeffer zitieren: Wenn die Freude an Gott der Cantus firmus ist, dann darf die Freude an den Dingen als Kontrapunkt fröhlich erklingen. So wird das Leben in seiner Ganzheit Gottes Ehre verherrlichen und Menschen zum Segen sein.

6. *Freude gewinnt, wer Freude macht*

Das ist eine alte und doch immer wieder neue Erfahrung: Nur, wer Mut hat, Freude zu schenken, wird diese Erfahrung machen. Wer immer nur seine eigenen schweren Führungen sieht, dreht sich wie ein Kreisel dauernd um sich selbst. Die Aufmerksamkeit muß man aber von sich selbst weg auf andere lenken. Sehen Sie dabei aber bitte nicht nur die Vorteile, die der andere hat. Sehen Sie einmal bewußt die Schattenseiten im Leben des andern, mit denen er täglich konfrontiert ist. Sie werden dann eine beschämende Feststellung machen: Es gibt Menschen, denen es viel schlechter als Ihnen geht. Das sollte Sie anspornen, gerade diesen Benachteiligten Freude zu bereiten; aber nicht nur ihnen. Es warten so viele Menschen auf etwas Freude.

Wenn Sie bereit werden, Freude zu schenken, werden Sie dadurch nicht ärmer. Sie werden vielmehr die Erfahrung machen, daß Freude bereiten grundsätzlich reicher macht, wenn man es ohne Hintergedanken tut, einfach, weil man einen Menschen glücklich machen will.

Dazu bedarf es keiner dicken Brieftasche. Nötig sind Liebe und Phantasie, offene Augen und Ohren, ein mitempfindendes Herz und ein wacher Verstand. Es gibt ein weites Übungsfeld, auf dem wir diese Gaben einsetzen und zum Tragen kommen lassen können.

Mit freundlichen Worten sollte keiner geizen. Gesichter, die sonst wie rostige Scharniere unbeweglich erscheinen, verziehen sich zu einem dankbaren Lächeln.

Ein frohes Gesicht bei dem täglichen Einerlei der Arbeit läßt nicht stupide werden und muntert den andern auf. Es ist also nicht egal, wie ich durch den Tag gehe.

Anerkennung kann einen sonst verpfuschten Tag retten, ja ein ganzes Leben ändern. Lieber ein Mal mehr danke sagen als ein Mal zu wenig.

Ein wohlwollendes Entgegenkommen baut Vorurteile ab und verbindet. Ein ruhiges Sprechen mit Ungeduldigen und Lästigen verhindert Ärger und vermittelt meinem Gegenüber das Wissen darum, daß ich mich bemühe, ihn zu verstehen.

Mitgefühl für den andern, der verborgenes Leid trägt, macht ihm die Last erträglicher.

Zeit erübrigen für Geplagte und Umgetriebene läßt sie am Leben nicht verzweifeln.

Ein Besuch bei Einsamen und Kranken, bei denen, die niemand besucht, den Alten im Altenheim oder bei Gastarbeitern, diesen Fremdlingen in unserem Land, zeigt ihnen, daß sie nicht abgeschrieben sind und gemieden werden.

Jemanden einladen, der sonst allein ist, kann einen Höhepunkt in seinem Leben schaffen.

Ein Tag in der Familie als Familientag proklamiert, kann der Familie ein neues Gepräge geben.

Ein Zupacken der Hände, wenn praktische Arbeiten zu erledigen sind, bereichert die Gemeinschaft.

Unser ganzes Verhalten soll unter dem Motto stehen: »*Trage bei zu anderer Glück, denn die Freude, die wir geben, kehrt ins eigne Herz zurück.*«

Kapitel 7

Dankbarkeit vermehrt die Qualität des Lebens

Dankbarkeit ist für sehr viele Menschen heute nur noch ein leeres Wort. Gleichgültigkeit kennzeichnet sie, oft sogar Abgestumpftsein. Man nimmt die Tage wie sie fallen. Ein selbstverständlicher Trott. Passiert dann etwas Besonderes, heißt das noch lange nicht, daß sich die Einstellung des betreffenden Menschen grundlegend ändert.

Immer wieder fällt mir – wenn ich über das Danken nachdenke – ein Bericht aus dem Neuen Testament ein. Der Evangelist Lukas erzählt ihn:

»Auf dem Weg nach Jerusalem zog Jesus zwischen Samarien und Galiläa hin. Als er in ein Dorf ging, kamen ihm zehn Aussätzige entgegen. Sie blieben in gehörigem Abstand stehen und riefen laut: »Jesus! Herr! Habe Mitleid mit uns!« Jesus sah sie und befahl ihnen: »Geht zu den Priestern und laßt euch untersuchen!«

Unterwegs wurden sie gesund. Einer aus der Gruppe kam zurück, als er es merkte. Laut pries er Gott, warf sich vor Jesus nieder und dankte ihm. Der Mann war ein Samariter. Jesus sagte zu ihm: »Zehn habe ich gesund gemacht. Wo sind die andern neun? Warum sind sie nicht auch zurückgekommen, um Gott die Ehre zu erweisen, wie dieser Fremde hier?« Dann sagte er zu dem Mann: »Steh auf, dein Vertrauen hat dich gerettet« (Luk. 17, 11–19).

Zehn Menschen machen eine besondere Erfahrung. Doch nur einer kommt zu einem sogenannten »Aha-Erlebnis«. Ihm geht etwas Besonderes auf. Neun werden »nur« gesund, einer wird gesund *und* dankbar. Alle sind sie durch Aussatz so gekennzeichnet, daß sie zu Außenseitern der menschlichen Gesellschaft gestempelt werden. »Sie blieben in gehörigem Abstand stehen!« Wie könnte es deutlicher werden: Abgeschnitten vom Leben! Kandidaten des Todes!

Sie begegnen Jesus – und nützen ihre Chance. Sie rufen ihn an: »Jesus! Herr! Habe Mitleid mit uns!« Im Ruf nach dem Erbarmen Jesu öffnen sie ihren Lebensraum – oder sachlicher gesagt –, ihren Sterbensraum diesem Herrn.

Wie reagiert Jesus auf Menschen, die ihm ihr Leben öffnen? Er sieht ihre Not und geht auf sie ein. Er nimmt sich ihrer an. Wie? Unkonventionell! Die Barmherzigkeit Gottes wird erlebt im Vollzug des Gehorsams, ohne irgendeine Vorgabe. Sie bekommen sein Wort. Nichts mehr, aber auch nichts weniger. »Geht hin zu den Priestern und laßt euch untersuchen!«

Gehen sie? Nehmen sie das Risiko des Gehorsams dem Wort Jesu gegenüber auf sich? Sie gehen und erleben wirklich, daß Jesus Macht hat, den Lebensweg, auch den aussichtslosen, zu ändern.

Dieser Bericht zeigt uns übrigens, daß Jesus Christus ein Heiland des ganzen Menschen ist. Er nimmt sich nicht nur der Seele an, sondern auch des Leibes. Diese Menschen erleben Jesu Erbarmen bis in ihre körperliche Existenz hinein. Er macht sie gesund. Die Welt steht ihnen offen. Sie werden in die Gesundheit entlassen.

Wie reagieren sie auf dieses Erlebnis? Dankbar? Selbstverständlich? Es schockt eigentlich, wie neun von ihnen reagieren! Oder läßt es Sie kalt, wenn Sie den Bericht überdenken? Neun nehmen Jesu Barmherzigkeit selbstverständlich hin. Sie haben ihre Chance genutzt. Sie haben die heilende Kraft Jesu in Anspruch genommen. Sie, die total auf der Schattenseite des Lebens bisher Stehenden, haben sich nicht umsonst an Jesus gewandt – aber sie haben das Kapital des Erbarmens Jesu verspielt! Wieso?

Nun, die neun werden gewiß auf ihre Weise ihre Gesundung gefeiert haben. Sie werden voll Freude zu ihren Familien gegangen sein. Es war auch eine Art Dankbarkeit. Ihre Art! Gewiß haben sie begeistert davon berichtet, wie ihre Heilung geschah. Vielleicht sogar so, daß sie selbst den Mittelpunkt bildeten. Dann kam der Alltag. Sie gingen wieder ihrem alten Beruf nach, gestalteten ihr Familienleben wie früher. Wahrscheinlich wurde bald gar kein Aufhebens mehr von ihrem Erleben gemacht. Sie führten keinen schlechten Lebenswandel. Zu ihrem Lebensablauf mag auch der Besuch des Gottesdienstes gehört haben. – Das Leben hatte sie wieder. Obwohl sie das

Erbarmen Jesu am eigenen Leib erfahren hatten – ihr Leben war das alte geblieben.

Menschen nützen ihre Chance, die das Erbarmen Jesu ihnen bietet; sie nehmen die Rettung an, die Durchhilfe in schweren Nöten, die Bewahrung in kritischen Lebenslagen, ohne Jesus wirklich von Herzen dankbar zu sein. Sie sind Jesus begegnet und doch nicht in Lebensgemeinschaft mit ihm gekommen. Die dankbare Zuwendung zum Helfer haben sie vergessen, bzw. unterlassen und damit sich selbst vom wirklichen Leben ausgeschlossen. Das ist erschütternd!

Jesus wußte: Wie eine Krankheit zum Mittelpunkt unseres Denkens werden kann – und bei den zehn Aussätzigen ist es gewiß so gewesen –, so kann auch die Gesundheit zur Mitte, zur Hauptsache des Lebens werden. So ist es wohl bei den neun gewesen!

Es kann aber auch so sein, daß die Krankheit nach dem Gesundwerden einfach vergessen wird. Damit wird die Gesundheit zur Selbstverständlichkeit. Sie ist nicht mehr wunderbares Geschenk, für das man nicht genug dankbar sein kann. Oberflächlichkeit und Gleichgültigkeit machen sich wieder breit.

Darum lobt Jesus den dankbaren Samariter. Dieser Fremde lebt bewußt. Er erfaßt in der Gabe den Geber. Er schaut tiefer und zieht daraus seine Konsequenzen: »Einer aber aus der Gruppe kam zurück, als er merkte, daß er gesund geworden war. Laut pries er Gott, warf sich vor Jesus nieder und dankte ihm.« Was dem Samariter widerfährt, veranlaßt ihn zum Nachdenken. Und das wiederum ist Grund, umzukehren und Gott die Ehre zu geben.

Das ist eine Definition für Glauben: Umkehren und Gott preisen. Der Dankbare erfährt nicht nur die Macht Gottes als Realität in seinem Leben. Er erlebt auch, daß Dankbarkeit erst richtig befreit und bereichert. Er unterstellt sich bewußt der Herrschaft Jesu. Er verherrlicht Gott, indem er vor den Leuten herausstellt, was Gott an ihm getan hat. Er verweist darauf, daß er alles, was er ist, Gott verdankt.

Leben Sie in dieser Konsequenz? Das ist lebenswichtig. Denn nur diesem einen spricht Jesus zu, daß sich in seiner Haltung sein Glaube niederschlägt. Das also ist vertrauendes Denken. Es richtet sich konsequent auf Jesus. Von ihm allein kommt Lebensqualität. Wir leben bis heute von seiner Zuwendung, von seinem Erbarmen. Er gibt uns Teil an seinem Leben durch das vertrauende Denken, durch den Glauben an ihn.

Danken kann also nicht nebenbei und flüchtig geschehen, wenn es unser Leben wirklich bereichern soll. Danken ist ein bewußtes Drandenken, was mir Gutes widerfahren ist. Es ist ein bewußtes Zur-Kenntnis-Nehmen dessen, was ich erlebe. Daraus resultiert die tiefe Bereicherung des Lebens. Denn denen, die Gott lieben, dienen alle Dinge zum Guten. Ich komme damit vom Vordergründigen zum Hintergründigen. Danken geschieht dann nicht mehr nebenbei, sondern bewußt. Da macht es direkt Freude, zu danken, weil man nichts mehr für selbstverständlich nimmt. So wird wirklich die Qualität des Lebens vermehrt.

Die am Schluß der Geschichte von Jesus gestellte Frage kann nicht überhört werden: »Wo sind die neun andern? Warum sind sie nicht auch zurückgekommen, um Gott die Ehre zu geben, wie dieser Fremde hier?« Gehören Sie zu den neun? Dann ist es Zeit, umzudenken!

Gleichen Sie dem einen, werden Sie immer wieder dankbar froh eine Zeit der Besinnung einlegen, um Ihre Gedanken auf Gott zu richten. In Gemeinschaft mit ihm erfährt Ihr Leben seine Sinnerfüllung. Dankbarkeit ist der Weg, Gottes Heil und Herrlichkeit zu schauen! (Ps. 50, 23).

Dank für Hilfe in Krankheitstagen

Herr, ich danke dir
für alle Handreichungen,
die man sonst für selbstverständlich nimmt,
aber nicht mehr, wenn man sich selbst nicht mehr bewegen kann;
für das Eingeriebenwerden mit Franzbranntwein
gegen das Wundliegen und für die Muskeln;
für den kühlen Trunk, wohltuend eingeflößt;
das Gefüttertwerden mit liebevoll zurechtgemachten Speisen;
das erquickende Naß eines Waschlappens über das

schweißgebadete Gesicht;
das immer wieder ausgetauschte kühle Kopfkissen,
den frischen Schlafanzug,
das stets neu bezogene Bett nach heißem, durchschwitztem Tag;
das täglich sauber und heimelig gemachte Krankenzimmer;
die vielen treuen Helferinnen und Helfer hinter den Kulissen.
Danke, Herr,
für jede kleine Besserung auf dem Weg der Genesung:
> das erste Bewegendürfen und -können von Armen und Beinen,
> das erste ein paar Zentimeter Höherliegen,
> das erste – nach Wochen auf dem Rücken – Auf-der-Seite-Liegen,
> das erste eigene Essen und Trinken,
> die ersten 5 – dann 10 – dann 15 – dann 20 Minuten am Tag auf dem Bettrand sitzen,
> die ersten schwankenden Schritte zum nahen Sessel,
> das erste 15 Minuten darin Ruhen,
> das erste kurze und dann immer länger werdende Aufstehen, im Sessel Sitzen, ein paar Schritte Gehen,
> das erste eigene Waschen und Rasieren,
> das erste Verlassen des Krankenzimmers,
> den ersten Gang zur Toilette, das erste Duschen,
> den ersten Spaziergang im Garten des Krankenhauses.

Danke, Herr!

(Aus: Kurt Scherer, Zu seiner Zeit, TELOS TB 91)

Danke, daß ich glauben kann

Danke, Gott, daß ich dein Kind bin,
    und du mein Vater bist!
Danke, Jesus, daß du mein Herr bist,
    und ich dein eigen bin!
Danke, Heiliger Geist,
    daß du mich führst
    und umdenken lehrst!
Danke, Herr, daß ich kein Spielball dunkler Mächte bin;
    ich bin in deiner Hand geborgen!

Danke, daß ich dein Vertrauen habe;
> du wendest mir deine Güte und Treue
> jeden Morgen neu zu!

Danke, daß ich die Bibel, dein Wort, besitze,
> sie mit Gewinn lese, du durch sie zu mir sprichst.

Danke, daß ich Gemeinschaft mit dir habe,
> Gedankenaustausch;
> auf dich hören,
> mit dir sprechen kann!

Danke, daß ich Gemeinschaft mit den Deinen habe,
> Erfahrungen mit ihnen austauschen kann;
> Korrektur und Wegweisung,
> Sammlung und Zurüstung erfahre!

Danke, daß ich dich in Freiheit bezeugen kann
> im Wort und in der Tat!

Danke, daß ich meine Schuld bei dir
> abladen und aufatmen kann;
> dich mit meinen Zweifeln bestürmen,
> dir meine dunkelsten Gedanken gestehen kann,
> jene Gedanken,
> die ich selbst kaum zu Ende zu denken wage –
> und du verstehst mich!

Danke, daß trotz mancher schweren Wegführung
> das Vertrauen zu dir nicht schwand,
> das Herz nicht verzagte,
> der Glaube nicht Schiffbruch erlitt,
> die Traurigkeit nicht überhand nahm,
> das Leid nicht verbittert machte,
> die Freude nicht schwand!

Danke, daß ich nie allein bin,
> du bist bei mir!
> Du trägst mit mir meine Lasten,
> schenkst mir Bewährung in der Anfechtung,
> bewahrst mich in der Versuchung,
> hilfst in den Spannungen,
> gibst mir Sieg im Kampf,
> Wegweisung in den Entscheidungen!

Danke, daß du mich mehr liebst, als ich dich liebe,
> mir mehr gibst, als ich verdiene!

Danke, daß du auferstanden bist
>   und mir ewiges Leben erworben hast.
>   Ich habe eine lebendige Hoffnung,
>   die mich heute erfüllt und bestimmt.
>   Du hast mir im Himmel eine Wohnung bereitet,
>   hast mich vorangemeldet,
>   meinen Namen ins Buch des Lebens eingeschrieben.
>   So habe ich Erbansprüche
>   und heute schon Teil am ewigen Leben!
Danke, Herr, daß ich danken kann!
>   Ich weiß nicht, womit ich es verdient habe,
>   daß ich an dich glauben kann?!
>   Es ist dein herzliches Erbarmen,
>   das sich zu mir neigt. Danke!

Danke, denn nichts ist selbstverständlich

Der Umgang mit Menschen zeigt mir, daß vier von fünf glücklicher sein könnten, als sie sind. Unzufriedenheit ist überwiegend die Ursache dieses Fehlverhaltens. Man vergleicht sich zu viel mit denen, denen es besser geht, die mehr haben. Man sieht nur die guten Seiten beim andern und wie schlecht es einem selbst geht. So wird man neidisch auf den andern und bedauert sich selbst. Das macht mißgünstig und mißmutig. Doch das sind rabiate Stressursachen, die viel Kraft kosten und die Lebensenergie schmälern.

Statt sich immer wie ein Kreisel um sich selbst zu drehen und durch negative Gedanken sich in seinem Fehlverhalten noch selbst zu bestätigen, gilt es den Blick und die Gesinnung zu ändern. Es gilt, umzudenken. Wesentlich hilft dabei die Feststellung, daß es unzählige Menschen gibt, denen es in jeder Hinsicht schlechter geht als einem selbst. Oder ist es selbstverständlich,
>   daß wir seit mehr als 30 Jahren Frieden in unserem Land haben,
>   keine feindlichen Truppen es besetzt halten,
>   niemand an die Tür klopft und auffordert:
>   aufmachen, mitkommen!,
>   kein Fliegeralarm uns aufschreckt,
>   keine Bomben fallen,

keiner von uns auf die Flucht gehen muß?
daß wir ein Dach über dem Kopf haben,
jeder sein Bett hat,
wir mehr als einen Stuhl haben,
in wohltemperierten Zimmern wohnen,
mehr als nur ein Kleid und einen Anzug haben,
keine Mutter verzweifeln muß, weil ihr Kind hungert,
niemand km-weit laufen muß bis zur nächsten Wasserstelle?
daß unser Lebensunterhalt reicht, auch wenn gerechnet werden muß,
wir jeden Tag zur Arbeit gehen können,
unsere Versorgung einigermaßen gesichert ist,
auch wenn zeitweise Kurzarbeit oder Arbeitslosigkeit eintritt,
Umschulungsmöglichkeiten angeboten werden,
Lern- und Fortbildungsmöglichkeiten bestehen,
Verkehrsmittel uns zum gewünschten Ziel bringen,
die Firma aus den roten Zahlen kommt,
das Arbeitsklima gut ist?
daß wir unsere Sinne gebrauchen können,
unsere Glieder bewegen,
ein Arzt in unserer Nähe wohnt,
in der Familie niemand ernsthaft erkrankt ist,
ein Kind gesund zur Welt kam,
die gefürchtete Operation gut verlief,
die Kraft zum Leben mit Schmerzen gegeben wurde?
daß der Ehefrieden erhalten blieb,
eine Versöhnung zwischen den Generationen stattfand,
Geduld und Liebe zur Erziehung der Kinder jeden
Tag geschenkt werden,
ein Examen erfolgreich bestanden wurde,
die Zeugnisse der Kinder zufriedenstellend waren,
keine Spannungen die nachbarlichen Kontakte belasten,
Bereicherung durch die Hausgemeinschaft erfahren wird,
die Familie nicht zerbrach,
Freundschaften sich bewährten,
ein Herzenswunsch in Erfüllung ging?

Wir sind doch fabelhaft reich! Das kann man doch nicht mit einer Handbewegung abtun. Es ist nicht selbstverständlich! Auch wenn Sie jetzt einwenden wollen: Ich habe mir doch alles erschuftet. Es ist doch mein Einsatz, der dahintersteht. Ja, das will ich auch gar nicht bestreiten. Und doch möchte ich Ihre Gedanken ein wenig dahin lenken, daß Sie es in Ihrem Leben merken, daß es eben doch nicht selbstverständlich ist. Es stimmt schon: »Alles, was du hast und bist, deiner Hände Arbeit ist.« Aber auch das andere stimmt: »Denk auch zwischendurch mal dran, daß sie Gott, der Herr, gesund erhalten kann.« An Gottes Ja zu unserem Tun ist eben doch alles gelegen. Sie sollten darum jetzt nicht gedankenlos zur Tagesordnung übergehen. Lassen Sie sich provozieren. Wenn Sie alles haben, aber Gott nicht im Herzen, haben Sie nichts! Wenn Sie nichts haben, aber Gott in Ihr Leben aufgenommen haben, haben Sie alles!

Aus diesen Überlegungen müssen Sie Konsequenzen ziehen, wenn das Fehlverhalten eine Korrektur erfahren soll. Die Konsequenz kann nur heißen: Danken! Danken ist ein Drandenken. Es zwingt zur Bestandsaufnahme und zur Besinnung. Es räumt den Geist auf. Konzentrieren Sie sich dabei einmal auf das Gute! Es kommt wesentlich auf die persönliche Einstellung an. Ich kann zu einem Glas Wasser, das zur Hälfte leer ist, sagen: Das ist ja schon halb leer. Ich kann aber auch feststellen: Das ist ja noch halb voll! In der zweiten Haltung bin ich ganz gewiß der glücklichere und reichere Mensch. Man kann eben dieselbe Sache immer von zwei Seiten ansehen. Da gilt es umzudenken – zu danken! Bewußt zur Kenntnis nehmen, was einem gegeben ist, macht unwahrscheinlich reich!

Dank muß Gestalt annehmen

Danken ist eine Lebenshaltung, die eingeübt werden muß.
Sehen wir einmal dem Dankenden zu:
> Er ist fröhlich, weil er beim Danken erst recht merkt, wieviel ihm von Gott geschenkt worden ist.
> Der Dank ist die Anerkennung dessen, was Gott getan hat.
> Der Dankende gibt mit seinen Dankesworten dem Schöpfer und Erhalter seines Lebens die Ehre.
> Jede Gabe verbindet ihn enger mit dem Geber.

Der Dankende betet freudiger,
weil er nicht mehr im Bitten steckenbleibt.
Der Dankende lebt intensiver, weil er bewußt lebt.
Danken ist somit nicht zuerst Geschenk an Gott,
sondern Geschenk Gottes an den Dankenden.
Im Danken kommt Neues ins Leben hinein.
Der Dankende empfängt, um zu geben.

Konkret kann das so aussehen,
daß ich öfters bewußt danke sage,
ein Lob ausspreche,
mit Anerkennung nicht geize!
daß ich öfters bewußt dafür bete,
Gott möge dem anderen Gutes tun,
ihn segnen!
daß ich handle für den Handlungsunfähigen,
sehe für den Blinden,
gehe für den Behinderten,
spreche für den Stummen,
höre für den Tauben,
empfinde für den Abgestumpften!
daß ich mich einbringe für den anderen,
meinen Sieg für seine Niederlage,
meine Gesundheit für seine Krankheit,
meine Macht für seine Ohnmacht,
meinen Reichtum für seine Armut,
meinen Glauben für seinen Unglauben,
meine Stärke für seine Schwäche,
meine Güte für seine Härte,
mein Gutes für sein Böses,
meine Freude für seine Traurigkeit,
meine Liebe für seinen Haß,
meine Hilfe für seine Hilflosigkeit,
meinen Mut für seine Mutlosigkeit,
meinen Trost für seine Trostlosigkeit,
meine Hoffnung für seine Hoffnungslosigkeit,
meine Aufmerksamkeit für seinen Egoismus,
meine Freundlichkeit für seine Unfreundlichkeit,
meine Zeit für seine Hektik,
meine Gegenwart für seine Einsamkeit,

mein Interesse für seine Interessenlosigkeit,
meine Aufmunterung für seine Depression,
meinen Zuspruch für seine Niedergeschlagenheit.

Reichtum – Dankbarkeit – Opferbereitschaft hängen kausal miteinander zusammen. Sie sollten jetzt nicht sagen: Weiß ich ja alles! Das Wissen allein hilft nicht weiter. Erst im Vollzug erfahren Sie die Wirklichkeit Ihres Wissens. Und Fortschritte im Danken gewinnt man außerdem nur dadurch, indem man den Dank praktiziert. Gott allezeit und für alles Dank zu sagen (Eph. 5, 20) ist eine persönliche, willentliche Entscheidung. Wer Dank opfert, der preist Gott und das ist der Weg, daß er die Herrlichkeit Gottes erlebt (Ps. 50, 23).

Kapitel 8

Bewältigte Anfechtungen

Zu den, dem heutigen Menschen am meisten zusetzenden Streßursachen gehören Zweifel, Einsamkeit, Angst und die Sorge, abgeschrieben zu sein. Sie treiben in die Enge, schmälern die Lebenskraft. Groß ist die Sehnsucht nach einem Ausweg aus dieser Zwangslage.

Die frohe Botschaft der Bibel lautet: Es gibt einen Weg. Gott läßt uns durch den Propheten Jesaja sagen: »Fürchte dich nicht, denn ich habe dich erlöst; ich habe dich bei deinem Namen gerufen, du bist mein! Denn so du durchs Wasser gehst, will ich bei dir sein, daß dich die Ströme nicht sollen ersäufen; und so du ins Feuer gehst, sollst du nicht brennen, und die Flamme soll dich nicht versengen. Denn ich bin der Herr, dein Gott, der Heilige in Israel, dein Heiland. Ich habe Ägypten für dich als Lösegeld gegeben, Äthiopien und Seba an deine Statt. Weil du so wert bist vor meinen Augen geachtet, mußt du auch herrlich sein, und ich habe dich lieb, darum gebe ich Menschen an deine Statt und Völker für deine Seele. So fürchte dich nun nicht, denn ich bin bei dir« (Jes. 43, 1b–5a).

Die Aussagen dieses Bibelabschnittes wollen alle nur eins: Sie wollen uns drei Worte einprägen: »*Fürchte dich nicht!*« Diesen Zuspruch gilt es, immer wieder mit Vertrauen in unser Denken aufzunehmen!

»*Fürchte dich nicht!*« – ein Zuspruch für alle, die bewußt oder unbewußt, mit mehr oder weniger Angstgefühlen, mit Furcht dem Morgen mit seinen Anforderungen, seinen Überraschungen und den fälligen Entscheidungen nicht gewachsen zu sein, leben.

»*Fürchte dich nicht!*« – ein Zuspruch für alle, die zu verzweifeln drohen, die Gott, ihre Umwelt und sich selbst nicht mehr verstehen; ein Zuspruch für alle, denen das Alleinsein den Lebensraum zum Raum des Vegetierens machen will; ein Zuspruch für alle, denen die Angst im Nacken sitzt und ihren Lebenswillen lähmt; ein Zuspruch für alle, die sich abgeschrieben vorkommen und nach Akzeptierung ihrer Persönlichkeit lechzen.

Dieser Zuspruch ist also für uns nicht weniger gültig als für jene israelitischen Zwangsarbeiter, die ihn in der Gefangenschaft am Euphratfluß zum erstenmal von ihrem Leidensgenossen, dem Propheten Jesaja, gehört haben. Denn der Gott Israels ist durch Jesus Christus auch zu unserem Vater geworden.

Dieser Zuspruch »Fürchte dich nicht!« will uns in all den Zwängen unseres heutigen Lebens treffen. Er gilt uns!

Vielleicht fragen Sie: Gilt er mir wirklich? Kann er mir wirklich helfen? Wieso soll es stimmen, daß ich ohne Verzweiflung, Alleinsein, Angst und das Gefühl, abgeschrieben zu sein, leben kann, wo doch ein längeres Nachdenken über meine derzeitige Lebenslage und die kommenden Anforderungen und die möglichen Überraschungen und die fälligen Entscheidungen mich zum Ergebnis fast zwingen wollen, daß ich ihnen wahrscheinlich wieder nicht gewachsen bin? Wo ist der Grund zur Furchtlosigkeit? Ein Appell allein genügt ja nicht!

Es geht auch nicht nur um einen Appell. Es gibt Gründe zur Furchtlosigkeit. »*Fürchte dich nicht, denn..., denn..., denn!*« Lauter Begründungssätze, die erklären, wieso es richtig ist, der Furcht Sitz und Stimme im eigenen Denken und Fühlen zu versagen. Gott ist der erste und entscheidende Grund. Er ist in allen Sätzen die Hauptperson. »Fürchte dich nicht, denn *ich*!« Von allen Seiten umgibt er uns und hält seine Hand über uns. In allen Lebenslagen treffen wir ihn an. Er ist immer bei uns. Das ist das Zeugnis der Erfahrung. Kein blindes Schicksal herrscht über denen, die Gott lieben, sondern er in seiner Güte und Treue. Darum der Zuspruch: *»Fürchte dich nicht!«*

Wie mag das Prophetenwort zuerst, damals für einen Israeliten in der Verbannung, geklungen haben? Man befindet sich als Zwangsarbeiter im Frondienst. Keiner denkt daran, einen durch eine bestimmte Summe aus der Sklaverei loszukaufen, damit man in die Hände eines besseren Herrn kommt. Es graut einem vor der Zukunft. Die Verzweiflung ist nahe, weil man doch nicht mehr damit rechnet, daß sich die Zwangslage ändert.

Gott läßt damals den so Betroffenen und er läßt heute den ähnlich Betroffenen sagen:

*Fürchte dich nicht –
ICH habe dich erlöst!*

Ich habe dich losgekauft, der du unter der Diktatur deiner Sklavenhalter seufzst. Du bist mir teuer. Ich habe einen großen Einsatz für dich gewagt; habe eine gewaltige Freikaufsumme für dich bezahlt; habe es mich mein Bestes kosten lassen. Ich habe meinen Sohn Mensch werden lassen. Er hat die Herrlichkeit bei mir verlassen, um dir zum neuen Herrn zu werden. Er hat sein Leben für dich am Kreuz als Lösegeld gegeben, um dich aus den Händen böser Herren und deren Zwängen in bessere, segnende Hände zu geben. Das ist mehr als fromme Lehre. Das ist realistisches Leben! Sie können nun nicht mehr so leben, als habe Gott seinen größten Einsatz für Sie nicht gewagt. Er tat es, damit alle, die ihm ihr Vertrauen geben, frei und erlöst werden aus ihren Zwängen, ihren Zweifeln und nicht der Verzweiflung anheimfallen.

Zwar gilt es, festzuhalten: Solange es Glauben gibt, gibt es Zweifel. Doch Zweifel ist nicht gleich Zweifel. Es geht nicht um die grundsätzliche Skepsis, das permanente Mißtrauen, das durch ein negatives Vorurteil bereits festgelegt ist, und letztlich gar keine verbindliche Antwort sucht.

Es geht um den Zweifel, der aus der Zweideutigkeit zur Eindeutigkeit kommen will; um das Fragen und Suchen nach verbindlicher Antwort. Dieser Zweifel treibt vorwärts, bis er Gewißheit gefunden hat, Erlösung aus den derzeit bedrängenden Zwängen. So nur entsteht wirkliche Freiheit. Das gilt für die detaillierten Fragen des Lebens genau so wie für die eine entscheidende Frage nach der Geborgenheit in Gott, der Gewißheit des Heils.

Der Sachverhalt ist so: Gott will alle Menschen erlösen (1. Tim. 2, 4). Das steht fest. Niemand ist davon ausgeschlossen. Man kann sich aber selbst davon ausschließen, indem man in einer Gesinnung lebt, die kein Vertrauen aufkommen läßt. Es gibt bestimmte Bedingungen, die das verhindern (Eph. 5, 5; 1. Kor. 10, 21). Die Bibel nennt zum Beispiel den unerlösten Menschen einen Menschen mit einem geteilten Herzen; sein Herz ist zwiespältig (Jak. 4, 8). Einem solchen Menschen muß im Gespräch zur Erkenntnis und Bereitschaft verholfen werden, sich im Namen Jesu von Bindungen, die hindern, sich eindeutig auf die Seite Jesu zu stellen, loszusagen, beziehungsweise sich lossagen zu lassen. Denn der Glaube ist bedingungslose Hingabe und Auslieferung an Jesus, also ein personales Verhältnis, das alle Bereiche des Lebens umfaßt und durchdringt. Demnach muß ein Umdenken einsetzen, denn der Zweifel ist ein destruktives Denken und zieht zum Negativen. Ihm steht das vertrauende Denken, der zuversichtliche Glaube gegenüber.

Es gibt aber noch andere Zweifelsfragen, die zu einer Existenzfrage werden, weil sie an den Grundpfeilern des Vertrauens rütteln. Es sind die Fragen nach Gottes Führung im eigenen Leben, die man nicht mehr versteht. Es reicht die Kraft nicht mehr aus, an Gott festzuhalten. Die Verzweiflung droht. Wo ist dann der Glaube, der die Welt überwunden hat (1. Joh. 5, 4)?

Hier gilt es einfach, einmal festzustellen, daß es wohl kaum einen gläubigen Menschen gibt, der nicht immer wieder einmal von Zweifeln angefochten wird und dann sehnsüchtig nach Erlösung Ausschau hält. Doch das sollen Durchgangsstationen zu freudiger, dankbarer Gewißheit sein. Ist dies nicht der Fall, droht die Verzweiflung überhand zu nehmen. Wenn also Zweifel kommen, entsteht für den Glaubenden eine gefährliche Lebenslage. Aber es ist kein Grund zum Verzweifeln.

Freilich, wenn wir auf uns und unsere Möglichkeiten sehen, können wir in Krisenzeiten unseres Glaubenslebens, die ja meistens eine ganz existenzielle Beziehung zu unserem Leben haben, von vorneherein aufstecken. Aber es kommt nicht in erster Linie auf uns an. Die Macht des Bösen, das uns ins Negative ziehen will, ist gebrochen. Damit ist der Zugang zur Leben und Kraft spendenden Gemeinschaft mit Gott stets frei und kann durch immer neues Umdenken, immer neu in Anspruch genommene Vergebung und immer neu investiertes Vertrauen realisiert werden.

Es kommt also entscheidend auf die persönliche Einstellung an. Wer auf sich schaut, wird an sich verzweifeln. Wer auf Jesus sieht (Hebr. 12, 2), also auf ihn sich verläßt, erfährt stets den Durchbruch zu neuer Gewißheit des Glaubens. Da Jesus den zwangsmäßigen Zusammenhang von Schuld und Verzweiflung durchbrochen hat, kann der Glaube auch gegen den Augenschein ihm vertrauen. Auch wenn es so aussieht, als habe Gott einen verlassen, glaubt der Jesus Vertrauende gegen alles an Gott, der für ihn ist. Wo der Glaubende sich bewußt gegen die Angriffe des Zweifels stellt und an Jesus zuversichtlich festhält, wird er durch die Erprobung im Glauben gefestigt.

Glaube kann nur da sein, wo Zweifel nicht mehr vorherrschend sind. Beides hat im Herzen keinen Platz. Vertrauen kann nicht mit Mißtrauen, Treue nicht mit Untreue, Glaube nicht mit Zweifel Hand in Hand gehen. Der Zweifel kommt aus dem kurzsichtigen menschlichen Meinen, der Glaube ist von Gott ergriffener Wille, vertrauendes Denken. Das fordert eine klare Entscheidung.

Jesus hat in Gesprächen mit seinen Jüngern (Mark. 11, 22 ff.; Matth. 17, 20) immer wieder darauf hingewiesen, daß sich am Vertrauen zu ihm das Leben entscheidet. Einmal bringt er das ganz massiv zum Ausdruck, indem er ihnen sagt: »Alle Dinge sind möglich dem, der da glaubt« (Mark. 9, 23).

Ein Zweifler ist also ein Mensch, der wohl betet, aber zugleich es für unmöglich hält, daß Gott das Erbetene in Erfüllung gehen läßt. Er ist in seinem Denken gespalten. Vertrauen und Zweifel liegen im Widerstreit. Im Jakobusbrief lesen wir: »Bittet im Glauben ohne irgendeinen Zweifel zu haben; denn wer da zweifelt, gleicht einer vom Wind getriebenen, hin und her geworfenen Meereswoge. Ein solcher Mensch darf nicht erwarten, daß er etwas vom Herrn empfangen werde. Er ist einem Mann mit zwei Seelen vergleichbar, unbeständig in seiner ganzen Lebensführung.« Hier wird die zerstörerische Wirkung des Zweifels geschildert. Er ist Sünde und wirkt wie jede andere Sünde trennend von Gott. Außerdem zerstört er die Persönlichkeit des Menschen. Ein Mensch mit zwei Seelen ist eine gespaltene Persönlichkeit und bedarf der Erlösung. Sie widerfährt ihm durch die konsequente Bindung an Jesus.

Ein Zeugnis, das mich unter den vielen Briefen aufgrund der Sendereihe »Mit Streß leben« – die Beiträge wurden ja vor Drucklegung im Evangeliums-Rundfunk ausgestrahlt – erreichte, soll das hier Bezeugte unterstreichen. Eine Hörerin schreibt mir:

»... wenn ich Ihnen von meinen schweren Prüfungen erzähle. Aber nicht, um getröstet zu werden, sondern um Gebetshilfe, daß ich tapfer und treu zu Gott stehe. Oft ist es furchtbar schwer. Als mein lieber Vater starb, segnete er mich und sagte: Hab' immer ein großes

Gottvertrauen. Ein Jahr später hatte ich einen schweren Autounfall. Ich fuhr den Wagen, meine Schwester war sofort tot, ich schwer verletzt. Neun Monate darauf starb meine geliebte Mutter. Es war schwer, »Ja, Vater!« zu sagen. Alles hast du mir genommen, lieber Gott, was mir so lieb und teuer war...

Im letzten Krieg verlor ich alles... Mein einziger Bruder, der Professor in Mühlhausen war, starb plötzlich am Herzinfarkt. Wie viele Zweifel mich plagten, kann ich Ihnen gar nicht sagen. »Herr, Gott, zeig mir, was du von mir willst?« Er schwieg, er schlug zu! Meine Praxis richtete ich wieder neu ein, und es schien alles gut zu sein. Ich hatte viele Patienten. Da bekam ich von zwei Kindern, die ich behandelte – nebenbei bemerkt, ich bin Zahnärztin – den Keuchhusten mit mehreren Erstickungsanfällen. Das war furchtbar! Das Herz müssen wir stärken, meinte der Arzt. Und wer landete abends um 10 Uhr in einem Krankenhaus? Das war ich mit einem Herzinfarkt, und was das heißt, wissen Sie ja zur Genüge. Beinahe sechs Wochen war ich im Krankenhaus. Ein paar Monate später machte mich ein schmerzhafter Hexenschuß wieder arbeitsunfähig. Ich war am Ende meiner Kraft. Kaum genesen, verlor ich im vergangenen Mai meine Nichte, ein liebes, zehnjähriges Mädchen, als ein Motorrad das Kind in die Luft schleuderte und – klatsch – auf den Asphalt. Noch heute höre ich es. Meine Beine wollten nicht mehr vor Schrecken. Stunden nachher war sie tot. Für mich war es furchtbar, und ich war von Glaubenszweifeln heftig angefochten. Nimm doch ein wenig Gift; hast es ja; niemand wüßte es nachher, so sagte es in mir. Aber ich flehte und betete inständig. Ich wollte ja Gott immer lieben. Nun liege ich wieder mit einer Angina Pectoris im Bett. Aber ich verspüre das Gebet vieler Lieben, darf nun nachmittags etwas aufstehen. Nun nur eine Bitte: Beten Sie für mich, denn ich glaube, Sie verstehen meine furchtbaren Zweifel. Aber immer sage ich: Herr, ich glaube an deine Liebe!«

Hier einige Zeilen aus meinem Antwortbrief: »Die Angst vor dem Kommenden mag Sie bedrücken. Doch Jesus spricht zu Ihnen: Habe ich dir nicht gesagt, daß ich alle Tage bei dir sein werde! So können die Tage der Not nicht ausgenommen sein. Im Gegenteil! Gerade da werde ich dir so nahe sein wie nie zuvor!

Ist die Not siebenmal größer als sonst, wird auch meine Hilfe siebenmal stärker sein. Verlaß dich darauf, daß ich in den schweren Tagen mit vielfach stärkeren Engelheeren zu dir komme, dir zu helfen.

Wenn die Not am größten, ist Gott nicht nur am nächsten, sondern auch am stärksten mit seiner Hilfe da!«

Merksatz: *Zuversichtlich glauben – nicht verzweifeln!*

Gott läßt uns eine zweite Mitteilung machen:

Fürchte dich nicht –
ICH habe dich bei deinem Namen
gerufen, du bist mein!

Unter der Post, die mich auf diese Beiträge erreichte, sind viele Briefe, die ganz besonders auf eine Not unserer Tage hinweisen. Ein junger Mann schrieb mir: »Mein größtes Problem: Ich bin allein! Und mein sehnlichster Wunsch: Ein Mensch, der mich versteht!«

Ich habe versucht, diesem jungen Menschen in seiner ihn bedrängenden Lage zu helfen. Da ich weiß, daß sehr viele Menschen so oder ähnlich schreiben würden, wenn sie nach ihrem größten Problem und ihrem sehnlichsten Wunsch gefragt würden, will ich hier auszugsweise Gedanken wiedergeben, die in meinem Antwortbrief enthalten sind.

Ich habe beobachtet, daß ein Grund für die Vereinsamung des einzelnen mitten unter den anderen Menschen die Ichbezogenheit ist. Wo sich jemand immer nur um sich selbst dreht mit Fragen, wie er seine Wünsche verwirklichen, seine Pläne realisieren kann, ist der Zugang zum Miteinander blockiert. Er stößt sich und andere in die Einsamkeit.

Andere leben nach der Devise: »Ich habe immer recht!« Wer so lebt, isoliert sich fortwährend von anderen. Denn wer sich selbst zum Maß aller Dinge macht, stört jede Gemeinschaft. So kann es sein, daß jemand mitten in der Familie sagt: »Ich habe keinen Menschen!«

Da die Ichbezogenheit in die Vereinsamung treibt, muß die Befreiung von ihr zur Überwindung der Einsamkeit führen.

Nun gibt es aber auch Menschen, die durch Kontaktarmut oder äußere Umstände in die Isolation gekommen sind. Auch ihnen kann geholfen werden. Wie? Dadurch, daß jemand erfährt, ein anderer hat Interesse an mir. Ich bin ihm etwas wert. Dadurch, daß er erfährt: Hier ist jemand, der gibt mir Teil an seinem Leben, der übersieht und übergeht mich nicht.

So haben Menschen die Befreiung aus der Einsamkeit dadurch erfahren, daß Gott ihnen durch Jesus Christus als Befreier begegnet ist. »*Ich habe dich bei deinem Namen gerufen, du bist mein!*« Welch ein Zuspruch! Gott kennt mich!

Was heißt das: Gott kennt mich? Unsere Erfahrungen mit Menschen können uns helfen, das besser zu verstehen. Gewiß haben auch Sie schon den Ausspruch gehört: »Den kenn' ich!« Das heißt doch oft nicht mehr als, daß wir einen Namen, ein dazu passendes Gesicht, vielleicht noch ein besonderes Kennzeichen vor unserem geistigen Auge haben. Für viele genug zu sagen: »Kenn' ich!« Oder da ist jemand mal was schief gelaufen – einem Handwerker eine Reparatur, einem Vertreter ein Bericht, einem Arzt eine Diagnose... – und man sagt: »Den kenn' ich!«, was nicht mehr bedeutet als: »Von dem habe ich genug!« Oder einem anderen ist etwas gelungen. Unsere Reaktion ist zustimmend: »Den kenn' ich, großartig!« Oder wir sagen über jemanden, der uns enttäuscht hat: »Der soll mich aber kennenlernen!«

Unser Kennen ist immer Stückwerk. Es bleibt an der Oberfläche. Gottes Kennen ist tiefer. Er kennt nicht nur die äußeren Lebensdaten, ein paar geglückte oder mißglückte Unternehmen. Er kennt die Sehnsucht nach Leben, nach Gemeinschaft, nach Verstandenwerden, nach Angenommensein.

Gott kennt Sie durch und durch. Er versteht Sie. Er liebt Sie. Er sagt Ihnen zu: Du bist keine Nummer in meinem Plan. Ich habe ein ganz persönliches Interesse an dir. Ich kenne dich ganz persönlich. Du bist mein. Ich kenne dich bei deinem Namen. Ich will dein Gott sein, dein Vater, dein Freund, dein Partner, dein Gegenüber, dein Du.

Dieses Angebot ist gerade in einer Zeit der Anonymität so heilend und wohltuend. Niemand ist Gott gleichgültig. Niemand ist für ihn Luft. Niemand läuft unter anderem im Buch des Lebens so mit, ohne daß von ihm mit Interesse Kenntnis genommen wird. Seine Erlösung gilt Ihrem individuellen Leben mit seinen Konflikten. Ihnen spricht er zu: »*Ich habe dich bei deinem Namen gerufen, du bist mein!*« Sie sind also nicht allein! Ob in der Masse der Arbeitsregimenter oder im Krankenzimmer; ob am Fließband oder in einem Wohnsilo; ob im Büro oder in der Familie; ob in der Schule oder im Altenheim. Ich bin zur Stelle, dir zur Seite. Ich kenne dich. Ich werde dich auch nie verlassen, denn du bist ja mein.

Nun gilt es, Antwort zu geben! In Kraft tritt diese Verheißung nur dann, wenn sie in Anspruch genommen wird. Das heißt, wenn Sie mit vertrauendem Denken die Führung Ihres Lebens diesem Du anvertrauen. Daraus wird ein Neues geboren: das Bewußtsein einer lebenspendenden Gemeinschaft. Sie führt aus der Isolation. Sie lernen Ja zu sich selbst zu sagen, denn Gott hat sein Ja zu Ihnen gesagt. Sie haben Jesus an Ihrer Seite, und mit ihm können Sie sich dem anderen zuwenden. So finden Sie auch das Du, indem Sie bereit werden, ihm zu dienen.

Wie das aussehen kann, davon gibt der folgende Brief Zeugnis: »Ich habe Ihren Sender vor gut zwei Monaten zufällig entdeckt und durch Ihre Sendungen zu einem lebendigen Glauben an Jesus Christus gefunden. Mein Leben hat erst durch ihn einen Sinn und ein Ziel bekommen. Ich bin von einer unbeschreiblichen Freude erfüllt. Was ich durch autogenes Training seit Monaten vergeblich zu erlangen suchte, hat Jesus mir von einem Tag auf den anderen geschenkt. Er hat mich von meinen starken Minderwertigkeitskomplexen, lähmenden Erwartungsängsten, meiner Nervosität und sich laufend verstärkenden Depressionen befreit. Er hat mich aus meiner Ichbezogenheit erlöst und endlich frei für andere gemacht. Da ich früher sehr schüchtern war und Spott sehr fürchtete, kam es zu einem großen inneren Kampf, als ich erkannte, daß ich das, was mit mir geschehen war, unmöglich für mich behalten konnte, wenn ich ein wirklicher Christ sein möchte. Jesus Christus hat gesiegt, er gab mir die Kraft und den Mut! – Da alle meine Bekannten sofort merkten, daß ich mich verändert hatte, fehlte es mir gleich zu Anfang nicht an Gelegenheiten, zu verkündigen, was ER vollbracht hat.«

Merksatz: *Beim Namen gerufen – keine Nummer!*

Gott läßt uns eine dritte Mitteilung machen:

Fürchte dich nicht –
ICH bin bei dir,
ICH bin der Herr, dein Gott!

Diese Zusage richtet sich gegen unsere Angst. Angst ist niemand unter uns fremd. Sie begleitet uns von der Geburt bis zum Tode. Das kleine Kind hat Angst, daß die Mutter nicht wiederkommen könnte, wenn sie einmal länger ausbleibt. Es hat Angst, allein gelassen zu werden. Das Kind, das in den Kindergarten kommt, muß sich aus der engen Geborgenheit der Familie lösen und lernen, in eine fremde Gemeinschaft hineinzuwachsen. Das wiederholt sich mehrmals im Leben; wenn dann die Zeit der Schule beginnt, ergeht es ihm ähnlich. Das geht selten ohne Angst ab. Dann kommt der Schulabschluß, das Abitur; es kommt der Abschluß der Universität, der Berufsbeginn. All diese Einschnitte ins Leben rufen Angst hervor. Manche treibt die Angst um, keinen Lebenspartner zu finden. Und viele Erwachsene werden von anderen Ängsten umgetrieben: Angst vor Bakterien und Verkehrsunfällen, vor materiellen Verlusten und der Atombombe, vor einer Krebserkrankung und der nächsten Inflation. Mit fortschreitendem Alter werden Menschen plötzlich von neuen Ängsten gepackt: der Angst vor dem Altwerden, vor dem Alleinsein, vor dem Tod.

Angst gehört zu unserem Leben. Wir können sie nicht einfach ignorieren. Wird sie verdrängt, richtet sie aus dem Unterbewußten um so größeren Schaden an und macht den Menschen krank. Aber wie können wir sie dann bewältigen, denn dauernd in Angst leben kann niemand.

Unsere Angst kann überwunden werden, wenn wir uns jemand anvertrauen, der größer, der stärker ist als unsere Angst. Hier gewinnt die dritte Mitteilung ihre besondere Aktualität: »*Fürchte dich nicht, ich bin bei dir. Ich bin der Herr, dein Gott!*«

Machen wir uns einige Gedanken über den Ablauf der Bewältigung der Angst. Angst ist ja eine Anfechtung. Wie das Wort sagt: Es wird gegen uns gefochten. Es wird uns etwas streitig gemacht. Und das, wogegen sich die Anfechtung richtet, ist unser Glaube an Jesus Christus. Es ist das Ziel der Anfechtung, ihn zu vernichten, uns von dem Größeren, dem Stärkeren, dem Sieger zu trennen. Erreicht der

Widersacher Gottes dieses Ziel, nehmen wir Schaden und andere durch uns.

Unser Glaube wird also auf die Probe gestellt, und zwar in der Ganzheit unserer Persönlichkeit von Leib, Seele und Geist. Damit sind auch das Gefühl und der Wille angesprochen.

Nun liest man im Neuen Testament, daß wir uns freuen sollen, wenn unser Glaube so auf den Prüfstand kommt (Jak. 1, 2–22). Warum ist das so? Vordergründig ist das ja nicht zu fassen, daß Anfechtung und Angst uns Freude bereiten kann.

Denken wir aber weiter darüber nach, stellen wir fest, daß doch etwas an dieser Feststellung dran ist. Denn in den ganz verborgenen, oft kleinen, undurchschaubaren Vorgängen, in denen die Angst über uns kommt, aber auch in den gewaltigen uns bedrängenden Stunden unseres Lebens, wenn uns die Angst befällt, kann uns Freude widerfahren durch Jesus Christus, unseren Herrn. Denn da ist die Stunde, der Ort, da unser Glaube herausgefordert wird, wo es sich nun herausstellt: Gilt es oder gilt es nicht, daß Jesus Christus der Herr ist und wir unter seinem Schutz stehen? Und wenn es gilt – und es gilt ja –, dann brauchen wir jetzt nicht zu seufzen und aufzustecken. Dann können wir es gelten lassen: »Denn so du durchs Wasser gehst, will ich bei dir sein, daß dich die Ströme nicht sollen ersäufen.« Wenn uns also die Wogen der Arbeit, der Krankheit, der Not oder der Sorgen über dem Kopf zusammenschlagen wollen, sagt uns Gott zu: Ich bin bei dir. Ich bin der Herr, dein Gott. Ich bin größer, ich bin mächtiger, ja noch größer, noch mächtiger als du dir vorstellen kannst.

»...und so du ins Feuer gehst, sollst du nicht brennen, und die Flamme soll dich nicht versengen.« Also wenn wir in die Anfechtung kommen, wenn die Angst so groß wird, daß uns alles dreckleid wird, wenn wir uns wie im Schwitzkasten vorkommen und meinen, es geht wirklich nicht mehr, dann sollen wir wissen, daß Gott uns zusagt: »*Fürchte dich nicht. Ich bin bei dir. Ich bin der Herr, dein Gott!*« Von allen Seiten sind wir von ihm umgeben!

Dieses Wissen ist der aufkommende Widerstand, das ist die Bewährung, die wir der Angst gegenüber zur Überwindung einbringen können. Die Verantwortung, die Entscheidung in der Anfechtung über ihren Ausgang liegt somit bei uns. Jeder einzelne ist selbst verantwortlich – nicht Gott. Er sagt uns: Ich bin bei dir! Auch Satan ist für den Ausgang der Anfechtung nicht verantwortlich zu machen, denn Jesus hat ihn besiegt. Auch nicht andere Menschen tragen die Verantwortung. Wer sind sie denn, wenn Gott auf unserer Seite ist?! Auch die Umstände und äußeren Verhältnisse können für den Ausgang der Anfechtung nicht verantwortlich gemacht werden.

Jakobus, ein Briefschreiber des Neuen Testamentes, der uns an anderer Stelle schon weitergeholfen hat, gibt uns auch in diesem Zusammenhang ganz konkrete Lebenshilfe. Er stellt fest: Niemand sage, der Glaube, das Vertrauen zu Gott werde durch ihn selbst gefährdet, denn Gott selbst gerät nicht in Gefahr, Böses zu tun, und er selbst gefährdet niemand. Die Gefahr, die dem Glauben droht, kommt aus dem eigenen Herzen. Die Angst ficht uns an, sie ködert uns. Jakobus sagt: Wir haben zu wählen, wir haben die Entscheidung zu treffen. Wir können die Angst bejahen, wir können sie aber auch verneinen und unser Vertrauen ganz auf Jesus Christus, unseren Herrn, setzen. Da liegt unsere Verantwortung. Alles kommt darauf an – im Bild gesprochen –, die Tür des Herzens mit festem Willen vor der anfechtenden Angst zu verschließen. Erst wenn sich unser Wille mit der uns anfechtenden Angst vereinigt, geschieht die furchtbare Situation, daß die Angst uns überwindet und nicht wir sie (Jak. 1, 2–15). Doch das muß nicht sein. Ein Briefauszug zeigt das:

»Ihre Sendungen haben mich gepackt. Die Probleme, die Sie anschneiden und die Sie beschäftigen, sind dieselben, die mich oft ganz tief beschäftigen. Es ist oft ein Kampf in mir, ob ich es richtig mache – ob Gott mich noch liebt, ob die Wege, die ich gehe, richtig sind – ob die Schmerzen, die ich täglich überstehen muß, mir von Gott in Liebe zugedacht sind – und viele solcher Fragen, die mich quälen. Und doch weiß ich, fühle ich, daß ich nie von Christus loskommen kann. Nun bin ich froh und dankbar zu wissen, daß auch andere Menschen, die ich felsenfest im Glauben wähnte, innere Kämpfe zu bestehen haben. Fast entsteht in mir die Erkenntnis, um uns stärker an sich zu binden, schickt uns Gott diese schweren, harten Ereignisse. Im Glück und im Wohlergehen fragen wir selten: Warum tut Gott uns so viel Gutes? Aber im Kummer, im Kranksein finden wir den Weg zu ihm. Und ich glaube, dafür müssen wir dankbar sein, dürfen wir unseren Herrn dafür loben. So weiß ich, trotz aller Zweifel, die immer wieder kommen, trotz aller Angst, die mich bedrängt, daß ich Gottes Kind sein darf.«

Hier zeigt sich, daß die Bewährung Kraft gibt, mit immer größerer Festigkeit auf die Zukunft zu sehen. Aus der Festigkeit folgt ein Leben der Überwindung in der Krise. Es ist diese Entscheidung, diese bewußte Hinwendung zu Jesus: Mein Wille gehört meinem Gott, ich traue auf Jesus Christus allein! Das ist das allein richtige und von Gott gewollte Verhalten, wenn die Angst uns überfällt, daß wir uns dem Stärkeren zuwenden und er uns mit Beschlag belegt. Es ist der Glaube, das Vertrauen, das Geduld wirkt, Geduld im Sinne von Tragkraft und Standfestigkeit, nicht von der Angst sich erdrücken zu lassen. Der glaubende Wille, das vertrauende Denken ist es, das von Jesus die Kraft bekommt, die Angst zu überwinden. Das Ziel, die Bewährung in der Zerreißprobe, wird also mit dem Stärkeren erreicht.

Glücklich ist der Mensch, der in der Anfechtung der Angst mit Jesu Hilfe stark geblieben ist. Sein Glaube hat den Sieg davongetragen!

Merksatz: *Vertrauen – nicht ängsten!*

Gott läßt uns eine vierte Mitteilung machen:

Fürchte dich nicht –
ICH bin dein Heiland!

Dieser Zuspruch richtet sich gegen unser falsches Sorgen. Sorgen ist eine ungesunde Geisteshaltung. Doch dem Sorgen steht in unserem Herzen und Denken kein Platz zu. Wir sollen es daraus verweisen. Petrus, ein Nachfolger Jesu, zeigt uns den Weg dazu: »Alle eure Sorgen werfet auf ihn«, gemeint ist auf Jesus Christus, »denn er sorgt für euch« (1. Petr. 5, 7). Wenn wir dieser Aufforderung folgen, werden wir die zermürbenden Sorgen los. Die Belastung fällt von uns ab.

Sorgen gehören zu den gefährlichsten Krankheiten. Man kann sie mit Krebs vergleichen, denn sie machen nicht nur dem Geist, dem Herzen und den Nerven zu schaffen, sondern auch den Organen des Körpers. Gott will aber nicht, daß die Sorgen uns fertig machen. Er will, daß wir mit ihnen fertig werden. Doch allein schaffen wir es nicht. Wir müssen zu dem gehen, der uns die Zusage der Befreiung gegeben hat: Jesus Christus. Ihm können wir die Sorgen abgeben, indem wir im Gebet all die Sachen mit ihm besprechen, wie es uns ums Herz ist, und wirklich an ihn abgeben. Wir können ihm vertrauen, daß er es recht macht. Daran hängt alles!

Aber es hilft nicht, nur unser Denken von negativen, sorgenden Gedanken zu befreien. Wenn wir den entstandenen Leerraum dann nicht füllen mit Gedanken des Vertrauens, der Freude, der Zuversicht, der Hoffnung, des Dankes, kehren bald die bedrängenden Sorgen wieder und treiben ihr Unwesen schlimmer als zuvor. Sorge ist Mangel an Vertrauen und zugleich das Wollen, die Zukunft selbst in den Griff zu bekommen. Da wir das aber nicht fertigbringen, sagt Jesus: »Sorget nicht für den anderen Morgen; denn der morgende Tag wird für das Seine sorgen. Es ist genug, daß ein jeglicher Tag seine eigene Plage habe« (Matth. 6, 31–34). Wir sollen jeden Tag neu bewußt mit ihm leben. Heute! Und im Heute das Leben mit seiner Hilfe meistern. Wie die Tage kommen mit ihren Anfechtungen und Belastungen, will Jesus die notwendige Kraft geben. Er gibt keine Kraft im voraus, weil wir uns sonst vielleicht verausgaben würden. Er teilt uns die Kraft so zu, wie wir sie brauchen. Darin erweist er sich als der Heiland, der Retter, weil er denen, die ihm vertrauen, die Angst vor dem morgigen Tag mit seinen Belastungen und Sorgen bewältigen hilft.

Weil Beispiele am besten deutlich machen, wie das konkret aussieht, wieder ein Briefauszug: »Vor fünf Jahren war es, als ich mein linkes Bein verlor. Mir schien die Welt ganz ferngerückt, verloren für mich zu sein. Es war alles fremd, unfaßbar, da ich ein lebensfroher Mensch gewesen war, der gern wanderte und mit anderen Menschen Kontakte suchte und fand. Nun glaubte ich mich verlassen, vereinsamt, innerlich verarmt. Immer wieder kam die Frage in mir hoch: Warum? Ich wollte wohl an Gott und an seine Hilfe glauben, aber es kamen Zeiten, da konnte ich es einfach nicht mehr. War mein Glaube eine Illusion gewesen, war ich von Gott verlassen? War er nie bei mir gewesen? Ich habe furchtbar um diese Fragen, diese Zweifel gekämpft. Und doch zog mich immer wieder etwas mit unwiderstehlicher Kraft zu Jesus. Ich konnte einfach nicht von ihm los. Und dann wuchs in mir eine Kraft, die mir half, mit dem äußeren Geschehen fertig zu werden. Der Blick richtete sich weg von dem, was mir genommen worden war, hin zu dem, was mir von Jesus Christus geschenkt wurde. Meine Einstellung zur Frage des Leides, die mich so lange gequält hatte, klärte sich. Im Schmelzofen wird das Metall geläutert. An der Hand Jesu Christi führt das Leiden zu etwas Wesentlichem unseres Lebens: es läßt uns reifen, wachsen in unserem Glauben, stark werden in der Erprobung. Ich glaube, es ist unbedingt möglich, an der Hand Jesu zu einer positiven Wertung des Leides zu kommen und es damit innerlich zu überwinden.

Jesus Christus war zu mir gekommen. Er schenkte mir die große Gnade, trotz allem ein froher, hoffender Mensch zu werden. Wie würde sich nun mein kommendes Leben gestalten? Ich hatte die Ohnmacht eigenen Könnens und Wollens erkannt, den räuberischen Verbrauch der Zeit. Nun kehrte mir die Kraft wieder, aufzuatmen, Hoffnung zu schöpfen. Neuer Lebenswille durchströmte mich, die mir verbleibende Zeit planvoll zu gestalten.

Vorher sagte ich: Gott, gib mir lichte Augen, die Schönheit deiner Welt zu sehen. Gott, gib mir offene Ohren, die Harmonien in deiner Musik zu hören. Gott, gib mir flinke Hände, den Reichtum dieser Erde zu erfassen. Gott, gib mir rasche Füße, daß ich auf dieser Erde nichts verpasse. Gott, gib mir einen frohen Mund, zu sagen, was mich glücklich macht. Gott, gib mir ein beglücktes Herz, zu lieben, was die Erde hat.

Nun sage ich: Herr Jesus, gib mir wache Augen, zu sehen, wo ich irregehe. Herr Jesus, gib mir offene Ohren, zu hören, was du mir sagen willst. Herr Jesus, gib mir hilfsbereite Hände, damit ich zupacke, wo immer es nötig ist. Herr Jesus, gib mir flinke Füße – das kann ich ja jetzt nicht mehr sagen, aber: gib mir neue Füße –, deine Füße, dahin zu gehen, wohin du mich haben willst. Herr Jesus, gib mir Worte in den Mund, dich zu preisen, deine Gnade und Herrlichkeit. Herr Jesus, gib mir den empfangsbereiten Geist, damit ich weiß, was du für mich bedeutest. Herr Jesus, dein will ich sein und bleiben, heute und morgen, in dieser Zeit und in der künftigen, im Leben und im Sterben, jetzt und in alle Ewigkeit.

Und dann kam vier Jahre später der neue, vollkommene Zusammenbruch. Mein rechtes Bein erkrankte. Die verheerenden Zeichen der Blutkreislaufstörungen machten sich fast genau so bemerkbar wie am linken Bein, das ja hatte amputiert werden müssen. Diese Erkenntnis war so grausam, daß ich nicht mehr aus noch ein wußte. Was wollte Gott mit mir, von mir? War es nicht traurig und schwer genug, daß mir das eine Bein fehlte? Dennoch war mir ja der Lebensmut durch Gottes Hilfe und Güte wiedergeschenkt worden. Warum führte mich Gott nun wieder in ein so schreckliches, tiefes Tal?

Es begann seitens der Ärzte ein Kampf um das Bein, oft im Krankenhaus, oft zu Hause. Die Nächte waren qualvoll, schlaflos und voll großer Schmerzen. »Herr, was willst du von mir?« Das waren die immer wiederkehrenden Gedanken und Fragen. »Herr, warum quälst du mich so, warum muß ich durch diese furchtbaren Stunden, Tage, Wochen, Monate hindurch?« Ich erlebte Nächte, in denen ich von Herzen wünschte, von allem Kummer und Herzeleid erlöst zu werden, einzuschlafen in die Ewigkeit hinüber. Ich habe so viele Stufen des Zweifelns, ja fast des Verzweifelns, gefesselt an meinen Rollstuhl, durchgemacht. Aber immer wieder drängte sich mir das Wort auf: »Alle eure Sorgen werfet auf ihn, denn er sorgt für euch.« »Meine Zeit steht in deinen Händen.« Ich fing an, mich an diese Worte zu klammern. Ja, Jesus Christus sagte es mir doch selbst zu, daß ich alle Sorgen auf ihn werfen kann. Ich versuchte es zu tun, aber es änderte sich doch dadurch nichts an meinem Zustand. Die Schmerzen blieben, ich war einsam, einsamer denn je, und die Gedanken an das Sterbenwollen wurden immer stärker.

Aber dann, eines Tages zeigte mir Gott, wie in Vietnam Mütter um ihre toten Kinder weinten, wie Menschen zerfetzt wurden und gar nicht mehr an Lebende erinnerten; wie Menschen verhungerten, obgleich die Erde so reiche Gaben schenkt; wie wahnsinnig groß das Elend in der Welt ist. Nun trat es mir so deutlich vor Augen, daß ich ganz still wurde. Ich sah auf einmal, wie gut es mir trotz allem ging, ich sah all das Positive, das mich umgab. Da erfaßte ich aufs neue die Güte des Herrn, der mein Leben und meine Zeit in seiner Hand hält und mich nicht einfach brachliegen lassen will. Mir werden Möglichkeiten in die Hand gegeben, am Leid, an der Not, an der Einsamkeit der anderen teilzunehmen. Das ist eigentlich keine neue Erkenntnis, und doch erfaßte sie mich ganz neu. Es ist fast so, als hätte diese bewußte Hinwendung zu andern, zum Sehen der Not und zum Helfen im Rahmen des mir Möglichen, des mir zur Verfügung stehenden, der mir geschenkten Zeit zum Beten und zum Danken, meine Schmerzen weniger werden lassen. Ich weiß nicht, was die Zukunft bringt, ich weiß nicht, wie es mit meinem Bein werden wird, aber ich weiß, daß meine Zukunft Gott ist, und daß er die Liebe ist in allem, was er mit mir tut, und daß meine Zeit in seinen Händen steht. Er sorgt für mich.

Und so sage ich erneut ihm meinen Entschluß: Herr Jesus, dein will ich sein und bleiben, heute und morgen, in dieser Zeit und in der künftigen, im Leben und im Sterben, jetzt und in alle Ewigkeit.«

Merksatz: *Getrost sein – statt sorgen!*

Gott läßt uns eine fünfte Mitteilung machen:

*Fürchte dich nicht –
ICH achte dich wert,
ICH habe dich lieb!*

Immer wieder sagen oder schreiben mir Menschen, daß sie, je älter sie werden, um so stärker von der Angst befallen werden, eines Tages – bildhaft gesprochen – zum alten Eisen geworfen zu werden. Sie haben Angst, ihren Beruf zu verlieren, ihre Position einem Jüngeren abtreten zu müssen. In diesem Zusammenhang fürchtet man das Nachlassen der körperlichen Kräfte, der geistigen Frische und Mobilität. Es schleichen sich Gedanken ein wie: Ich bin zu nichts mehr wert!

Der Wert eines Menschen liegt aber nicht in seiner Jugend. Niemand braucht wegen seines Alters Komplexe zu bekommen. Gottes Zusage: Ich achte dich wert, ich habe dich lieb, gilt Ihnen, ob Sie nun 25, 45 oder 75 Jahre alt sind, ob Sie Angst haben, aufgrund Ihres Alters Ihren Beruf zu verlieren oder Ihren Platz einem Jüngeren freimachen zu müssen. Gott sagt zu: »Ich will euch tragen bis ins Alter und bis ihr grau werdet. Ich will es tun, ich will heben und tragen und erretten« (Jes. 46, 4). Solche Zusage ist Basis zur Bewältigung der Angst vor dem Alter.

Es gibt dazu ganz praktische Hilfen. Sie sollten früh damit beginnen, sich ein Hobby zuzulegen, und sich somit in eine Freizeitbeschäftigung einzuüben. Wenn die Zeit des Rentnerseins gekommen ist, dann haben Sie den Mut, Ihre Tage auch weiterhin diszipliniert zu gestalten. Nehmen Sie sich vor allen Dingen genügend Zeit zum Bibellesen und zum Gebet! Lassen Sie sich in dieser stillen Zeit Menschen zeigen, denen Sie sich ganz besonders zuwenden. Viele warten darauf, die einsam und vom pulsierenden Leben abgeschnitten sind, daß sie durch andere daran teilhaben können. Fahren Sie doch einmal den gelähmten Jungen in Ihrer Nachbarschaft spazieren! Begleiten Sie den alten Mann, der jeden Nachmittag an Ihrem Haus vorbeigeht, ein Stück des Weges! Fangen Sie ein Gespräch mit der Frau an, die pünktlich um 15.05 Uhr auf der Parkbank sitzt! Es gibt so viele Möglichkeiten, sich geistig frisch zu halten. Aber auch Bewegung sollte man sich genügend verschaffen. Nehmen Sie der jungen Frau von gegenüber einmal ihre beiden Kinder ab. Spielen Sie mit ihnen. Hören Sie zusammen eine Kinderstunde vom Evangeliums-Rundfunk. Scheuen Sie nicht davor zurück, auch begrenzt neue Verantwortung zu übernehmen. Sie werden es beglückend erfahren: Ich werde gebraucht!

Wertlos – abgeschrieben sein, Worte, die Angst verbreiten. Nicht nur Angst, angesichts der Forderungen der Leistungsgesellschaft zu versagen, macht vielen Menschen zu schaffen. Es gibt eine viel tiefere Bedrängnis. Es ist die Angst, eines Tages vor der Sinnlosigkeit des eigenen Lebens zu stehen. Man fragt sich, was man mit, bzw. aus ihm gemacht hat. Diese Frage kann einen sogar in Stunden überrollen, da man auf dem Höhepunkt seiner Karriere steht. Aber sie kann auch gerade dann ansetzen, wenn einem die jähe Erkenntnis zu schaffen macht, daß die Leistungskurve, daß Kraft und Lebensmut sich nach unten neigen. Dann kann plötzlich die Frage erdrückend auf einen einstürmen: War das alles, um Leben genannt zu werden? Sie werden von sich aus keine befriedigende Antwort finden. Sie werden sie nur finden, wenn Sie für sich persönlich den Zuspruch Gottes akzeptieren: *Ich achte dich wert, ich habe dich lieb!*

Die Angst, abgeschrieben zu sein, bedrängt viele. Abschreibung ist nicht nur ein vielgebrauchtes Wort in unseren Tagen. Manche Menschen bekommen es von anderen auch ganz deutlich zu spüren. Da ist einer, selbstverschuldet oder nicht, in Not geraten. Man distanziert sich von ihm, er wird von anderen aufgegeben. Soll er sehen, wie er zurechtkommt. Das zu erleben, ist erschütternd für einen in Not geratenen Menschen. Gott möchte, daß Menschen, die an ihn glauben, nicht so reagieren. Vielmehr sind sie gerufen, die Liebe

Gottes, die jedem Menschen gilt, zu praktizieren, so daß ein so in Anfechtung lebender Mensch hoffen und sprechen lernt: Ich bin wert geachtet, ich bin geliebt – von Gott.

Neben der Angst, von Menschen abgeschrieben zu sein, macht vielen die Angst, von Gott abgeschrieben zu sein, zu schaffen. Jesus kannte in extremer Weise die Belastung des Verlassenseins von Gott und die daraus resultierende Angst. Am Kreuz von Golgatha rief er: »Mein Gott, mein Gott, warum hast du mich verlassen?« (Matth. 27, 46). Bei ihm war der Grund seiner Verlassenheit unsere Schuld.

Es könnte also gut sein, daß Ihre Angst, von Gott abgeschrieben zu sein, auf unvergebener Schuld in Ihrem Leben beruht. Doch davon können Sie befreit werden, wenn Sie ernsthaft die Gemeinschaft mit Gott und seine Vergebung suchen. David, der ähnliches erlebte, bekennt: »Da ich den Herrn suchte, antwortete er mir und errettete mich aus aller meiner Angst.« Diese Erfahrung schenkt Befreiung von dem Gedanken, Sie seien Gott nichts wert. Sie dürfen sich vielmehr an seine Zusage halten: *»Weil du so wert bist vor meinen Augen geachtet, mußt du auch herrlich sein, und ich habe dich lieb.«*

Verschieden sind die Umstände, warum Menschen sich wertlos und abgeschrieben vorkommen. Auch Krankheit spielt dabei eine wesentliche Rolle. Ich kenne nicht wenige Menschen, die auf diesem Gebiet zu kämpfen haben. Aber ich kenne auch solche, die ihren Kampf siegreich bestanden haben. Da ist eine junge Frau, die sich nach einem Autounfall, der ihrem Gesicht viele Schnittwunden brachte, ganz neu ihre Stellung in der Gesellschaft erringen mußte. Alte sogenannte Freunde zogen sich zurück. Neue wirkliche Freunde wurden gefunden.

Oder man liegt Jahr um Jahr krank im Bett. Die anfechtenden Gedanken können da gar nicht fernbleiben: Wozu bin ich eigentlich da? Wenn ein solcher Mensch – das ist meine Erfahrung – ein Ja zu seiner Situation gefunden hat, wird er zu einem großen Segensträger. In seinem Zimmer fallen oft wichtige Entscheidungen im Gebet. Sein Zeugnis von Jesus Christus nimmt man ab, sein Rat wird akzeptiert. Einen solchen Menschen sollte man bewußt in das eigene Besuchsprogramm einplanen, um ihm zu zeigen, daß man ihn braucht und seinen Gebetsdienst schätzt.

Ich möchte Ihnen wieder aus einem Brief zitieren: »Ich war viele Jahre berufstätig trotz meiner durch Kinderlähmung gelähmten Beine. Als ich meine Arbeit begann, sagte meine Mutter: »Wenn du anerkannt werden willst, mußt du immer ein wenig mehr als die Nichtbehinderten leisten.« Ich konnte nicht ganz verstehen, was sie damit sagen wollte. Ich arbeitete doch mit meinem Kopf und nicht mit meinen Beinen. Doch bald erlebte ich, wie wahr das war, was meine Mutter mir gesagt hatte. Man beobachtete mich im Büro mißtrauisch. Machte ich einen Fehler, hieß es: »Sie ist doch behindert!« Passierte einem Kollegen das gleiche Mißgeschick, wurde es entschuldigt: »Einen Fehler macht jeder mal.« Zuerst machte mir das unwahrscheinlich zu schaffen. Doch dann gelang es mir, die Gegebenheiten anzunehmen und die Schwierigkeiten zu bewältigen. Ich war nun einmal mit 32 Jahren arbeitsunfähig geworden und mußte mich umschulen lassen. – Als ich nach Jahren meinen Beruf dann aufgab, war ich längst anerkannt. Ein Kollege fragte damals: »Warum hören Sie denn auf? Was haben Sie denn?« Ich hatte all die Jahre nur unter äußersten Schmerzen und größter Anfechtung arbeiten können. Doch die Feststellung des Kollegen war für mich so, als hätte ich einen Orden erhalten.« – » *Weil du so wert bist vor meinen Augen geachtet, mußt du auch herrlich sein, und ich habe dich lieb!*«

Noch auf eine Gruppe von Menschen, die unter uns lebt, möchte ich hinweisen: die Fremdlinge, wie sie die Bibel nennt; unsere ausländischen Mitbürger. Wie sehr werden sie geschnitten, zurückgesetzt, nicht anerkannt, zweit- und drittklassig behandelt. Das ist gegen Gottes Willen. Ihnen gilt genauso seine Liebe wie uns. Jeder von uns kann das Seine dazu beitragen, daß sich diese Verhältnisse ändern und bessern.

Sie können z. B. Kindern beim Schularbeitenmachen helfen. Laden Sie das Kind, das mit Ihrer Tochter dieselbe Klasse besucht, zu sich nach Hause ein, damit die Kinder zusammen lernen. Oder Sie können auf dem Postamt einem Ausländer beim Ausfüllen der Formulare helfen. Das wenigste ist, ausländische Nachbarn freundlich zu grüßen und damit den ersten Kontakt zu einem besseren Kennenlernen und gegenseitigen Besuch zu knüpfen. Vor kurzem erlebte ich folgendes:

Ich spazierte durch ein ruhiges Wohnviertel mit schmucken Bungalows. Da hörte ich heftige Worte und einen dumpfen Knall. So konnte nur eine Tür zufliegen. Tatsächlich, es war eine. Sie trug die Aufschrift: »Betteln und Hausieren verboten.« Darunter: »Vorsicht, bissiger Hund.« Wie konnte der Bittsteller das übersehen? Plagte ihn der Hunger so, daß er trotzdem versuchte, in die sorgsam gehütete Privatsphäre einzudringen? Hunger tut ja weh. Zudem stirbt jede Sekunde ein Mensch den Hungertod. Das Haus sah aus, als ob seine Bewohner durchaus eine Mahlzeit für einen Hungernden erübrigen konnten.

Da saß er vor der verschlossenen Tür, den Kopf in die Hände gestützt. Er trat nicht im Zorn gegen die Tür, reckte auch keine geballte Faust gegen das ungastliche Haus. Er starrte nur gegen die Tür. Das Haus mußte auf ihn wie ein versteinertes, kaltes Herz wirken. Als er sich vorbeugte und seinen Kopf ein wenig aufrichtete, sah ich, daß er weinte. Seine Augen funkelten nicht haßerfüllt, aber traurig, unendlich traurig und müde.

Warum hatte man ihm die Tür zugeschlagen? War er lästig? Forderte er etwas Unmögliches? Kam er zur ungelegenen Zeit? Ich wußte es nicht. Nachdem ich ihn aufmerksam beobachtet hatte, sprach ich ihn an.

Er wollte gar nicht betteln. Er kam auf ein Inserat hin: »Zimmer zu vermieten«. Er wollte sogar einen Mietvorschuß zahlen. Meiner Meinung nach viel zuviel. An über zehn Türen hatte er an diesem Tag geklingelt und immer vergebens. Das war zu viel für ihn. Man lehnte ihn einfach ab, ließ ihn gar nicht erst einmal zu Wort kommen, geschweige denn in die Wohnung. Weshalb? – Er hatte eine schwarze Haut. Ein junger Mann aus einem anderen Erdteil auf Heimatsuche. Das Neubauviertel wurde für ihn zur Wüste, zum ungastlichen Ort. Für ihn war keine Herberge bereitet. Er hatte auch keine Beziehungen. Wo war seine Oase?

Das Neue Testament bezeugt, daß der Hausherr der ewigen Wohnungen auch einmal sagen wird: »Ich kenne dich nicht! Für dich ist kein Platz da!« Mancher stolze Hausbesitzer wird es hören müssen, auch dann, wenn er meint, durch Taufe, Konfirmation, kirchliche Trauung und soziale Gesinnung ein Anrecht auf Eintritt zu haben.

Wenn es um die ewigen Wohnungen geht, hilft nur eine einzige Beziehung: ein ungetrübtes Verhältnis zum Hausherrn. Die Schlüsselgewalt dort hat Jesus. Wer persönliche Verbindung zu ihm hat, dem tut sich die Türe auf, er sei weiß oder schwarz, rot, gelb oder braun.

Wie sieht es mit dieser Beziehung bei Ihnen aus? Haben Sie die notwendige Verbindung mit Jesus? Sprechen Sie mit ihm? Ist der Kontakt seit einiger Zeit unterbrochen? Er lädt Sie heute zu sich ein. Jetzt! Sie sollten die Sache mit den ewigen Wohnungen klar machen, etwa durch das Gebet: »Herr Jesus, ich habe bisher an so vieles gedacht, nur nicht an meine Bleibe nach Ablauf des irdischen Lebens. Vergib mir das. Ich möchte einmal nicht vor verschlossener Tür stehen müssen. Ich will bei dir wohnen in Ewigkeit. Danke, daß du mich einläßt!«

Übrigens, dem jungen schwarzen Freund konnte noch am selben Tag ein Zimmer bei netten Leuten vermittelt werden. Sie wollen ihn in Liebe auch auf die ewige Wohnung aufmerksam machen.

Wer von Gott wert geachtet ist, hat keinen Grund, sich zu fürchten. Das sollen alle hören, die sich selbst überflüssig vorkommen, aber auch die, denen es allzudeutlich von anderen zu verstehen gegeben wird. Gerade ihnen gilt die Zusage Gottes: Ich achte dich wert. Du bist mir unentbehrlich. Mag sein, daß Sie es im Augenblick gar nicht fassen können, aber es stimmt, denn Gott sagt es Ihnen selbst zu. So wichtig nimmt Sie Gott, denn er hat Sie lieb. Ja, er liebt Sie so unabänderlich, daß nichts und niemand Sie von dieser Liebe Gottes scheiden kann. Dieses Wissen nimmt die Angst, wertlos und abgeschrieben zu sein. Gott achtet uns als Persönlichkeit.

Merksatz: *Wert geachtet – nicht abgeschrieben!*

Kapitel 9

Überwindung der Todesangst

Was würden Sie tun – Sie haben noch 24 Stunden zu leben? Eine provozierende Frage. Aber so provozierend ist sie wieder gar nicht. Wer weiß denn, ob er den morgigen Tag noch erlebt? Somit ist diese Frage hautnah. Die Antwort darauf sollte nicht minder existenzbezogen sein.

Zwei Beispiele zeigen, wie gegensätzlich diese Frage beantwortet werden kann. »Ich glaube, daß ich alles tun würde, um meinen letzten Film zu Ende zu bringen. Die letzten Stunden mit meinem Mann zu verbringen, wäre zu traurig – am Schluß würden wir beide noch verrückt.« Und die andere Antwort: »Als gläubiger Christ betrachte ich mein Leben in Gottes Hand. Er weiß, wann er es beendet. Zur Reise in die ewige Heimat bedarf es keiner weiteren Vorbereitung, wenn der Lebensweg von dieser Gewißheit geprägt ist.« In diesen Antworten stehen sich Sinnlosigkeit und Geborgenheit mitten im Leben, da wir vom Tod umfangen sind, gegenüber.

Was würden Sie tun – Sie haben noch 24 Stunden zu leben? Die Antwort wäre ganz einfach, wenn mit dem Tode alles aus und vorbei wäre. Dann würde ich Ihnen allerdings den Rat geben: Iß und trink, denn in 24 Stunden ist doch alles vorbei! – Aber die Frage hat doch ein viel ernsteres Gesicht, da eben mit dem Tod nicht alles aus und vorbei ist. Das Leben geht nach dem Tode weiter, ja es beginnt erst richtig. Dieses Leben ist Durchgangsstation.

Gewiß, es lachen viele Menschen, wenn ihnen das gesagt wird. Doch schon vielen verging das Lachen, als ihre Flucht vor Gott in der Sterbestunde zu Ende ging. Im Sterben fallen die Masken. »Einmal fällt die Maskerade, die du vor der Welt beziehst, wenn du durch Gericht und Gnade dich im Lichte Gottes siehst«, so sagt es ein Lied unserer Tage. Im Sterben werden Menschen oft klein, die vor der Welt als groß gelten. Und groß wird, wer als völlig unbedeutend angesehen wurde. Der französische Philosoph Voltaire war ein großer Spötter. Als es mit ihm zum Sterben ging, bot er seinen Ärzten die Hälfte seines Vermögens, wenn sie sein Leben nur um eine kurze Spanne Zeit verlängern könnten. Der Arzt Tranchin hat sein Sterben miterlebt. Er kam aus dem Sterbezimmer und sagte zu den Umstehenden: »Von Furien gehetzt ist er dahingegangen.«

Wer wollte bestreiten, daß es sich oft ganz anders leben als sterben läßt. Die letzten Worte des ungläubigen Philosophen Hobbes waren: »Ich bin dabei, einen Sprung ins Finstere zu tun.« Mutet das nicht an wie eine vernichtende Bankrotterklärung, wenn man am Ende seiner scheinbar so gelehrten Philosophie nichts anderes weiß als dies!

Wie anders klingen die Worte eines anderen Großen innerhalb der Weltgeschichte. Der Apostel Paulus bekennt: »Christus ist mein Leben, und Sterben mein Gewinn« (Phil. 1, 21). Eigenartig, daß ein Mensch das, was im allgemeinen für Verlust gehalten wird, als Gewinn bezeichnet: »Sterben ist mein Gewinn.« Der Mensch kennt dieses Wort »Gewinn« meist nur in anderem Zusammenhang, wenn es zum Beispiel um seinen Vorteil geht: Geschäftsgewinn, Zeitgewinn, Geldgewinn. Ja, doch manchmal auch im Zusammenhang mit dem Tod, wenn er bei einem Unfall vielleicht noch einmal gerade so davongekommen ist. Dann wird dokumentiert: »Da hab' ich aber nochmal Glück gehabt.« Man bringt damit zum Ausdruck, daß man so an diesem Leben hängt, als sei es das einzige. Man vergißt in der Zeit die Ewigkeit.

Dieses Vergessen geht oft so weit, daß der Tod den Menschen schon gar nicht mehr berührt. Man liest in der Zeitung von Mord und Totschlag, das Fernsehen liefert die Bilder frei Haus. Es wird Notiz davon genommen, aber sobald gelesen oder gehört, geht man zur Tagesordnung über. Man möchte den Tod durch Nichtbeachten ignorieren. Woher kommt diese Einstellung? Ist es Angst? Ist es die Unsicherheit vor dem, was nach dem Tode kommt? Wäre es tatsächlich so, daß nach dem Tode alles aus ist, müßte man sich eben damit trösten: Es geht ja keinem besser, ich muß mich auch in diesen Weg fügen.

Nun ist es aber anders! Die Bibel, das Buch des Lebens, sagt: »Es ist dem Menschen gesetzt, einmal zu sterben« – damit ist das Leben aber nicht aus und vorbei –, »danach aber das Gericht« (Hebr. 9, 27).

Was für ein Gericht? fragen Sie vielleicht. Das Gericht Gottes, nicht das eines Menschen, den man täuschen kann. Der Mensch muß Gott, dem Schöpfer Rechenschaft darüber ablegen, was er aus seinem Leben gemacht hat. Das zeigt den Tod erst in seiner ganzen Tragweite. Denn der Anlaß des Todes ist ja der Ungehorsam des Menschen Gott gegenüber, das Nichtfragen des Menschen nach dem Willen Gottes.

Wie kommt es nun, daß Paulus und mit ihm viele andere trotzdem diese kühnen Worte sprechen können: »Sterben ist mein Gewinn«? Daß für sie das Sterben seine letzte Schrecklichkeit verloren hat? Die Antwort gibt Paulus im ersten Teil seines Bekenntnisses: »Christus ist mein Leben!« Dieser Jesus Christus ist also der Entscheidende im Leben und im Sterben.

Was ist es um diesen Jesus Christus? Hören Sie, was die Bibel dazu sagt. Er ist der Sieger über die Sünde. Am Kreuz von Golgatha, außerhalb Jerusalems, ist er für die Sünde der Menschen gestorben. »Fürwahr, er trug unsere Krankheit und lud auf sich unsere Schmerzen. Wir aber hielten ihn für den, der geplagt und von Gott geschlagen und gemartert wäre. Aber er ist um unserer Missetat willen verwundet und um unserer Sünde willen zerschlagen. Die Strafe liegt auf ihm, auf daß wir Frieden hätten, und durch seine Wunden sind wir geheilt« (Jes. 53, 4–5).

Doch dieser Jesus Christus ist nicht nur der Sieger über die Sünde. Er hat auch den Tod besiegt. Der Tod, als die Bezahlung des Menschen für seinen Ungehorsam Gott gegenüber, ist von Jesus Christus besiegt worden. Der Tod ist nicht Gottes letztes Wort an die Menschen. Das wäre furchtbar! Der Tod ist durch die Auferstehung Jesu Christi von den Toten überwunden. Gott hat sein Ja gegeben zu Jesu stellvertretendem Sterben am Kreuz und das Handeln seines Sohnes durch seine Auferstehung bestätigt. »Der Tod ist verschlungen in den Sieg. Tod, wo ist dein Stachel? Hölle, wo ist dein Sieg? Gott aber sei Dank, der uns den Sieg gegeben hat durch unsern Herrn Jesus Christus!« (1. Kor. 15, 55. 57). Gott gibt dem Menschen in Jesus Christus den Sieg über den Tod. Jesus stirbt am Kreuz also Ihren Tod. So paradox die Frage nun auch klingen mag, sie muß hier gestellt werden: Haben Sie schon Ihren Tod am Kreuz von Golgatha gesehen? So lange Sie nur Jesu Tod dort als geschehen annehmen, sind Sie nur Zuschauer und haben nicht Teil an seinem Sieg.

Diesem Sieger Jesus Christus ist Paulus vor Damaskus begegnet, als er gar nichts von ihm wissen wollte. Dort war es dann, daß Paulus die Wende seines Lebens erfuhr, als Jesus ihn fragte: »Warum bist du gegen mich? Es wird dir schwer werden, gegen die Wahrheit anzugehen« (Apg. 9, 4–5). Paulus erkannte seinen falschen Weg und bat Jesus um Vergebung und Wegweisung. Mitten im Zerbruch seines Lebens wurde ihm durch Jesus der Neuanfang seines Lebens geschenkt. Rückblickend auf diese Begebenheit sagte Paulus: »Ich vergesse, was dahinten ist, und strecke mich nach dem, was da vorne ist, und jage nach dem vorgesteckten Ziel, nach dem Kleinod, welches vorhält die himmlische Berufung Gottes in Jesus Christus« (Phil. 3, 13–14). Nun lebt er mit Jesus Christus für Jesus Christus allein. Er ist sein Inhalt, das Zentrum seines Lebens geworden. So konnte er sprechen: »Christus ist mein Leben!«

Die entscheidende Frage im Blick auf den Tod ist also eine Frage, die im Heute gelöst und beantwortet werden muß. Und die Beantwortung hat Gültigkeit über die Zeit hinaus in die Ewigkeit. Sie hängt von der Begegnung mit Jesus Christus, dem Herrn des Lebens, ab. Es ist die Frage nach der Entscheidung für Jesus Christus in Ihrem Leben.

»Christus ist mein Leben und Sterben mein Gewinn.« Wer dies bekennen kann, braucht vor dem Tod nicht mehr zurückzuschrecken. Der der Herr des Lebens ist, ist auch der Herr des Todes, Jesus Christus. Wohl erleben wir noch den Kampf des Todes, aber er kann uns nichts mehr anhaben, weil Jesus, der Sieger, bei uns ist. »Im Tal der Todesschatten bist du bei mir« (Ps. 23). »Wer an den Sohn glaubt, der hat das ewige Leben« (Joh. 3, 36). »Darum wir leben oder sterben, wir sind des Herrn« (Röm. 14, 7–9). Wer an Jesus Christus glaubt, hat die Angst vor dem Tod nicht mehr gegen sich. Er denkt weiter, über den Tod hinaus. Er weiß, hinter dem Tod steht kein Punkt, sondern ein Doppelpunkt!

Der Tod ist nicht Abbruch,	sondern Aufbruch,
nicht Untergang,	sondern Übergang,
nicht Auszug,	sondern Umzug,
nicht Hinrichtung,	sondern Heimführung,
nicht Ende,	sondern Anfang.

Wer also tatsächlich leben will, muß zu sterben wissen. Und wer sterben will, muß zu leben wissen. Beides geht nur in Lebensgemeinschaft mit Jesus Christus. Der Christ bewährt sich in dieser Lebenshaltung auch in der Anfechtung, denn ihm sind die Augen geöffnet für die Tatsache: »Christus ist mein Leben, und Sterben mein Gewinn.«

Persönliche Erfahrungen

Einige persönliche Erfahrungen haben mir geholfen, in der Bewältigung der Angst vor dem Tode zu wachsen und weiterzukommen. Vier will ich Ihnen hier mitteilen, da ich die Erfahrung gemacht habe, daß andere Menschen damit Lebens- und Glaubenshilfe erfuhren.

1. *Die Angst vor dem Sterben ist nicht die Angst vor dem Tod*

Mir ging dieser Unterschied auf in der Zeit nach meinem Herzinfarkt. Ich stellte fest: Ich habe Angst – Angst vor dem Sterben. Das gebe ich zu. Ich habe aber keine Angst mehr vor dem Tod. Ich will den Unterschied erklären. Die rein kreatürliche Angst vor den oft mit dem Sterben zusammenhängenden Qualen und Schmerzen, dem körperlichen Leiden, hat nach meiner Erfahrung am eigenen Leibe und in der Seelsorge ihre Berechtigung. Doch die Angst vor dem Tode muß nicht mehr sein, weil es meine Überzeugung ist, daß ich mein jetziges Leben mit dem Tode eintausche gegen ein neues, ewiges Leben.

Entscheidend geholfen, zu dieser Gewißheit zu kommen, hat mir ein Wort Jesu: »Ich bin die Auferstehung und das Leben. Wer an mich glaubt, der wird leben, ob er gleich stirbt, und wer da lebt und glaubt an mich, der wird nimmermehr sterben« (Joh. 11, 25–26). Vollziehen Sie diese Zusage als Faktum nun einmal bewußt in Ihrem denkenden Vertrauen mit: »Wer an mich – Jesus – glaubt, wird leben, ob er gleich stirbt.«

Monate nach meinem Herzinfarkt habe ich dieses Erleben nochmals in Gedanken verarbeitet und dabei auch – mit Gottes Hilfe – aufgearbeitet. Mir setzte die Todesangst so sehr zu, daß Leib, Seele und

Geist stark in Mitleidenschaft gezogen wurden. Doch dann überführte mich Gottes Geist und machte mir klar, daß die Trennungslinie nicht zwischen Lebenden und Toten verläuft. Die Trennungslinie geht zwischen an Jesus Christus Glaubenden und nicht an ihn Glaubenden hindurch. Ich habe das ewige Leben demnach nicht erst dann, wenn mein Körper tot ist, wenn das eintrifft, was ich nicht erklären kann, sondern ich habe ewiges Leben heute, wenn ich im Gebet mein Leben Jesus Christus übereignet habe; wenn ich anerkannt habe, daß er mir die Schuld meines Lebens vergeben hat, weil er für mich stellvertretend am Kreuz auf Golgatha gestorben ist. Und weil dieser Jesus Christus auch für mich auferstanden ist, habe ich heute Anteil am Leben Gottes, also ewiges Leben durch den Glauben an ihn. Nichts und niemand kann mich aus der Gemeinschaft mit Jesus reißen (Joh. 10, 27–30).

Wir können uns diese Tatsache nicht nur vom Gefühl her vergegenwärtigen, sondern auch durch unser Denken. Was zum Beispiel Paulus schreibt, ist eindeutig klar: »Das also ist unsere Botschaft: Gott hat Christus vom Tod erweckt. Wie können dann einige von euch behaupten, daß die Toten nicht wieder lebendig werden? Wenn es keine Auferstehung gäbe, dann wäre auch Christus nicht auferstanden. Und wenn Christus nicht auferstanden wäre, dann hätte weder unsere Verkündigung noch euer Glaube Sinn. Wir wären dann als falsche Zeugen für Gott aufgetreten; denn wir hätten gegen die Wahrheit gesagt, daß er Christus vom Tod erweckt hat. Stimmt es also, daß Gott die Toten nicht wieder ins Leben rufen wird, dann hat er auch Christus nicht vom Tod erweckt. Wenn die Toten nicht lebendig werden, wurde Christus es auch nicht. Wenn aber Christus nicht lebt, ist euer Glaube vergeblich. Eure Schuld ist dann nicht von euch genommen, und wer im Vertrauen auf Christus starb, ist dann verloren. Wenn wir nur für das jetzige Leben auf Christus hoffen, sind wir bedauernswerter als irgend jemand sonst auf der Welt. Aber Christus ist tatsächlich vom Tod erweckt worden, und das gibt uns die Gewähr dafür, daß auch die übrigen Toten auferstehen werden (1. Kor. 15, 12–20). Aber vielleicht fragt ihr: Wie soll denn das zugehen, wenn die Toten wieder lebendig werden? Was für einen Körper werden sie dann haben?

Wie könnt ihr nur so fragen! Wenn ihr einen Samen aussät, muß er zuerst sterben, damit die Pflanze leben kann. Ihr sät nicht die ausgewachsene Pflanze, sondern nur den Samen, ein Weizenkorn oder irgendein anderes Korn. Gott aber gibt jedem Samen den Pflanzenkörper, den er für ihn bestimmt hat. Jede Samenart bekommt ihre besondere Gestalt. Menschen haben einen anderen Körperbau als Tiere, Vögel einen anderen als Fische. Außer den Körpern auf der Erde aber gibt es auch noch solche am Himmel. Die Himmelskörper haben eine andere Schönheit als die Körper der Erde, und auch unter ihnen gibt es Unterschiede: Die Sonne leuchtet anders als der Mond, der Mond anders als die Sterne, und auch die einzelnen Sterne unterscheiden sich voneinander.

So könnt ihr euch auch ein Bild von der Auferstehung der Toten machen. Der Körper, der begraben wird, ist vergänglich; aber der Körper, der zu neuem Leben erweckt wird, ist unvergänglich. Was begraben wird, ist schwach und häßlich; aber was zum Leben erweckt wird, ist stark und schön. Im Grab liegt ein Körper, der von natürlichem Leben beseelt war. Als ein Körper, der ganz vom Geist Gottes beseelt ist, wird er zu neuem Leben erweckt. Wenn es einen natürlichen Körper gibt, muß es auch einen vom Geist Gottes beseelten Körper geben. Es heißt ja: Adam, der erste Mensch, wurde von natürlichem Leben beseelt. Christus dagegen, mit dem Gottes neue Welt beginnt, wurde zum Geist, der lebendig macht. Aber zuerst kommt die Natur, dann der Geist, nicht umgekehrt. Der erste Adam wurde aus Erde gemacht. Der zweite Adam kam vom Himmel. Die irdischen Menschen sind wie der irdische Adam, die himmlischen Menschen wie der himmlische Adam. Jetzt gleichen wir dem Menschen, der aus Erde gemacht wurde. Später werden wir dem gleichen, der vom Himmel gekommen ist.

Brüder, das ist ganz sicher: Menschen aus Fleisch und Blut können nicht in Gottes neue Welt gelangen. Ein vergänglicher Körper kann nicht unsterblich werden« (1. Kor. 15, 35–50). »Unser vergänglicher Körper, der dem Tod verfallen ist, muß gleichsam einen unvergänglichen Körper anziehen, über den der Tod keine Macht hat. Wenn das geschieht, wird das Prophetenwort wahr: Der Tod ist vernichtet! Der Sieg ist vollkommen! Tod, wo ist dein Sieg? Tod, wo ist deine Macht? Die Macht des Todes kommt von der Sünde. Die Sünde aber hat ihre Kraft aus dem Gesetz. Wir danken Gott, daß er uns durch Jesus Christus, unseren Herrn, den Sieg schenkt« (1. Kor. 15, 53–57, nach »Die Gute Nachricht«).

Nun möchte ich noch eine zweite Tatsache betonen, die ich fast aus meinem denkenden Vertrauen verloren hätte, die mir aber, als sie mir neu bewußt wurde, eine lebendige Zuversicht und damit Lebensenergie einbrachte. Wann haben Sie sich das letzte Mal von ganzem Herzen darüber gefreut und dafür gedankt, daß Jesus Ihnen ein Zuhause bei Gott zugesagt hat? Es wird ein Zuhause sein, in dem es keinen Schmerz, kein Leid, keine Tränen, keine Trauer, keine Quälerei, keine Klage, keinen Tod mehr geben wird (Offb. 21). Haben Sie sich von Herzen – in den letzten Tagen – darüber gefreut und dafür gedankt, daß »was kein Auge gesehen hat und kein Ohr gehört hat und in keines Menschen Herz gekommen ist, hat Gott bereitet denen, die ihn liebhaben« (1. Kor. 2, 9). Daß Menschen, die an Jesus Christus glauben, auf ein neues, ewiges Leben zugehen – das ist keine Vertröstung auf ein besseres Jenseits –, ist ein Faktum meines Glaubens. Ich glaube daran, daß Gott mir ein Zuhause bereitet hat, das ich mir selbst mit meinen kühnsten Vorstellungen nicht zurechtmachen kann. Das ist mein Ziel, auf das ich zugehe. Das heißt doch: Ich werde etwas schauen, das weit wunderbarer ist als das Wunderbarste, das ich bisher gesehen habe. Diese Gewißheit hat mit dazu beigetragen, meine Angst vor dem Tode abzubauen. Immer wieder nehme ich diese Zuversicht in mein Gott vertrauendes Denken auf. Ich lerne vom Ziel meines Lebens her – von der Ewigkeit her – auf die Ewigkeit hin zu leben. Darauf freue ich mich. Ich richte mich darauf ein, daß das Leben auf dieser Erde – um in einem Bild zu sprechen – einer Baracke vergleichbar ist. Und in einer Baracke richte ich mich ja nicht so ein, wenn ich weiß, der Neubau wird im Laufe der Zeit zum Einzug fertig, sondern ich freue mich auf die tatsächliche Wohnung, die ich beziehen werde. Das ist Freude!

Wohl freue ich mich auch an den Dingen, die ich hier auf dieser Erde habe, die mir gegeben sind, aber meine Freude ist nicht darin erschöpft. Sie geht darüber hinaus. Endlich kommt der Tag, da sich verwirklichen wird, was zugesagt ist: »Siehe da, die Hütte Gottes bei den Menschen! Und er wird bei ihnen wohnen, und sie werden sein Volk sein, und er selbst, Gott mit ihnen, wird ihr Gott sein« (Offb. 21, 3). »Denn ich bin überzeugt: Die künftige Herrlichkeit, die Gott für uns bereithält, ist so groß, daß alles, was wir jetzt leiden müssen, in gar keinem Verhältnis dazu steht« (Röm. 8, 18). Um dieser Zusage und dieses Zieles willen lohnt es sich, meine ganze Existenz jeden Tag neu Jesus Christus anzuvertrauen, denn die Macht des Todes ist in der Hand des Fürsten des Lebens. »Gott sei Dank, der uns den Sieg gegeben hat in unserem Herrn Jesus Christus.«

2. Geboren am . . . von neuem geboren am . . . zur Ruhe des Volkes Gottes eingegangen am . . .

Bei einem Spaziergang über den Friedhof der Universitätsstadt Marburg an der Lahn fiel einem Bekannten ein Grabstein auf, den ich dann später zu sehen bekam. Er ist ein christliches Zeugnis eigener Art. Obwohl er sehr verwittert war, konnte ich trotzdem seine Inschrift lesen:

Hier ruht in Frieden Johann Friedrich Spach, geboren am 22. Juni 1819, von neuem geboren am 5. Januar 1853, zur Ruhe des Volkes Gottes eingegangen am 27. Mai 1912.

Beim Bedenken dieser Inschrift lassen sich viele Gedanken verknüpfen, erzählt sie doch in wenigen Worten eine ganze Lebensgeschichte. Geboren am . . . von neuem geboren am . . . zur Ruhe des Volkes Gottes eingegangen am . . .

Ein Mensch wie Sie und ich. Jesus begegnet ihm. Der Mensch nimmt Jesus in sein Leben auf und kann es dadurch neu beginnen. Seine Vergangenheit ist geordnet – ihm ist seine Schuld vergeben. Doch nicht nur das, viel mehr. Durch die Gemeinschaft mit Jesus Christus bekommt sein Leben ein neues Ziel. Weil Jesus sein Leben geworden ist, verliert für ihn der Tod seine Schrecklichkeit. Er kann nun mit Paulus sprechen: »Christus ist mein Leben, und Sterben mein Gewinn!« Diese Gewißheit ist Kraft zum Leben. Sie macht das Herz getrost, wenn schwere Gedanken oder Wegführungen es bedrängen oder verzagt machen wollen. Gott will nicht Ihre Wehmut und Ihren Schmerz. Gott will Ihr Herz mit Licht und Hoffnung füllen. Er will Ihnen neu die Gewißheit geben, daß auch kein Tod Sie von ihm trennen kann.

Der Tod ist für einen an Jesus Christus glaubenden Menschen ein Heimgehen. Jemand hat es so geschildert:

Wir stehen am Strand des Meeres und sehen, wie ein Schiff seinen

Ankerplatz verläßt. Wie von einer unsichtbaren Hand geschoben, gleitet es davon und wird immer kleiner und kleiner in unseren Augen, bis wir es nicht mehr sehen können. Wir sagen womöglich: Jetzt ist es fort. Was heißt das: Jetzt ist es fort? – Das Schiff existiert immer noch. Es ist nur von unserer Sicht aus gesehen fort. Bald wird es in einem anderen Land bei anderen Menschen im Hafen einlaufen. Die werden dann sagen: Jetzt ist es angekommen.

Wir können dieses Bild mit dem Sterben eines an Jesus Christus glaubenden Menschen vergleichen. Weiter und weiter entfernt er sich von uns. Nach dem letzten Atemzug sagen wir: Jetzt ist er von uns gegangen. Er ist fort. Was bedeutet dieser Ausspruch? Der Verstorbene kann wohl nicht mehr mit uns reden und uns antworten; doch seine Existenz ist deswegen nicht aufgehoben. Er ist von uns aus gesehen fort. Besser würden wir sagen: Er ist heimgekommen. Das Sterben eines an Jesus Christus glaubenden Menschen ist ein Abscheiden und Heimkommen zugleich. Der Glaube kennt nicht nur ein: Er ist von uns gegangen, sondern auch den Trost: Er heimgekommen. Der Heimgegangene hat die Erde gegen den Himmel, die Zeit gegen die Ewigkeit eingetauscht.

Jesu Zusage stimmt schon: »Ich gebe ihnen das ewige Leben; und sie werden nimmermehr umkommen, und niemand wird sie aus meiner Hand reißen.« Sagen Sie danke dafür, denn das gilt auch Ihnen!

3. *Nicht traurig wie die andern*

Obwohl das Sterben zur täglichen Erfahrung gehört, wird es von ganz wenigen Menschen als natürlich empfunden. Eine Umfrage, in Wetzlar gemacht, bestätigte mir das. Wir fragten 37 Personen im Alter zwischen 17 und 75 Jahren: »Glauben Sie an ein Leben nach dem Tode?«

> 9 antworteten mit ja;
> 7 enthielten sich ihrer Meinung;
> 21 sagten nein.

Unter anderen gab es folgende Antworten unter denen, die nein gesagt hatten:

»Mit dem Tod ist ja alles aus.«
»Das kann jeder halten, wie er will.«
»Es ist noch keiner zurückgekommen.«
»Mag sein, aber für mich glaube ich es nicht.«
»Ich beschäftige mich nicht damit.«
»Das kann ich mir nicht vorstellen.«

Wir stellten eine weitere Frage: »Wie werden Sie mit dem Problem des Todes fertig?«

»Es muß ja jeder sterben.«
»Heute lebe ich noch, was morgen ist, weiß ich nicht.«
»Es ist eine sinnlose Sache.«
»Wahrscheinlich kommt man sich verrückt vor.«
»Daran denke ich nicht.«
»Bleiben Sie mir mit den Fragen vom Hals.«

Auf dem Heimweg stellte ich mir die Frage: »Wie werden diese Menschen den Tod eines ihnen nahestehenden Menschen verkraften?« Man kann ja eine solche Lebenslage bagatellisieren, solange sie einen nicht selbst trifft. Doch wenn der Tod im ganz persönlichen Bereich zuschlägt, ist es mit dem Verharmlosen vorbei. Dann ist aus dem Denkproblem ein Existenzproblem geworden. Mit einem handelsüblichen »Herzliche Teilnahme« oder den sonstigen gängigen Beileidsbeteuerungen ist dann keinem geholfen. Wer einen Verlust erlitten hat, empfindet schärfer, was Floskel, was Anteilnahme ist. Denn erst wer selbst dran war, weiß, was es bedeutet, einen liebgewordenen Menschen verloren zu haben.

Was zur Last des Verlustes beiträgt, ist die schmerzliche Erfahrung, nichts nachholen, nichts wieder gutmachen zu können. Damit steht die unterlassene Liebe, die Frage der Schuld auf. Wer kann darauf Antwort geben? Der Allerweltssatz, daß die Zeit alle Wunden heilt, ist zu wenig. Es muß ein bewußtes Aufarbeiten dazukommen. Dies könnte sich etwa in dem ausdrücken, was mir kürzlich ein junger Mann schrieb, dem seine Mutter starb: »Die Lücke in der eigenen Welt bleibt und ist unausfüllbar. Ich bin dankbar, daß ich von meiner Mutter die Freude aus Gott gelernt habe, die auch das Leid nicht töten kann. Und es ist ein Trost, die Hoffnung auf Jesus Christus festhalten zu dürfen.« Mit diesen Worten ist der Weg gezeigt zur Bewältigung der Not, die mit dem Tod eines lieben Menschen auftritt. Ich meine damit nicht einfach den Mut, mit dem man allem Sterben zum Trotz am Leben festhält. Dieser Mut kann imponierend sein. Nein, ich meine damit den Satz, den ich in diesem Kapitel bereits schon zitiert habe, diese Zusage Jesu, die er einer Frau gemacht hat, die kurz zuvor ihren Bruder durch den Tod verloren hatte. »Ich bin die Auferstehung und das Leben; wer an mich glaubt, wird leben, ob er gleich stirbt, und wer da lebt und glaubt an mich, wird nimmermehr sterben.«

Ich kann mich natürlich nun nicht wehren, wenn mir jemand den Vorwurf machen sollte: »Das hätte ja jetzt kommen müssen!« Ja, das stimmt! Ich traue nur diesem einen: Jesus! Ich habe die Wahrheit seiner Worte vielfach erfahren. Gerade als es um das Problem ging, wer vergibt mir meine Schuld, so daß ich sie nicht in den Tod mitnehmen muß, da habe ich erfahren: Nur er kann es. Und er hat es getan, als ich sie ihm im Gebet bekannte. Ich atmete auf! Sein Heiliger Geist bestätigte in meinem Herzen und meinem Denken, daß Gott mir vergeben hat. Weil ich das so real erfahren habe, darum glaube ich ihm auch dieses Wort: ». . . wird leben, ob er gleich stirbt.« Ich glaube das, wenn es auch meinen Erfahrenshorizont weit übersteigt, denn was mein Denken übersteigt, bleibt trotzdem wahr, weil es Jesus zugesagt hat.

Diese Gewißheit vermittelt Geborgenheit auch in der Zeit, da wir uns durch den Tod vorübergehend von liebgewordenen Menschen trennen müssen. »Wir brauchen nicht traurig zu sein, wie die, die keine Hoffnung haben« (1. Thess. 4, 13). Menschen, die Jesus gehören, werden sich bei ihm wiedersehen. Dafür ist Jesus Christus selbst der Garant.

Jeder sollte also alles daransetzen, in der angebotenen Lebensgemeinschaft mit Jesus, die auch kein Tod töten kann, zu bleiben. Wer alles hat, aber nicht Jesus Christus zum Herrn, hat nichts. Wer nichts hat, aber Jesus Christus zum Herrn, hat alles! Das sollten Sie immer wieder einmal bedenken! Wie Sie wohl auf die gestellten Fragen antworten?

4. *Gedanken zwischen Tod und Leben*

Meine liebe Li,
nun sind wir schon über zehn Jahre miteinander verheiratet. Wie

schnell vergeht die Zeit! Du erinnerst Dich noch daran, als wir uns kennenlernten. Mutter war gerade gestorben. Nun war ich in den letzten Tagen an den Gräbern meiner Eltern. Dort, in der Stille der Friedhöfe, zwischen Bäumen und Grabkreuzen, und allein mit meinen Gedanken an die Menschen, denen ich so viel verdanke, und die Gott aus unserer Gemeinschaft abberufen hat, ist mir plötzlich wieder neu klar geworden, was ich über der Hetze des Alltags fast für selbstverständlich genommen habe: Daß Du da bist, ist ein wunderbares Geschenk! Daß ich mit Dir durch dieses irdische Leben gehen darf und Du an meiner Seite bist als meine Gefährtin froher und schwerer Tage, macht mich so sehr reich.

Verzeih mir, daß ich so viele Tage hingehen ließ, selbstverständlich, satt und selbstsicher, anspruchsvoll und gelangweilt, als müßtest Du für mich da sein, und als hätte ich ein Recht darauf, daß Gott uns beieinander erhält.

Du, meine liebe Li, damit wir nicht erst beim Tode des andern erwachen oder einander verlieren im Schlaf der Gleichgültigkeit, laß uns bewußter einander suchen, erwarten, entdecken, füreinander leben; laß uns bewußter miteinander reden, einander austauschen, miteinander glauben; laß uns bewußter einander in Liebe begegnen! Unser Leben, unser Miteinander wird dadurch noch reicher!

Du, meine liebe Li, weil Gott uns einander geschenkt und erhalten hat, laß uns ihm täglich bewußt dafür danken, indem wir einander weitergeben, was uns so überreich geschenkt ist. Hilf mir, daß ich im Alltag nicht vergesse, was ich Dir geschrieben habe. Laß uns einander Gefährten bleiben, die sich stärken und ermutigen auf dem Weg zum Ziel.

In Liebe grüßt Dich Dein . . .

Kapitel 10

Schöpferische Ruhe

»Als Jesus und seine Jünger weiterzogen, kamen sie in ein Dorf, in dem er von einer Frau, mit Namen Martha, gastlich aufgenommen wurde. Sie hatte eine Schwester mit Namen Maria, die setzte sich zu Jesus und hörte ihm zu. Martha dagegen hatte alle Hände voll zu tun. Sie trat zu Jesus und sagte: Herr, kümmert es dich nicht, daß mich meine Schwester die ganze Arbeit allein tun läßt? Sag ihr doch, daß sie mir helfen soll! Der Herr antwortete ihr: Martha, Martha, du sorgst und mühst dich um so viele Dinge, aber nur eins ist notwendig. Maria hat das Bessere gewählt, und das soll ihr nicht weggenommen werden« (Luk. 10, 38–42).

Würden wir 20–30 Personen auf der Straße nach dem Einen, das lebensnotwendig ist, fragen, wir bekämen die unterschiedlichsten und interessantesten Antworten. Vielleicht würde der eine antworten: Heute sind Aktionen notwendig. Ein anderer würde darauf hinweisen, daß endlich die Preise stabil bleiben müssen. Wieder ein anderer sähe die Notwendigkeit, daß endlich Friede zwischen den Völkern werde. Vielleicht würde ein Politiker auf den Hauptpunkt seines Programms verweisen. Und vielleicht wäre unter den Befragten auch einer, dem diese Geschichte einfiele und der dann so etwas sagen würde, wie: Wir müssen zu »Jesu Füßen sitzen und auf sein Wort hören«. Die große Frage jedoch, die an diesen Menschen zu richten wäre, müßte die sein, ob er wirklich weiß, was er damit sagt und ob er wirklich tut, was er weiß – und ob das in seinem Leben tatsächlich vor allem steht. Da liegt nämlich die Not vieler Leute Jesu in unseren Tagen. Sie finden nicht mehr die Stille, ja noch nicht einmal mehr die Ruhe, um zur Ruhe zu kommen.

Unsere Zeit ist gekennzeichnet von einem großen Innerlichkeitsschwund. In einem Brief standen die Worte: »Ich bin so ausgepumpt. Bei mir ist Matthäi am Letzten. Ich kann meinen körperlichen und psychischen Ausverkauf nur noch mit Erschütterung zur Kenntnis nehmen. Keiner versteht mich. Hilfe kann ich auch von keinem erwarten. Alle drehen sich um sich selbst. Trotz Aktivitäten ist mir alles über. Siehst Du noch eine Chance, daß es anders werden kann?«

Das ist nicht ein Einzelfall. Viel mehr Menschen, als wir ahnen, leiden unter dieser Identitätskrise. Unser hochtechnisiertes Zeitalter, unsere lärmtolle Welt, unsere verseuchte und verschmutzte Umwelt, die eiskalte Atmosphäre des Wohlstandsmilieus, das Überangebot der Vergnügungsindustrie und Freizeitgestaltung, die enormen sozialen Umbrüche, die ständig sich jagenden Aktionen, die überfüllten Terminkalender – das alles trägt dazu bei, daß viele so schlecht zu sich selbst finden.

Die innere Substanz wird angegriffen und ausgezehrt. Wer keinen Halt hat, droht umzukommen in einem Sog der Zerstreuung. Unheimlich ist die Kraft, die Menschen hin- und herreißt in Aufgaben und Verantwortungen. Doch es sind nicht nur die tausend äußeren Verpflichtungen, die am Menschen heute zerren und mit denen er nicht fertig wird, sondern auch die unbewältigten inneren Fragen, die ungelöst rumoren. Das läßt viele, wie unsere Sprache so tiefsinnig sagt, nicht mehr zu sich selbst kommen. Man verliert sich und weiß nicht, wie man sich wiederfinden und gewinnen soll. Man wird sich gewiß nicht wiederfinden, wenn man auf sich selbst starrt und wähnt, sich selber aus der Verlorenheit, dem Strudel herausholen und retten zu können.

Die Folgen zeigen sich dann in Psychosen und Neurosen, in Schlaflosigkeit und Unzufriedenheit, in Glaubensarmut und kraftlosem Zeugnis von Jesus Christus.

Eins ist not! Diese Geschichte von Martha und Maria hat uns, im Blick auf diese bedrängenden Fragen, etwas ganz Neues zu sagen!

Für Jesus war das Haus der beiden Schwestern eine Oase. Die Gastfreundlichkeit, die er dort empfing, tat ihm gut. Martha muß tatsächlich einen enormen Arbeitseifer an den Tag gelegt haben. Sie schaffte herbei, was Haus, Hof und Keller hergaben. Der gesamte Haushalt geriet in Bewegung. Martha machte sich viel zu schaffen, dem Herrn zu dienen. Sie meinte: Jesus sei in Not, und sie müsse seine Not wenden. So wollte sie etwas für ihn tun, ihm dienen. Sie wollte Leistungen für ihn bringen, ihre Pflichten erfüllen und sah sich dann durch ihre passive Schwester Maria um die Anerkennung gebracht. Ja, wer sich so in die Arbeit stürzt, kann den Müßiggang der anderen schlecht verkraften. Ist ja auch verständlich, wenn man sich selbst abschuftet, nicht weiß, wie man die viele Arbeit bewältigen soll – der andere aber die Arbeit Arbeit sein läßt und dem Besucher still zuhört. Da kann einem schon einmal der Gaul durchgehen, denn das ist doch ein starkes Stück.

Martha suchte in Jesus einen Bundesgenossen für ihren Unmut. Sie platzte heraus: Herr, fragst du nicht danach, daß mich meine Schwester allein dienen läßt? Sage ihr doch, daß sie auch zupackt! Dieser Vorwurf traf eigentlich zuerst Jesus: Bist du blind für die Nichtstuerei meiner Schwester Maria? Ich rackere mich ab, und du läßt meine Schwester seelenruhig dir zu Füßen sitzen? Bring sie doch auf Trapp!

Jesus aber entgegnete: Martha, Martha, du hast viel Sorge und Mühe; eins aber ist not! Was will Jesus damit sagen?

Wenn Dienste und Aktionen erstrangig werden, wird das Leben – auch das Leben eines Menschen, der an Jesus glaubt und ihm folgt – sorgenschwer und fruchtlos. Dann folgt er nämlich nicht mehr seinem Meister, sondern seinen eigenen Initiativen. Denn mein Dienst für Jesus läßt sich nicht nach dem Gesichtspunkt der Zweckmäßigkeit beurteilen. Mein Dienst für Jesus besteht darin, daß ich mir zuerst von Jesus dienen lasse. Erfolg mag man haben. Das ist aber noch lange keine Frucht. Jesus nannte den Namen der Martha zweimal. Ein Zeichen seines eindringlichen Mahnens. Martha, ich suche nicht dein rastloses Dienen, deine ständige Aktivität – ich suche dich. Dich will ich! Du machst augenblicklich das Zweitrangige zum Erstrangigen – daher so viel Sorge, Mühe und Unruhe in deinem Leben.

Es geht darum, daß wir von dem verderbenbringenden Gedanken befreit werden, als ob wir mit dem, was wir tun, Gottes Sache in dieser Welt retten könnten. Wir müssen es lernen, dem, was Gott in seinem Wort und durch sein Wort an uns tut, bewußt stille zu halten. Wir müssen es lernen, uns diesem Wort wieder ohne Hektik auszusetzen.

Vielleicht haben auch Sie schon das missionarische Verteilblatt gelesen, das die Überschrift trägt: Geht es Ihrem Wagen besser als Ihnen? Darin wird hingewiesen auf verkehrssichere Autos, die überprüft und regelmäßig gewartet werden, die immer wieder neu

Brennstoff und geregelte Ölzufuhr benötigen und erhalten und die auch mal stillstehen müssen. Geht es Ihrem Wagen besser als Ihnen? Es ist so: Wenn Dienste und Aktionen – auch für Jesus – uns erstrangig werden, verlieren wir die richtige Perspektive unseres Lebens. Es wird sorgenschwer, mühselig und geistlich fruchtlos.

Was ist denn dieses Eine, von dem Jesus sagt, es sei unbedingt notwendig? Das Verhalten der Maria gibt Antwort. Maria hat erkannt, daß Jesus nicht in erster Linie nach Leistung fragt, sondern Bereitschaft sucht, sich dienen zu lassen. Er will gar nicht in erster Linie haben, er will geben, er will mit uns teilen, was er von Gott empfangen hat. Wir könnten also den Text auch so wiedergeben, daß wir sagen: Einer ist notwendig. Unsere Not soll gewendet werden. Jesus ist der Notwendende, wir die Notleidenden.

Wenn wir bestimmen, was die Stunde fordert, qualifizieren wir dieselbe und blockieren damit, was Jesus will. Da lag die Not der Martha. Sie erkannte nicht, daß Jesus ihr begegnen wollte. Sie wollte ihm dienen, statt sich seinen Dienst gefallen zu lassen. Damit tat sie aber gerade nicht, was die Stunde, was der Augenblick von ihr forderte. Der Segen dieser Stunde ging für sie verloren, nicht wegen der Arbeit, die sie sich machte, sondern weil es Jesus jetzt nicht aufs Arbeiten ankam.

Das aber hatte Maria in diesem Augenblick erkannt. So wehrte sie sich auch nicht gegen die Vorwürfe ihrer Schwester. Sie gab nicht tüchtig kontra: Siehst du, Jesus, so ist die Martha immer zu mir. Jetzt hörst du's einmal selbst, wie die mich ständig antreibt und pisakt. Nichts von solchen Worten wird gesagt. Maria blieb ruhig. Woher gewann sie die Kraft dazu? Maria hatte richtig erkannt: Jetzt, da Jesus hier ist, muß ich mir vor allem von ihm dienen lassen, sonst kann ich nicht recht dienen! Sie war offen und bereit für Gottes Stunde und erfaßte das Gebotene der Stunde.

Keinesfalls darf man die beiden Schwestern gegeneinander ausspielen. Denn es geht um die Frage, was ist im Augenblick der Einkehr Jesu erstrangig – das Dienen oder das Sich-Dienen lassen. Diese Frage ist brennend. Es geht um den Augenblick. Es geht darum, daß wir lernen, das Richtige im rechten Augenblick zu tun. In unserer Geschichte war es in diesem Augenblick das Hören, das Stillewerden, das Sich-Dienen lassen. Eine Perikope vor unserem Abschnitt im Lukasevangelium ist es die Aktion. Dort wird uns die Geschichte vom barmherzigen Samariter berichtet, die Jesus mit der Aufforderung schließt: »Gehe hin und tue desgleichen!«

Es geht in unserem Leben immer wieder um die entscheidende Frage, zu erkennen, was Zinzendorf einmal so formulierte: »Ob's etwa Zeit zum Streiten, ob's Rasttag sei!«

Die unbedingte Voraussetzung unseres Dienstes für Jesus ist der Dienst Jesu für uns und an uns. Wie können wir uns nun von Jesus heute dienen lassen? Drei bis heute gültige Wegweisungen können wir dieser Geschichte entnehmen, die mit dazu beitragen, daß Leute Jesu aus ihrer Identitätskrise herausfinden und ein stabiles Glaubensleben entsteht.

1. Bewußte Abhängigkeit von Jesus. Diese Haltung scheint immer weltfremder zu werden, auch bei Jesusleuten. Man will Partnerschaft in kollegialer Weise bis ins Gebet. Doch der Totalitätsanspruch Jesu kann nur in demütiger Weise angenommen werden. Herr ist Jesus Christus.

   Die Identitätskrise wird sich fortsetzen, man wird geistlich ausrinnen, wenn man nicht zur Haltung Marias findet. Jesu Wort gilt es, ohne Wenn und Aber, zu akzeptieren. Jesus liebt uns und will uns dienen, ja, er will uns göttliche Vollmacht schenken. Auch heute wohnt er bei denen, »die zerschlagenen und demütigen Geistes sind« (Jes. 57, 15). Ohne diese demütige Haltung sind wir für Gottes Sache dienstunfähig.

2. Stille und Sammlung. Auch auf diesem Gebiet bleibt Jesus unser Vorbild. Er hat vor neuen Aktivitäten immer die Stille vor Gott aufgesucht. Es waren seine schöpferischen Pausen, in denen er die notwendige Kraft für seine ihm von Gott aufgetragenen Aufgaben bekam. Wir dürfen über Aktionen für Gottes Sache nicht die Sammlung im Gespräch mit Gott vergessen. In ihr bekommen wir die notwendige Spannkraft und Dynamik, mit den vielfältigen Konflikten des Lebens fertig zu werden, bzw. sie zu ertragen.

3. Wirkliches Zuhören. Zuhören fällt den meisten Menschen heute schwerer als Reden. Zuhören ist unbeliebt in unserer Zeit. Der Diskussion wird der Vorzug gegeben. Gewiß haben Gespräche

ihre gute Bedeutung und Berechtigung. Gottes Wort will aber nicht diskutiert, sondern vor allem gehört und dann gelebt werden. Auf dem Weg des Zuhörens begegnet uns unter dem Wirken des Heiligen Geistes Gott. Jesus dient uns. Das ist aber nicht nur ein äußerer akustischer Vorgang. Wer auf Jesu Wort hört, diesem Wort seine ungeteilte Aufmerksamkeit gibt, in dessen Leben geschieht etwas – etwas Schöpferisches durch Gottes Geist. Das Wort Gottes ist voller Heilkraft, voller Geist und Leben. Mit dem glaubensvollen Zuhören empfangen wir Kräfte und Gaben, wir haben teil am Leben Gottes.

Wenn also Jesu Wirken an uns das Erstrangige ist, wird unser Leben friedevoll, heil und unser Dienst fruchtbar. Wir tun nichts mehr in Eigeninitiative als fromme Leistung, sondern in der totalen Abhängigkeit von Jesus Christus. Maria bewies, daß es ihr nicht nur um Selbsterbauung ging. Im Kreis der Frauen hielt sie standhaft unter dem Kreuz Jesu aus (Mark. 15, 40). Sie setzte sich für die Sache Jesu Christi tapfer ein.

Es geht also darum zu lernen, daß vor unserem Dienst für Jesus sein Dienst an uns steht. Bevor wir uns auf den Weg machen, gilt es sich zu sammeln in der Konzentration vor und auf Gott. Dann bleiben wir in all unserem Tun von seinem Leiten und Wirken abhängig. Das sind die wirklich schöpferischen Pausen!

Kapitel 11

Vernunft und Glaube

Unsere Welt ist turbulent. Ereignisse überstürzen sich. Wertmaßstäbe verlieren im Handumdrehen ihre Gültigkeit. Viele fragen: Was ist eigentlich noch wirklich verläßlich? Dabei kommt der aufrichtig Fragende zur Frage nach Gott. Er sucht das letztlich Verläßliche, das tragende Fundament.

So wird auch die Frage aktuell: Ist der Glaube an Gott wirklich verläßlich? Kann er meinem Leben den festen Halt geben? Ist das, was ein Christ glaubt, Wirklichkeit oder eine schöne Illusion? Eine emotionale Ideologie, die man dem Leben überstülpt? Es muß doch etwas Fundamentales geben, sonst ist ja alles sinnlos.

Diese Fragen werden teils offen ausgesprochen, teils nagen sie heimlich.

Was ist nun wirklich verläßlich? An einem Beispiel sei's deutlich gemacht: Wenn ich einen Baum fachgerecht mit der Axt anhaue, dann mit der Säge den Rest bewerkstellige, wird er in der vorgesehenen Richtung niederfallen. Dieses Wissen nützt man aus.

Wie aber steht es mit der Verläßlichkeit des Glaubens? Wie kann ich feststellen, ob alles stimmt, was da verkündigt wird? – So fragt nicht nur der Skeptiker unserer Tage. Auch der, der glauben möchte und es nicht fertigbringt – wie er es selbst bezeichnet –, fragt so.

Um es gleich vorweg festzustellen: Beweisen, im wissenschaftlichen Sinne beweisen, kann man den Glauben nicht. Wenn ein exakter Beweis möglich wäre, dann wäre der Glaube lediglich ein Rechenexempel. Die Schlauen könnten sich dann ausrechnen, daß man mit dem Glauben besser fährt als mit dem Unglauben. Benachteiligt wären dann die schlichten Gemüter, die mit den entsprechenden Zahlen nicht zurechtkämen.

Noch einmal: Beweisen im strengen Sinne kann man den Glauben nicht. Aber! – Dieser Einwand bringt nun eine anscheinend schwierige Lage. Es sieht so aus, als wären Glauben und Denken ein Gegensatz. Und das Denken steht doch in unserem wissenschaftlichen Zeitalter als Zeichen für die Wirklichkeit. Was sich nicht eindeutig als wahr, als wirklich erweisen läßt, kann keine volle Gültigkeit beanspruchen; es bleibt mit einem Fragezeichen versehen, mag es noch so wahrscheinlich sein.

Der Geschichtswissenschaftler anerkennt als historische Wahrheit, was sich mit Dokumenten oder durch anderweitige Überlieferung belegen läßt.

Die Thesen der Soziologen müssen der gesellschaftlichen Wirklichkeit standhalten. Der Chemiker, der Biologe, der Atomphysiker, – sie alle prüfen ihre Theorien ständig nach durch das Experiment.

Nun wird dem Menschen oft zugemutet, in Glaubensdingen solle er auf wissenschaftliche Beweise verzichten; er müsse einfach glauben, der Botschaft der Bibel Vertrauen schenken.

Es wird zwar erklärt, die Evangelien seien richtig verstanden glaubwürdig; die Kirche, die Gemeinde Jesu habe die Wahrheit ihrer Verkündigung in Jahrhunderten christlichen Lebens erprobt. Aber das sind keine handgreiflichen Beweise. Vieles läßt sich auch dagegen sagen, denken wir nur an die Kreuzzüge alter und moderner Art.

Daher nochmals die Frage: Wie kann ein skeptischer, ein zweifelnder Mensch seines Glaubens an Jesus Christus als seinem persönlichen Herrn und Heiland gewiß werden?

Es gilt jetzt zuerst etwas richtigzustellen. Eingangs stellte ich fest: Im Leben baut man allgemein auf handgreifliche Tatsachen, auf zuverlässige Gesetzmäßigkeiten oder auf logische Einsicht. Das hat seine Berechtigung, aber mit einer bedeutsamen Einschränkung. Es gilt für die vordergründigen Dinge, mit denen wir es täglich zu tun haben. Aber – und das ist für mich entscheidend – unsere ganze Wissenschaft kann den letzten Ursprung unserer Welt nicht aufhellen. Alle Versuche führen nur eine Strecke weit. Dann enden sie im Dunkel; man ist letztlich ratlos und kommt nicht weiter.

Ein paar Beispiele sollen das deutlich machen. Was ist eigentlich Materie? Niemand kann bis heute eine ausreichende, endgültige

Antwort geben. Was ist das Geheimnis des Lebens, sagen wir einer kleinen Eichel, aus der sich ein Baum mit hundertjähriger Lebenskraft entwickeln kann? Niemand weiß es. Und die Tiefen der Seele, wer kennt sie?!

Hier konzentrieren sich die Sinnfragen des Lebens: Woher? Wozu? Wohin? Ist nicht zu vieles von Zwangsläufigkeit und Zufall zusammengefügt? Eine wirklich befriedigende Antwort gibt die Wissenschaft hierauf nicht. Und doch ist diese Frage nach dem tragenden Grund des Lebens die entscheidende. Denn auf die Dauer kann man diese Frage aus dem eigenen Leben nicht ausklammern. Es gibt Lebenserfahrungen so aufwühlender, so schmerzlicher Art, vor allem auch in der Konfrontation mit Krankheit und Tod, daß die Sinnfrage unausweichlich wird und der denkende Mensch sich ihr stellen muß.

Damit wären wir wieder beim Glauben, der ja behauptet, eine Antwort auf diese Frage geben zu können. Sie lautet schlicht: Gott! – Und Jesus hat uns die gute Nachricht von ihm gebracht. Er hat dokumentiert, daß Gott unser Vater ist, uns in Liebe zugewandt, mag noch so vieles dagegensprechen. Unser Leben ist von ihm umfangen, in ihm geborgen. Er ist treu. Die ganze Bibel ist ein einziges Beispiel dafür.

Eine Stelle aus dem Neuen Testament, Apostelgeschichte, Kapitel 17, die Verse 16ff., aus der Rede des Apostel Paulus auf dem Areopag, sei stellvertretend angeführt: »Athener! Ich habe wohl gemerkt, daß ihr sehr religiös seid. Denn ich ging durch eure Stadt, sah mir eure Tempel an und fand einen Altar mit der Aufschrift: Dem unbekannten Gott. Was ihr da, ohne es zu kennen, verehrt, verkündige ich euch. Gott, der die Welt und alles, was in ihr ist, gemacht hat, ist Herr über Himmel und Erde. Er ist nicht in Tempeln, die von Menschen gebaut sind, und läßt sich auch nicht von Menschen bedienen, als ob er etwas brauchte. Vielmehr ist er es, der allen Menschen Leben und Atem und alles übrige gibt. Von einem Menschen ließ er die ganze Menschheit abstammen und gab ihr die Erde zur Wohnung; Jahreszeiten und abgegrenzte Wohngebiete setzte er fest, und alles, damit sie Gott suchen und sich darum bemühen sollten, ihn zu erfassen, denn durch ihn leben, handeln und sind wir.«

Das ist Botschaft von der Liebe Gottes, die unser Dasein umfängt und trägt. Als Beweis steht Jesus Christus in seiner Person mit seinem Totalitätsanspruch zur Nachfolge. Nachfolge, also Nachvollzug dessen, was er gelebt hat. Die Voraussetzung dafür ist am Kreuz von Golgatha geschaffen worden, durch sein Sterben für alles Böse der Welt – auch Ihres Lebens. Gott hat diese Tat zu Ostern bestätigt, indem er Jesus Macht über die Sünde, den Tod und den Teufel gab. Jesus gibt an seiner Machtergreifung jedem Menschen Anteil, der diese Botschaft nicht nur hört, sondern sie annimmt, als für sich persönlich geschehen und dann entsprechend lebt. Darin liegt das Entscheidende. Letztlich kann nur die Glaubenserfahrung die Wahrheit des Glaubens bestätigen. Das heißt, ich muß das, was mir die Bibel sagt, tun. Im Tun erfahre ich die Richtigkeit ihrer Aussagen, nicht durch abstrakte Beweise.

Zwei im Neuen Testament geschilderte Erfahrungen zeigen, wie das konkret aussieht.

Der Apostel Paulus beschreibt die Liebe, wie sie sich in der Nachfolge verwirklicht. Er sagt: »Die Liebe ist großmütig und gütig, sie eifert nicht. Die Liebe prahlt nicht, sie überhebt sich nicht, sie sucht nicht ihren Vorteil, sie läßt sich nicht erbittern, sie trägt das Böse nicht nach« (1. Kor. 13). Johannes definiert so: »Sie läßt den notleidenden Bruder nicht im Stich.« Sobald ich das im Glauben an Jesus Christus durch die Kraft des Heiligen Geistes praktiziere, erfahre ich die innere Bestätigung: Du liegst richtig! Du bist kein Einfaltspinsel, der sinnlos Opfer bringt. In der selbstlosen Liebe erfahre ich die Wirklichkeit, die sich in meinem Glauben ausspricht. Johannes sagt es so: »Wir wollen nicht mit bloßen Worten lieben, sondern mit der Tat und mit der Wahrheit. Daran erkennen wir, daß wir aus der Wahrheit sind« (1. Joh. 3, 18f.). Wer diese Liebe tut, wird darin einen Sinn erfahren, eine innere Erfüllung, die ins Letzte reicht und sich deutlich abhebt von einer Liebe, die in Wirklichkeit nur eine Art Selbstbefriedigung ist, in der der Mensch seine Überlegenheit über den anderen genießt.

Das zweite Beispiel ist die Glaubenserfahrung im Leiden. Paulus bekennt: »Es gibt vielerlei Drangsal in unserem Leben. Ein Grund, deprimiert zu sein? Keineswegs! Wenn wir die Bedrängnis annehmen, machen wir die überraschende Erfahrung: Es geht, es geht weiter, so unwahrscheinlich das sein mag! Es wächst uns eine unverhoffte Kraft der Geduld zu; mit dieser Geduld bewähren wir uns, und aus diesem unverhofften Erlebnis des Durchhaltenkönnens entspringt neue Hoffnung, verläßliche Hoffnung, weil wir in ihr die stärkende Nähe Gottes spüren« (Röm. 5). Weiter bezeugt Paulus: »Wir werden bedrängt, aber nicht erdrückt. Wir sind oft in Zweifel, aber nicht verzweifelt. Wir leiden Verfolgung, aber fühlen uns doch nicht im Stich gelassen. Wir werden zu Boden geworfen, aber gehen doch nicht zugrunde. Wir leiden das Todesleiden Christi mit, aber wir spüren auch die Kraft seines Lebens in uns. Darum verlieren wir nicht den Mut; denn mag auch unser äußerer Mensch aufgerieben werden, der innere lebt aus Christus und wird von Tag zu Tag neu« (2. Kor. 4, 8–12).

Ich bin der festen Überzeugung, daß der Glaube verläßlich ist. Das kann ich nicht beweisen, aber Sie können es selbst erfahren. Und Glaubenserfahrungen gewinnt man nicht durch noch so intensives, theoretisches Studieren – man gewinnt sie im Gehorsam, im Vollzug der Nachfolge. Der Glaube ist nicht gegen unsere Vernunft, sondern höher als alle Vernunft; er übersteigt sie. Der rettende, frohmachende Glaube erschließt seine Wahrheit dem, der bereit ist, sein Vertrauen ganz auf Gott zu setzen, in ihn zu investieren. »Tue das«, sagt Jesus, »so wirst du leben« (Luk. 10, 28).

»Herr Jesus Christus, hab Erbarmen mit der Schwäche meines Glaubens. Hilf mir, daß das Verlangen, glauben zu können, in mir nicht erlösche. Von dir bezeugt die Bibel, daß du den glimmenden Docht nicht auslöschen und das geknickte Rohr nicht abbrechen wirst. Das laß mich erleben. Ich will vertrauen, daß du mir die Schwäche meines Glaubens nicht zurechnest, sondern verzeihst. Entfache meinen Glauben zum tatsächlichen, frohen und zuversichtlichen Leben aus und mit dir. Herr Jesus, ich glaube, hilf meinem Unglauben. Amen.«

Kapitel 12

Gefühl und Glaube

»Glaube darf nicht Laune, nicht Stimmung sein!« Dieser Satz wurde für mich zu einer bestimmten Zeit meines Lebens entscheidend. Es war in den Tagen großer Anfechtung, als mein Körper von Krankheit geschwächt, mein Geist von schweren Gedanken belastet und meine Seele von trüben Stimmungen bedrängt wurde. Diese Verfassung brachte meiner Persönlichkeit viele Qualen. Mir drohte alle Glaubenshoffnung zu schwinden. Da ging mir im Gespräch mit gläubigen Freunden zum erstenmal auf, wie töricht es ist, seine Stellung zu Gott, die Hoffnung des ewigen Lebens, von den eigenen Gefühlen abhängig zu machen.

Da ich weiß, daß unzählige gläubige Menschen mit ähnlichen Fragen und Nöten zu kämpfen haben, will ich von meinem Erleben und meinen Erfahrungen zeugnishaft berichten. Mein Wunsch ist, daß Sie beim Lesen dieser Zeilen gesegnet werden und sich Ihnen ein Weg zeigt zu einer frohen und befreiten Christusnachfolge.

Solange man entscheidend auf seine Gefühle achtet und traut, bleibt man ein zwiespältiger Mensch: Heute himmelhoch jauchzend und morgen zu Tode betrübt. Diese Disharmonie aber ist nerven- und kräfteraubend. Wie kann man ihr begegnen?

Erstens geht es darum, sich darüber klar zu werden, daß oft körperliche Ursachen und äußere Umstände das Gemüts- und Seelenleben erregen und beunruhigen. Man kann es mit dem heute gängigen Wort als Streßsituation bezeichnen. Menschen, die zum Beispiel unter den auf den Seiten 9–10 beschriebenen Verhältnissen leiden, haben es oft mit Angst und Zweifeln zu tun, weil sie den Streß als eine Anfechtung des Teufels oder als Gottverlassenheit ansehen. Diese Vorstellung gilt es erst einmal abzubauen. Dann können schon erste Zeichen einer Besserung eintreten.

Folgende Erfahrung macht es deutlich. Ich rief einen Kollegen an, von dem ich wußte, daß er der geborene Managertyp ist. Es ging darum, einen Termin für eine nächste Begegnung festzumachen. Zu meinem großen Erstaunen bekam ich von der Sekretärin den Bescheid: Herr NN ist nicht im Hause. Er ist mit seiner Frau für einen Tag verreist. Er macht seinen »stillen Montag«. Mir verschlug es die Sprache. Am nächsten Tag rief ich wieder an und hatte meinen Freund am Apparat. Auf meine Frage, was es für eine Bewandtnis mit dem »stillen Montag« habe, bekam ich zur Antwort: Weißt du, so wie bisher konnte es nicht weitergehen. Ich war ja nur noch gejagt von Terminen, war gereizt im Umgang mit Menschen, fand keinen Schlaf mehr; dazu kam, daß ich feststellte, daß meine Beziehung zu Jesus einen Knacks zu bekommen drohte. Meine Freude über die Zugehörigkeit zu ihm wurde immer wieder getrübt durch heimliche Lohngedanken, ob es auch Wert habe, ganz ihm zu gehören. Da merkte ich, daß es höchste Zeit war, etwas zu unternehmen. Meine Einstellung mußte sich ändern, wenn nicht der Anfechtung weiterhin Tor und Tür geöffnet sein sollte. Durch den »stillen Montag« führte mein Weg aus dem Dilemma heraus. Denn zur Erkenntnis, daß Gott nicht will, daß ich mich aufreibe, bzw. aufreiben lasse, schenkte er mir schöpferische Pausen, die einfach notwendig wurden zum Auftanken neuer Kräfte nach Leib, Seele und Geist. Ich suche seit dieser Zeit mit meiner Frau die Stille, nicht nur fernab vom Betrieb, sondern auch die Stille vor Gott. Wir gehen viel spazieren, nehmen uns genügend Zeit zum Gedankenaustausch und Gespräch auch über ganz persönliche Fragen, aber auch zum Gespräch mit Gott und über sein Wort. Und weißt du, was ich ganz neu gelernt habe? Das Hören, das Hören auf Gottes Wort. Seit der Zeit kann ich wieder, den mich sonst bestimmenden Gedanken des Betriebs gegenüber, abschalten. Ich kann mich wieder konzentrieren auf Gott. Ich weiß ganz neu, bei Gott, meinem Vater, kann ich Kind sein. Er kennt mich, er versteht mich, er liebt mich! Diese fundamentale Neuerfahrung macht heilende Kräfte in mir frei.

Soweit der Bericht meines Freundes. Ich war beeindruckt und hatte eine Bereicherung meines Lebens erhalten. Zur Verminderung der Streßsituation gehört also unbedingt das Ausspannen, und zwar ein Ausspannen, das vielseitig ist!

Ein zweites gilt es zu beachten, wenn wir die richtige Einordnung von Glaube und Gefühl vornehmen wollen. Der Glaube an Jesus Christus hat es einerseits mit dem Wort Gottes zu tun. Von da bekommen er und die damit zusammenhängenden Fragen ihren Maßstab und ihre Beantwortung. Will man andererseits den Menschen recht beurteilen, so muß er in seiner Ganzheit von Leib, Seele und Geist erfaßt werden. Dazu gehört auch sein Denken, Fühlen und Wollen, eben seine gottgewollte Kreatürlichkeit, die ebenfalls das Wesen des Menschen ausmacht. Der Glaube an Jesus Christus hat es also mit beiden zu tun. Er orientiert sich einerseits am Wort Gottes, das der Maßstab allen rechten Glaubens ist, und erfaßt zugleich den Menschen in der Gesamtheit seiner Person. Der Glaube erfaßt nie nur den Verstand, weil Jesus nicht nur mit dem Verstand erfaßt werden kann. Ebenso erneuert Jesus nicht nur unser Denken, wenn er die Herrschaft über unser Leben antritt, sondern den Menschen im Kernpunkt seines Wesens, den die Bibel mit Herz bezeichnet. Darum sagt Gottes Wort auch, daß der, der Jesus als Retter angenommen hat, eine neue Schöpfung ist (2. Kor. 5, 17). Das heißt, daß der Mensch durch den Glauben an Jesus Christus von Grund auf neu wird und somit auch der ganze Mensch davon erfaßt wird. Doch ist eine gewisse Rangfolge vorhanden, denn es heißt: »Wer glaubt, wird gerettet« – und nicht: Wer fühlt, wird gerettet. An erster Stelle steht entscheidend und wegweisend der Glaube, und das Resultat des Glaubens wird das Fühlen oder besser gesagt: Gewißheit und Erfahrung sein.

Es ist daher gut, einmal festzustellen, daß die Bibel den Ausdruck »Gefühl« nicht kennt. Doch die Sache ist ihr nicht fremd. Worte wie Freude, Glück, Friede, Jauchzen, Lieben und Leidtragen, Trauern, Leiden (Neh. 8, 10; Röm. 1, 7; Matth. 5, 4; Hebr. 2, 10), die wir als Ausdruck unserer Gefühle und Empfindungen kennen, werden oft gebraucht. Das ist auch nicht verwunderlich, denn es entspricht der Wirklichkeit, daß eine echte und tiefe Freude das Leben des Menschen erfüllt, der umdenkt, Buße tut, vom verkehrten Weg Abstand nimmt und sich vertrauensvoll Jesus zuwendet. Aber das sind Wirkungen des Glaubens, und sie dürfen niemals mit dem Glauben selbst verwechselt werden. Dazu ist noch aufschlußreich zu wissen, warum zum Beispiel die Freude als Ausdruck unseres Gefühls mit dem Gerettetsein zusammenhängt. Es ist ja eine nicht zu leugnende Tatsache, daß ein Mensch, der in Sünden lebt und sein Gewissen immerfort mit Schuld belastet, die Freude als unbekümmerte Ausdrucksweise des Gefühls mehr und mehr verliert. Das zeigt, daß die Schuld im Leben nie nur mit dem Verstand registriert wird, sondern auch das Gewissen und Gefühl umfaßt. Schuld kann einen Menschen krank machen, negativ so auf ihn einwirken, daß er mitunter nervlich zusammenbricht. Nicht selten geht damit eine körperliche Erkrankung parallel.

Davids Bekenntnis in Psalm 32 ist dafür ein klassisches Beispiel. »Wie herrlich befreit fühlt sich ein Mensch, der seine Sünde bekannt hat und jetzt weiß: Die Vergebung ist größer als mein Versagen. Gott will – was ich aufgedeckt habe – zudecken! Wie glücklich kann er sein, wenn er sagen darf: Gott ist nicht mehr gegen mich – wenn er nicht mehr so tun muß, »als ob«. Zuerst dachte ich, – es merke ja doch keiner und es gehe niemanden etwas an, was ich tue. Aber mein Gewissen rebellierte, und ich wurde krank und nervös vor Angst, es könnte doch herauskommen, wer ich wirklich bin und was ich getan habe. Jetzt ist mir klar: Was mich bedrückte, war deine Hand, du hattest mich innerlich aufs Trockene gesetzt. Als mir das aufging, habe ich mich zur Aussprache durchgerungen und habe aufgehört zu schauspielern. Ich sagte mir, es hat doch keinen Zweck, vor Gott etwas zu verheimlichen. So kam ich zu dem eindrucksvollsten Erlebnis und weiß nun, was Vergebung ist. Heilige sind also Menschen, die ständig ihre Sünde bereinigen und miteinander beten und nicht warten, bis es gar nicht mehr anders geht. Darum kommen die großen Versuchungen nicht so an sie heran. Du willst auch mich bewahren, du willst mir die Angst vor der Niederlage wegnehmen, damit ich ein fröhlicher Christ sein kann« (W. Becker »So nahe ist Gott«).

An diesem Bekenntnis wird deutlich, wie Schuld ihre Auswirkung auf den ganzen Körper und damit auch auf das Gefühl haben kann. Erfährt aber ein Mensch die Vergebung seiner Schuld, indem er sie offen vor Gott bekennt – und wenn es sein muß auch vor Menschen –, so wird er die Entlastung seines Gewissens sehr bald verspüren. Immer wieder erlebt man es, wie die Vergebung in ihrer Auswirkung sogar bis ins körperliche Wohlbefinden hineingeht. In gleichem Zusammenhang empfinden Menschen auch eine tiefe Freude, die durch die Vergebung hervorgerufen worden ist.

Und warum ist das so? Wenn Schuld den ganzen Menschen erfaßt, so wirkt sich Vergebung ebenfalls auf den ganzen Menschen aus.

Das zeigt die wichtige Tatsache, daß sowohl Schuld als auch Vergebung keine Einbildung, sondern höchste Realitäten sind. So haben Schuld und Vergebung beiderseits Auswirkungen: Schuld wirkt belastend auf das Gefühl, Vergebung befreiend. Nach erfahrener Vergebung kann man sich getrost in Gottes Hand wissen und das Kommende, vor dem einem angst und bange war, ihm anvertrauen.

Nun ist es aber wichtig, daß wir noch ein drittes beachten. Wenn wir erkannt haben, daß der Glaube unter der Streßsituation leidet und ganz natürlich mit Gefühl zu tun haben kann, so ist es doch verkehrt zu sagen, daß er immer mit Gefühl zu tun haben muß. Es gibt Lebenslagen, in denen das Gefühl gar keine Rolle spielen darf. Denn Gefühle lassen uns nicht zur Gewißheit der Gotteskindschaft kommen. Sie erhalten sie uns auch nicht. Sie sind das genaue Gegenteil von etwas Bestimmtem und Gewissem. Es geht um das Zeugnis des Heiligen Geistes, und das ist nicht Gefühl, sondern Erkennen und Annehmen eines nüchternen Tatbestandes: Jesus Christus ist für mich und meine Schuld am Kreuz von Golgatha gestorben, deshalb kann ich ewig leben!

Ein Beispiel aus dem Leben verdeutlicht es. Da ist eine Frau. Als Oberstudienrätin wurde sie vorzeitig pensioniert. Von ihrer Arbeit an den Kindern ist sie enttäuscht. Sie brachte ihr keine menschliche Wärme ein. Sie wohnt nun mutterseelenallein in einer fremden Stadt; hat wenig Anschluß, kaum jemand kümmert sich um sie, nur wenige Menschen sprechen mit ihr. Sie kommt sich einsam und verlassen vor. So steht sie unter dem Eindruck, daß auch Gott sie verlassen habe. Dieses Gefühl kommt und geht.

Menschen, die unter solchen Anfechtungen zu leiden haben, bedürfen der Zusagen Gottes und der beständigen Fürbitte. Ihnen müssen wir bezeugen, daß der Glaube es mit göttlichen Tatsachen zu tun hat. Ungeachtet der Gefühle ist Gott dennoch da. »Wenn ich auch nichts fühle von deiner Macht, du bringst mich doch zum Ziele – auch durch die Nacht!« Gottes Verheißungen gelten, so zum Beispiel Jesu Zusage: »Siehe, ich bin bei euch alle Tage« (Matth. 28, 20), oder sein Versprechen: »Ich will dich nicht verlassen noch versäumen« (Hebr. 13, 5), oder »Niemand wird sie aus meiner Hand reißen« (Joh. 10, 28), oder Gottes Zusage: »Fürchte dich nicht, ich habe dich erlöst, ich habe dich bei deinem Namen gerufen, du bist mein. Denn so du durchs Wasser gehst, will ich bei dir sein, daß dich die Ströme nicht sollen ersäufen; und so du ins Feuer gehst, sollst du nicht brennen, und die Flamme soll dich nicht versengen. Denn ich bin der Herr, dein Gott, dein Heiland. Du bist wert vor meinen Augen, ich habe dich lieb, so fürchte dich denn nicht, denn ich bin bei dir« (Jes. 43, 1 ff.).

Diese Zusagen Gottes sind in solchen Krisenstunden Halt und fester Grund für den Glauben. Sie haben Gültigkeit, ohne daß man darauf warten muß, ob die Gefühle es bestätigen. Gottes Verheißungen sind nicht an Gefühle gebunden. Er löst sie auch ohne unser Fühlen ein. Wir wissen ja von manchen Fällen in unserem Leben, wie sehr Gefühle trügen können, wie schnell sie uns verlassen, wenn wir uns darauf verlassen. Die Krisis wendet sich zum Guten, wenn sich der Angefochtene dennoch an Gottes Zusage hält. Von der erwähnten Oberstudienrätin stammt das Zeugnis: »Wenn ich nicht wüßte, daß es trotz allem eine Freude gibt, die ganz unabhängig von Menschen ist, würde ich verzagen. Ich weiß, daß meine Freude wirklich sein kann, daß ich mich zu Gott halte und meine Zuversicht ganz auf ihn setze. Er weiß, wie es mir zumute ist, und denkt für mich viel weiter voraus. Dieses Wissen, daß Gott mich wirklich so lieb hat, daß er mich hält, daß er mich nicht verläßt, nimmt mir dann meine aufsteigende Resignation. So kann ich jetzt sogar manchmal danken, und dieses Danken macht mein Gemüt frei und mein Herz froh.«

Auf Gottes Wort ist Verlaß. Was er zusagt, hält er gewiß, und was er spricht, geschieht. Wenn Jesus daher dem zweifelnden Thomas sagte: »Glücklich zu preisen, die glauben, auch wenn sie nicht sehen« (Joh. 20, 29), so können wir den Satz mit einer kleinen Veränderung auch auf unser Gefühlsleben anwenden und sagen: Glücklich zu preisen sind, die glauben, auch wenn sie nichts fühlen. Sehen und Fühlen haben oft einen inneren Zusammenhang. Wir halten fest: *Wir wollen stets unser ganzes Vertrauen nicht auf unsere Gefühle, sondern auf Gottes Wort setzen,* dem man auch ohne Gefühle untrüglich vertrauen kann. Der Glaube ist nicht auf Gefühle und Empfindungen angewiesen, aber immer auf Gott. Er steht zu seinem Wort und hält uns dennoch fest, auch wenn wir nichts fühlen in diesem Augenblick. Die Erfahrung wird uns lehren, daß wer glaubt, gerettet ist.

Kapitel 13

Glaube auf dem Prüfstand

»Meine lieben Brüder, achtet es für eitel Freude, wenn ihr in mancherlei Anfechtungen fallet, und wisset, daß euer Glaube, wenn er rechtschaffen ist, Geduld wirkt. Die Geduld aber soll festbleiben bis ans Ende, auf daß ihr seid vollkommen und ganz und keinen Mangel habet. So aber jemand unter euch Weisheit mangelt, der bitte Gott, der da gibt einfältig jedermann und rücket's niemand auf, so wird sie ihm gegeben werden. Er bitte aber im Glauben und zweifle nicht; denn wer da zweifelt, der ist gleich wie die Meereswoge, die vom Winde getrieben und gewebt wird. Solcher Mensch denke nicht, daß er etwas von dem Herrn empfangen werde. Ein Zweifler ist unbeständig in allen seinen Wegen. – Selig ist der Mann, der die Anfechtung erduldet; denn nachdem er bewährt ist, wird er die Krone des Lebens empfangen, welche Gott verheißen hat denen, die ihn liebhaben« (Jak. 1, 2–8. 12).

Welchen Sinn haben Anfechtungen in meinem Leben? – Eine Frage, die immer wieder aktuell ist. Doch da sie nicht nur aktuell, sondern sehr existentiell ist, müssen wir sie hinterfragen. Dabei stoßen wir darauf, daß Anfechtungen, von denen die Bibel berichtet, verschiedenen Ursprung haben.

Da sind zuerst einmal die Versuchungen, die aus dem Dunkel kommen und den glaubenden Menschen ins Dunkel ziehen wollen. Wie ein Testament angefochten werden kann, so sucht der Feind, der Widersacher Gottes, unser Glaubensgut in Zweifel zu ziehen. Das Wort »Anfechtung« bringt das bereits zum Ausdruck: Es wird gegen uns gefochten; es wird uns etwas streitig gemacht. Das, wogegen sich die Anfechtung richtet, ist der Glaube. Es ist das Ziel der Anfechtung, ihn zu vernichten und uns damit von der Quelle des Lebens, von Gott, zu trennen. Das bedeutet Schaden für uns und durch uns für andere. Angefochtene Menschen sind mit ihrem Zweifel auch für andere Glaubende stets ein Risikofaktor,

Zum andern treten Prüfungen an uns heran, die jedoch aus dem Licht kommen und deren Sinn es ist, zum Licht zu führen. Sie haben eine positive Funktion. Wieder ist es unser Glaube, der auf die Probe gestellt wird, jedoch in diesem Fall von Gott. Versuchung spricht von einem feindlichen, wider Gott und unser Heil gerichteten Willen. Prüfung aber von dem sachlichen und gütigen, auf unser Heil konzentrierten Willen Gottes. Das Ziel ist in beiden Fällen unser Glaube und – das möchte ich betonen – dadurch auch unser Wille. Denn der Glaube schaltet den Willen nicht aus, er aktiviert ihn erst in rechter Weise.

Wie ist das nun zu begreifen, daß dem Glaubenden – denn zu ihm spricht Jakobus – das Gemeine, Sorgenvolle, ja alle Not Freude bereiten soll? »Achtet es für eitel Freude, wenn ihr in mancherlei Anfechtungen fallet.« Jakobus meint diese großen, aber auch kleinen, oftmals ganz verborgenen Vorgänge. Denn darin, da ganz real in unserem Tagesablauf, kann uns Freude bereitet werden durch Jesus Christus. Da ist die Stunde, der Augenblick, da unser Glaube herausgefordert wird. Da steht er auf dem Prüfstand, ist er in die Bewährung gestellt. Es geht dabei weniger um Bewahrung. Nun ist gefragt: Gilt es oder gilt es nicht, daß Jesus unser Herr und König ist, dem alle Macht gegeben ist im Himmel und auf Erden, daß wir unter seinem Schutz stehen, daß wir ihm rückhaltlos vertrauen? Und wenn es gilt – und es gilt ja –, dann brauchen wir jetzt nicht zu seufzen, sondern können es gelten lassen: Ich gehöre ganz meinem Gott! Er hält auch jetzt seine Hand über mich. Was kann mich scheiden von seiner Liebe und Hilfe? Das ist dann der aufkommende Widerstand, das ist die Bewährung, die wir in der Anfechtung leisten können und sollen.

Wer außerhalb der Lebensgemeinschaft mit Jesus steht, mag von Satan unbehelligt bleiben, denn er ist dessen Zwecken und Motiven ungefährlich. Aber dem an Jesus Glaubenden gilt der ganze Haß Satans. Und dieser findet seinen Niederschlag im Angefochtensein, was Kampf bedeutet. Der Glaubende soll zu Fall kommen. Weil der Glaube es ist, der angefochten wird, ist die Anfechtung der Beweis dafür, daß wir glauben, und der Satan unseren Glauben ernst nimmt. Schon das ist ein Grund zur Freude!

Die Verantwortung jedoch, die Entscheidung in der Anfechtung und über den Ausgang der Anfechtung liegt ganz bei uns. Jeder einzelne ist für sich verantwortlich – nicht Gott, nicht Satan, nicht der andere, nicht die Umstände, nicht die Verhältnisse. Jakobus sagt es unübertreffbar: »Niemand sage, wenn er versucht wird, daß er von Gott versucht werde. Gott gerät nicht in Gefahr, Böses zu tun und er selbst gefährdet niemanden. Die Gefahr, die dem Glauben droht, kommt aus dem eigenen Herzen jedes einzelnen. Die Lust ficht uns an. Danach, wenn die Lust empfangen hat, gebiert sie die Sünde« (Jak. 1, 12–15). Die Lust ködert uns wie eine Hure. Damit sagt Jakobus, was die ganze Bibel sagt: Wir haben zu wählen; wir haben die Entscheidung zwischen bös und gut zu treffen. Der Mensch kann zur Lust »ja« sagen, er kann aber auch »nein« sagen. Da liegt unsere Verantwortung. Alles kommt darauf an, daß wir – im Bild gesprochen – die Tür des Herzens mit festem Willen vor der anfechtenden Lust verschließen. Denn erst, wenn wir der anfechtenden Lust unseren Willen beigesellen, geschieht die furchtbare Empfängnis: die böse Tat. – Anfechtung an sich ist nicht böse. Erst unsere Reaktion, unser Verhalten in ihr entscheidet darüber.

Beispiele aus dem täglichen Leben zeigen, wie verschieden sich Menschen in Anfechtungen verhalten. Ein junger Mann verträgt das Biertrinken nicht. Es ist Freitagabend. Die Kollegen laden ihn zu einer Runde ein. Er müßte »nein« sagen. Aber um das Gesicht nicht zu verlieren, wie er das nennt, geht er mit – und er verliert das Gesicht erst recht, weil er nicht widerstehen kann.

Auch diese Gedanken werden Sie kennen: Es ging wieder etwas schief. Und nun die Reaktion: Andern gelingt alles, mir nichts. Was ich anpacke, geht schief. – Eins steigert sich schnell ins andere, wenn ich nicht dagegen angehe und zu analysieren beginne, warum es eigentlich schief gegangen ist. Tue ich das nicht, besteht gar kein Ansatzpunkt, meine Niederlagen aufzuarbeiten. Ich werde weiter auf dem absteigenden Weg mich in Anklagen verstricken: Womit habe ich das verdient? Warum straft mich Gott?...und wie diese Fragen alle heißen.

Es gilt zur Kenntnis zu nehmen, daß wir gegen das Aufsteigen der ersten diesbezüglichen Gedanken relativ machtlos sind. Aber ob wir einhaken und sie weiterspinnen, das hängt von unserer Entscheidung ab. Darum sagt Jakobus, es gibt noch eine andere Mög lichkeit, mit Anfechtungen fertig zu werden, als zu resignieren. Er weist uns darauf hin, daß die Bewährung Kraft gibt, mit immer größerer Festigkeit auf die Zukunft zu sehen. Aus dieser Festigkeit folgt ein Leben, das aufs Ganze geht. Es ist die Frage nach der Standhaftigkeit in der Krisis. Da zeigt es sich, ob wir die Bibel bezogen auf unser persönliches Leben lesen und studieren. Da zeigt es sich, was uns das Gespräch mit Gott bedeutet. Jetzt festbleiben, jetzt festhalten: Ich bin in Jesu Hand. Von allen Seiten umgibt er mich. Wenn ich auch gleich nichts fühle von seiner Macht, er bringt mich doch durch die Bedrängnis hindurch. Diese Erfahrung kann ich aber nur machen, wenn ich so lebe.

Das ist das allein richtige und von Gott gewollte Verhalten in der Anfechtung, denn es führt zum Sieg, und Sieg schenkt Freude. Es ist der Glaube, der Geduld wirkt, Geduld hier im Sinne von Tragkraft. Tragkraft meint Darunterbleiben – also von der Last, die mir auferlegt ist, nicht erdrückt werden, noch gegen sie aufbegehren, noch sie fliehen, sondern die Kraft haben, sie zu tragen und zu ertragen. Das denkende Vertrauen, der an Gott gebundene Wille ist es, der diese Kraft gewinnt; denn ohne Kampf kein Sieg.

Das Ziel der Anfechtung ist also die Bewährung des Glaubens in der Stunde der Zerreißprobe. Er soll in der Überwindung und im Widerstand erstarken. Er soll tragfähiger werden und näher in die Gemeinschaft mit Jesus führen. Diese Gewißheit gibt die innere Ruhe, Ausgeglichenheit, Geborgenheit, das Durchstehvermögen in Streßzeiten. Wenn wir so unseren Glauben auf dem Prüfstand sehen, als Bewährung, wird uns die Anfechtung Freude einbringen. Ja, sie bringt uns endlich den Sieg, den Gott denen verheißen hat, die als Bewährte aus der Anfechtung hervorgehen. Glücklich also der Mensch, der in der Anfechtung stark geblieben ist, denn sein Glaube hat den Sieg davongetragen!

Kapitel 14

In der Krisis

»Johannes hörte durch seine Jünger von all diesen Ereignissen. Er rief zwei von ihnen zu sich und schickte sie mit der Frage zum Herrn: Bist du der Retter, der kommen soll, oder müssen wir auf einen anderen warten? Die beiden kamen zu Jesus und sagten zu ihm: Der Täufer Johannes hat uns zu dir geschickt, um dich zu fragen: Bist du der Retter, der kommen soll, oder müssen wir auf einen anderen warten? Jesus heilte zu der Zeit gerade viele Leute von Krankheiten und schlimmen Leiden; er befreite Menschen von bösen Geistern und gab vielen Blinden das Augenlicht. Er antwortete den Boten des Johannes: Geht zurück zu Johannes und berichtet ihm, was ihr gesehen und gehört habt: Blinde sehen, Lahme gehen, Aussätzige werden gesund, Taube hören, Tote stehen auf, und den Armen wird die Gute Nachricht verkündet. Freuen darf sich jeder, der nicht an mir irre wird« (Luk. 7, 18–23).

Es gibt im Leben Situationen, die einen Menschen in die Enge treiben. Lebenslagen wie Krankheit, Einsamkeit, erfahrene Lieblosigkeit, Depressionen, Leid können dazu beitragen, daß einem das Leben über wird. Wer durch solch eine dunkle Tunnelstrecke muß, ist nicht davor gefeit, daß Zweifel sich seiner bemächtigen; Hader mit dem Schicksal beginnt im tiefsten Innern zu rumoren. Fragen wie: Warum ich? Wozu das Ganze? Warum nicht der andere? Warum so? Warum jetzt? brechen auf. Warum, warum fragt dann ein wundes Herz. Und über diesem Fragen und Grübeln wird es immer dunkler auf dem Lebensweg.

Es ist aber eine irrige Meinung zu denken: so kann es doch nur jemanden ergehen, der nicht an Gott und seinen Sohn Jesus Christus glaubt, der nicht wiedergeboren ist und nicht den Heiligen Geist hat.

Die Bibel lehrt und bezeugt etwas anderes. Sie sagt deutlich, daß auch der Glaubende, der richtig Glaubende, der auf Jesus Christus ganz radikal sein Vertrauen setzt, in Zweifel kommen kann. Ja, daß diese Zweifel oft an die Wurzel seiner Existenz gehen.

An einem Beispiel der Bibel möchte ich es deutlich machen. Es ist dabei mein Gebet, daß Sie, wenn Sie nun weiterlesen, spürbare Lebenshilfe erfahren.

Der Evangelist Lukas berichtet von Johannes dem Täufer (vgl. Luk. 7). Er ist ein Mann, der unter Gottes Führung steht, der gewaltig predigt, dessen Botschaft ankommt, der auf Jesus Christus als den Messias weist, der miterlebt, wie sich die Weissagungen des Alten Bundes erfüllen: Die Lahmen gehen, die Blinden sehen, die Aussätzigen werden rein, Tote werden auferweckt, von Dämonen Besessene werden befreit, Schuldbeladene von ihren Lasten erlöst, Zweifler erhalten Gewißheit.

Johannes der Täufer erlebt den gewaltigen Anbruch des Reiches Gottes auf dieser Erde im Kommen und Wirken Jesu. Er ist davon gepackt, im Innersten seines Herzens davon überzeugt, daß Jesus der Messias, der verheißene Heiland ist. So kann er mit Gewißheit sagen – auf Jesus weisend –: »Siehe, das ist Gottes Lamm, das der Welt Sünde trägt!« (Joh. 1, 29). Obwohl er sich gesandt weiß als Herold, als Botschafter dieses Jesus, und die Massen ihm erwartungsvoll am Jordan zulaufen, bekennt er demütig: »Ich bin nicht genug, ihm, Jesus, die Schuhriemen zu lösen. Er muß wachsen, ich aber muß abnehmen.« Johannes der Täufer, ein Mann, der mit beiden Beinen im Leben steht, der vollmächtig verkündigt, Unrecht ebenso Unrecht nennt, wie er das Heil als persönlich gekommen in Jesus predigt. Aber gerade dieser Freimut des Gepacktseins von Gottes Auftrag und des Hingezogenseins zur Verkündigung Jesu, die ja den gleichen Akzent setzt: denkt in euren Herzen um, ihr Menschen, damit Gottes Herrschaft in euch anbrechen kann – gerade dieser Freimut bringt Johannes ins Gefängnis. Er kritisiert öffentlich das ehebrecherische Leben des Königs Herodes. Als Folge davon wird er inhaftiert.

Da sitzt nun dieser vollmächtige Verkündiger Gottes in seinem Kerker. Stunde um Stunde, Tag für Tag, Woche für Woche. Er denkt nach. Über sich. Über Gott. Über seine Verkündigung. Über Jesus. Und wieder über sich. Seine Lebenslage. Seinen Botschafterdienst. Wieder über Jesus. Und kommt dabei an einen Punkt, wo er plötzlich nicht mehr weiter weiß. Fragen brechen auf, bestürmende, bedrückende, umtreibende Fragen. Ist Jesus wirklich der Messias, der Heiland der Welt? Ist er der, als den ich ihn angekündigt habe? Habe ich mich geirrt? Habe ich mein Vertrauen in einen Falschen investiert? Habe ich gefälschte Botschaft weitergegeben? Habe ich zu einem Verkehrten gerufen? Fragen über Fragen eines wunden Herzens. Bist du, der da kommen soll? Ganz handfester Zweifel an Jesus, als dem persönlichen Heiland. Ein Mann des Glaubens in der Krise. Es ist dunkel geworden in seinem Herzen. Wie soll sich diese Situation ändern?

Es wird uns nun der gangbare Weg gezeigt aus diesen Zweifeln heraus. Johannes diskutiert die Frage, ob Jesus der Heiland und Retter der Welt ist, nicht mit seinen Jüngern. Er stellt die Vertrauensfrage an Jesus. Zwar kann er selbst nicht persönlich zu Jesus hingehen – er ist ja gefangen –, aber er schickt zwei seiner Vertrauten mit seiner Frage: Bist du, der da kommen soll oder sollen wir eines anderen warten? zu Jesus. Er macht somit das einzig Richtige: Er kommt mit seinen Fragen indirekt zu Jesus.

Was bekommt er zu hören? »Und Jesus antwortete und sprach zu ihnen: »Gehet hin und verkündigt Johannes, was ihr gesehen und gehört habt: die Blinden sehen, die Lahmen gehen, die Aussätzigen werden rein, die Tauben hören, die Toten stehen auf, den Armen wird das Evangelium gepredigt, und selig ist, glücklich also oder gerettet, der sich nicht an mir ärgert, der nicht irre an mir wird!«

Da bekommt Johannes den Ball, um es einmal so profan auszudrücken, von Jesus zurück. Das ist nichts Neues für Johannes. Er hat es ja selbst miterlebt, wie die Blinden sehend wurden, im nächsten Dorf Lahme gesund, und wieder ein paar Orte weiter Aussätzige rein, ja, wie auf Jesu Wort hin Tote zum Leben kamen – aber er, Johannes selbst? Ist das denn eine Antwort auf seine Lebenslage? Warum wird er denn nicht befreit aus seinem Gefängnis? Das kann er nicht verstehen. Da steht er in Gefahr, an Jesus irre zu werden. Warum muß das alles überhaupt nur sein, dieses Gefangensein, diese Gebundenheit, in der er sich nun befindet? Warum gerade jetzt zu dieser Zeit, wo ganz andere Aufgaben auf ihn warten? Warum ist gerade er es? Warum fiel das Los nicht auf einen anderen? Warum dauert das alles so lange? Und warum wird es seinem Herzen so furchtbar bang? Warum greift er nicht ein? Warum, warum, so tönte es immerfort. Dabei erwartet er doch von Jesus das lösende Wort.

Warum ist die Frage nach den Zusammenhängen, wenn man die Ursache erforschen will. So kann die Frage *warum* notwendig werden, heilsam, weil sie Konsequenzen in sich trägt. Mit diesem *warum* stelle ich mich selbst in Frage. Die Frage ›warum‹, die ja oft an die Verzweiflung grenzt, kann, wenn sie mich zu Jesus führt, zu einem Reifungsprozeß werden, der mich im Glauben an ihn fester bindet und mich langsam begreifen läßt, was Jesus dann auch Johannes dem Täufer antwortet. Denn da kommt nun diese in die Tiefen gehende, den Johannes und sein Leben treffende Antwort: Selig ist, wer nicht irre an mir wird. Eine markante, entscheidende Antwort. Glücklich, glücklich, wer sich nicht an mir ärgert. Was heißt das? Mit einem persönlichen Erlebnis will ich versuchen, Ihnen darauf eine Antwort zu geben.

Es war Ende 1972, daß ich mit meinem Leben an einem Tiefpunkt angekommen war, wie ich ihn eigentlich bisher erst einmal, und zwar während meiner Studienzeit, erlebt habe. Nach einem überstandenen Herzinfarkt, einiger Zeit nach der Genesung, trat plötzlich eine 14tägige, totale Schlaflosigkeit ein. Das hatte zur Folge, daß mein Körper geschwächt und ich in meinem Glaubensleben angefochten war. Die Anfechtung wurde in der folgenden Zeit so massiv, daß ich vor der Frage stand, ob Jesus wirklich mein Herr und Heiland sei. Viele weitere Fragen bedrängten mein Herz. Allen voran die Frage: Warum? Auch das Wozu, auf das viele fromme Menschen mit ihren Antworten dann so vorschnell ausweichen, fand kein Echo in meinem Herzen. Ich konnte nicht mehr recht beten. Es war dunkel, stockfinstere Nacht in mir. Ich befand mich in dieser Zeit in einer Klinik. Gegen mein Widerstreben ging ich an einem der Adventssonntage doch in den Gottesdienst. In mein mit Hader, Schmerz, Fragen, Traurigkeit, Resignation, Leid erfülltes wundes Herz traf an diesem Morgen Jesu Wort: Gerettet bist du, wenn du dich nicht an mir ärgerst, wenn du nicht irre an mir wirst, auch wenn die Wege zur Zeit ganz anders verlaufen, als du es dir von Herzen wünschst, ja – ich will es einmal so nennen – auf den Knien erbettelst.

Unter dem Hören dieses Wortes brach die Krisis in meinem Leben an. Was würde sie bringen, das war die bedrängende, große Frage: Abenddämmerung oder Morgendämmerung? Dunkel oder Licht? Ich erwähnte schon, ich konnte selbst nicht mehr richtig beten, es war ein Betteln, ein Jammern. An diesem Morgen in der Kapelle kam ich mir unter den vielen Gottesdienstbesuchern vor, als spräche der Pastor nur zu mir. Er sagte mir, was ich alles wußte: daß Jesus hilft, daß er, der Retter, größer als alle Not ist, daß Jesus Wege allerwegen hat, daß Jesus treu ist, daß er mit uns ist auch im dunklen Tal, auch in der Tunnelstrecke, auch dann, wenn wir gerade nichts spüren von seiner Macht. Es waren alles Worte des Zuspruchs, des Vertrauens, des Trostes, Worte, die die Treue und Liebe Gottes groß machten und die alles in allem das sagen wollten: Verzweifle nicht, fürchte dich nicht, sei nicht bange, ich bin mit dir in allem, was du tun wirst. Doch dann kam der Schuß vor den Bug meines schwankenden Lebensbootes. Es waren diese Worte, damals gerichtet an Johannes den Täufer, die mich trafen. Glücklich ist, wer nicht irre wird an mir. Wer sich nicht an mir ärgert. Glücklich ist, wer nicht irre wird an mir in dieser Lebenslage.

Dann ging ich unter dem Eindruck dieser Worte auf mein Zimmer, setzte mich in meinen Sessel und schaute längere Zeit hinaus auf die Tannen im Park. Ich dachte nach. Ist das dein Jesus, der dir begegnet ist? Der bisher dein Leben geführt hat? Soll es wirklich wahr sein, daß er auch jetzt bei dir ist, daß er dich nicht verläßt, nicht im Stich läßt, daß du nicht zu Schanden wirst; daß er bei dir ist in deinem schwankenden Lebensboot, daß es nur den Anschein hat, als schlafe er; daß er trotz allem bei dir ist? Ich holte meine Bibel und schlug sie auf. Meine Blicke fielen auf das 12. Kapitel im 2. Korintherbrief; dort steht in Vers 9 das Wort, von Gott zu dem Apostel Paulus gesprochen: »Laß dir an meiner Gnade genügen; denn meine Kraft ist in den Schwachen mächtig. Darum will ich mich am allerliebsten rühmen meiner Schwachheit, auf daß die Kraft Christi bei mir wohne.« Ich las das ganze 12. Kapitel und ließ es auf mich wirken, dabei wurde es immer ruhiger in mir. Beim Nachdenken über meine Situation zog Frieden in mein Herz ein, und wenn ich schon »nachdenken« sage, dann war ich nicht weit entfernt vom Danken, zu dem ich noch an diesem Sonntag fand. Dank für die unaussprechliche Treue Gottes, die jeden Morgen neu da ist. Dank für das

Gehalten- und Getragensein gerade in diesen Stunden des schwankenden Glaubens. Dank für all die vielen Menschen in Süd und Nord, in Ost und West, die für mich in diesen Stunden und Tagen – da ich nicht mehr beten konnte – den Weg zu Jesus gegangen waren – und dessen bin ich gewiß –, heute noch gehen.

Morgendämmerung brach in meinem Leben an, es wurde Licht. Ich fand unter dem Wirken des Heiligen Geistes ein Ja zur Wegführung Gottes mit meinem Leben und erlebte, wie im Ja zum Willen Gottes die Kraft zum Überwinden liegt. Das heißt: zum Leben mit Konflikten, aber auch zur Meisterung von Problemen.

Ich bin von Herzen glücklich, daß Jesus mich gehalten hat, andere für mich beten und ich wieder danken kann. Ich weiß: Jesus führt mich! Gelernt habe ich weiterhin aus dem ganzen Erleben, daß man auf der Schattenseite des Lebens das Leben der Angefochtenen jeder Art besser begreift als auf der Sonnenseite. Die Gleichstellung mit ihnen, das sich in ihre Lebenslage Einfühlen, macht einen in seiner Verhaltensweise barmherziger. Noch ein weiteres möchte ich sagen. Mir ist klar geworden, daß die, die so ganz am Ende sind mit ihren eigenen Kräften, für Jesus gerade recht sind für einen neuen Anfang. Deshalb möchte ich Ihnen dieses Wort Gottes, das mir zur Hilfe wurde, in Ihre Lebenslage zusprechen: »Laß dir an meiner Gnade genügen; denn meine Kraft ist in den Schwachen mächtig«, und »glücklich ist, wer nicht irre an mir wird.« Diese Worte Jesu gelten auch Ihnen. So wünsche ich Ihnen von Herzen, daß Sie aus der Lage des Zweiflers in die des Vertrauenden kommen und mit dankbarem Herzen noch an diesem Tag sprechen können: »Mein Herr und mein Gott.«

Kapitel 15

Schuldbewältigung

Eine Frage, mit der viele Menschen in unseren Tagen nicht fertig werden, heißt: Was soll ich tun, wenn ich verzweifelt bin, wenn ich mit meiner Schuld nicht fertig werde?

Das Emnid-Institut sammelte Antworten in einer Meinungsumfrage. Das Ergebnis erschien in einem deutschen Magazin. 20 % der Befragten entschieden sich für aktives Denken und Handeln. Sie sagten zum Beispiel: Es gibt keine Situation, aus der man nicht herauskommen könnte. Immer klaren Kopf behalten; alle Kraft zusammennehmen; auf sich selbst konzentrieren. 17 % suchen Rat bei der Freundin, dem Freund oder der Mutter; einer weiß immer Bescheid. 13 % bemühen sich um Geduld: Kommt Zeit, kommt Rat. Abwarten! Ich lasse alles auf mich zukommen. Jede Nacht hat einen Morgen. 10 % suchen Zerstreuung; sehen sich einen Krimi an; betrinken sich; setzen sich ins Auto und treten aufs Gaspedal. 8 % weinen wie ein Schloßhund; gehen in den Wald. Unter Sonstiges war noch zu finden: Suche den Friedhof auf; renne wie ein Tiger im Käfig auf und ab; werde albern. – Soweit das Ergebnis der Meinungsumfrage.

Was soll aber geschehen, wenn man nicht mehr ein noch aus weiß; wenn man keinen klaren Kopf mehr behält; nicht mehr imstande ist, zu denken und zu handeln; keinen Menschen findet, der einen Rat zu geben weiß; der Alkohol und das Vergnügen die Situation nicht ändern; Weinen auch nicht mehr erleichtert? Ich weiß, daß dann viele Menschen nicht nur sagen: Ich kann nicht mehr –, sondern ihr Leben auch selbst beenden.

Es ist erschreckend, festzustellen, wie leer und unglücklich eine Vielzahl Menschen ist. Die täglich beim Evangeliums-Rundfunk eingehenden Briefe sind dafür ein erschütterndes Zeugnis. Die Ursache liegt in der großen Orientierungsnot unserer Tage. Verbindliche Maßstäbe fehlen, tatsächliche Werte sind rar geworden, wirkliche Wege, die zu gehen sinnvoll sind, gibt es für viele schon lange nicht mehr. An die Stelle der Freiheit ist eine Scheinfreiheit getreten. Man wird manipuliert. Es stimmt ja gar nicht, daß man machen kann, was man will. Denn der ist nicht frei, der machen kann, was er will, sondern der wollen kann, was er tun soll. Surrogate nehmen den Platz wirklicher, bleibender Freude ein. Geborgenheit sucht man zu ersetzen durch Wohlstand, und merkt oft zu spät den eiskalten, das Leben abwürgenden Hauch der Einsamkeit. An die Stelle des Friedens des Herzens sind das Jagen nach Glück, Drogen, Tabletten und der Fernsehalkoholismus getreten.

Alles in allem ein Teufelskreis, der den Menschen, der sich in ihm verstrickt, krank macht nach Leib, Seele und Geist. Keiner kann ihm aus eigener Kraft entfliehen. Alle Versuche der Eigeninitiative schlagen fehl, wie sie sich auch nennen mögen. So auch der gute Vorsatz, das Kompensieren, die Entschuldigung, aber auch das Verdrängen. Alles Wege, die keine Lösung bringen. Das Ergebnis sind vielmehr: Neurosen, also seelische Erkrankungen, und Psychosen, körperliche Erkrankungen. An dieser ganzen Trostlosigkeit offenbart sich, in der Konsequenz gesehen, die Absicht der gottwidrigen Macht des Durcheinanderbringers. Er will die Menschen in seinem Bann behalten, damit ihr Unglück besiegelt ist, nicht nur für diese Zeit, sondern auch für die Ewigkeit.

Die Wartesäle der Ärzte und Psychotherapeuten geben heute ein deutliches Beispiel, wie sehr die Menschen das Verlangen in sich tragen, nach innen und außen zu gesunden, sich auszusprechen, heil zu werden. Ein hoher Prozentsatz dieser Menschen, 60 % wie ein mir nahestehender Psychotherapeut sagt, gehöre eigentlich in die Behandlung eines Seelsorgers.

»In keiner Weise gilt es hier abzustreiten, daß die Erkenntnisse der Psychologie neue Anstöße und Hilfen gegeben haben, die Seele des Menschen zu verstehen und auch hilfreich zu beeinflussen. Auch die Seelsorge hat dadurch neue Impulse empfangen. Trotzdem ist es unbedingt notwendig, daß eine klare Grenzziehung zwischen Psychotherapie einerseits und Seelsorge und Beichte andererseits vorgenommen wird. Beichte und Seelsorge können nicht von der Psychologie her verstanden werden. Die Psychologie hat ihre Wurzeln in der systematischen Erforschung des Menschen in seinen verschiedenen Bezügen; die Wurzeln der Seelsorge und Beichte aber liegen in der Aufforderung Jesu Christi zum Bekenntnis der Sünden. In der Psychotherapie geht es um die Lösung, Milderung und Aufhellung von seelischen Verkrampfungen, um dadurch krankhafte Zustände des Körpers und der Verhaltensweise zu beheben. Dieses Ziel wird bei einem großen Teil der behandelten Patienten auch in befriedigender Weise erreicht. Damit ist aber noch keinesfalls das Anliegen der Beichte berührt. In der Beichte geht es nicht in erster Linie um die klinische Heilung krankhafter Seelenzustände, sondern um das Bekenntnis von Sünde und um die Weitergabe der durch Jesus Christus geschenkten Vergebung an den einzelnen Menschen.

Hier ist es nun nötig, die Unterscheidung von Schuld und Sünde herauszustellen. Schuld entsteht in dem Beziehungsverhältnis der Menschen untereinander. Zu den Fragen der Schuld kann die Psychotherapie helfende, klärende und lösende Hinweise geben, die den Patienten anweisen, mit der Vielschichtigkeit und Gegensätzlichkeit seines eigenen Wesens fertig zu werden und es zu akzeptieren, ohne einer Verkrampfung anheimzufallen und ohne Teilbereiche davon zu verdrängen. Sünde entsteht in dem Verhältnis des Menschen zu Gott. Und immer, wenn Schuld als Sünde erkannt worden ist – und Schuld gegenüber Menschen ist auch in den meisten Fällen Sünde vor Gott –, ist die Psychotherapie an ihrer Grenze angelangt. Denn da, wo es um Vergebung geht, sieht sich die Psychotherapie machtlos. Sünde kann nicht geheilt werden durch psychotherapeutische Methoden; Sünde ist lediglich dort aufgehoben, wo sie durch Jesus Christus gesühnt ist, wo diese geschehene Versöhnung durch Erkenntnis, Bekenntnis, Reue, Glaube und Dank in einem Menschenleben Wirklichkeit geworden ist.

Der Psychotherapie ist es möglich, und für diese Möglichkeit bin ich dankbar, die inneren Zusammenhänge zwischen seelischer Fehlhaltung, Schuld, Krankheit und Sünde aufzuhellen und dadurch den Menschen anzusprechen für die in Christus geschehene Vergebung der Sünden. Aber der Psychotherapie ist es nicht möglich, einen Weg zum Heil und zur Erlösung zu weisen. Eine solche Erlösung ist und bleibt immer eine Selbsterlösung durch Integration der eigenen Zwiespältigkeit und Gegensätzlichkeit. (Das gilt auch für die Grundansätze der Gruppendynamik!) Das ist nämlich gerade das, was die Verkündigung des Neuen Testaments als Betrug des Satans und als menschliche Überheblichkeit, ja als die eigentliche Sünde des Menschen verdammt. Es gibt nur eine einzige Lösung, und die ist geschehen in Jesus Christus. Diese Erlösung wird nicht angewandt in der Psychotherapie. Denn die Psychotherapie kann lösen, aber nicht erlösen; sie kann heilen, aber kein Heil schenken.

Doch gerade an diesem zentralen Problem von Schuld und Sünde samt deren vielfältigen Auswirkungen im täglichen Leben, angefangen bei der Rast-, Ruhe- und Friedlosigkeit des Herzens bis hin zur körperlichen und seelischen Krankheit – an diesem zentralen Problem setzt Gott mit seiner Gnade und Hilfe, mit seinem Heil ein. Er lädt ein: »Kommt her zu mir, die ihr müde seid und ermattet von übermäßiger Last; die ihr seufzt unter harten Geboten und unter der Last eurer Schuld. Aufatmen sollt ihr bei mir und frei sein« (Matth. 11, 28). An anderer Stelle bezeugt die Bibel: »Bekenne einer dem andern seine Sünden und betet füreinander, daß ihr gesund werdet. Das inständige Bitten eines Gerechten hat große Kraft« (Jak. 5, 16). Und Jesus sagt: »Ich sage euch die Wahrheit: Wen ihr auf Erden bindet, der wird auch in der Gotteswelt gebunden sein, und wen ihr auf Erden frei macht, der wird auch in der Welt Gottes frei sein. Und noch eines sage ich euch: Wenn zwei aus eurem Kreis auf der Erde irgendeine gemeinsame Bitte aussprechen, was auch immer der Wunsch sein mag, der sie bewegt, dann wird sie ihnen von meinem Vater, der in seiner himmlischen Welt herrscht, erfüllt werden; denn so zwei oder drei verbunden sind in meinem Namen und mich anrufen, da bin ich mitten unter ihnen« (Matth. 18, 18–20). Noch eine weitere eindeutige Wegweisung ist uns gegeben: »So wir sagen, wir haben keine Sünde, so verführen wir uns selbst, und die Wahrheit ist nicht in uns. So wir aber unsere Sünden bekennen, so ist er treu und gerecht, daß er uns die Sünden vergibt und reinigt uns von aller Untugend. So wir sagen, wir haben nicht gesündigt, so machen wir ihn zum Lügner, und sein Wort ist nicht in uns« (1. Joh. 1, 8–10).

Das ist konkrete Lebenshilfe, mit der Qual der Schuld, den Belastungen und Verirrungen des Alltags, den Komplexen, Verdrängungen, Neurosen und ungelösten Problemen des Lebens fertig zu werden; Konflikte zu bewältigen, bzw. die Spannung auszuhalten, in die wir oft hineingestellt sind. Es wird uns das geschenkt, was man heute auf einen kurzen Nenner gebracht Lebensbewältigung, bewältigte Vergangenheit nennt. Uns wird das Angebot des Lebens gemacht, heil, normal, entkrampft zu werden, innerlich zu gesunden.

Das Einzigartige dabei ist: Wir können uns als Leute Jesu dabei helfen. Wir können auf Gottes wegweisendes Wort hören, im Gebet zu ihm kommen, einander den Zuspruch der Vergebung sagen, einander segnen. Dieser Zuspruch der Vergebung kann im Glauben angenommen und damit real erfahren werden.

Folgende Beispiele zeigen das:

Ein Mann kommt in die Seelsorge. Er ist ein treues Gemeindeglied. Die Aussprache zeigt, daß er weder froh, noch recht frei und glücklich in der Nachfolge Jesu Christi ist. Im Laufe des Gesprächs kommt unvergebene Schuld ans Licht. Es handelt sich um eine Unterschlagung, von der über all die Jahre niemand Kenntnis bekommen hat. Nachdem endlich die Not ausgesprochen und vor Gott gebracht worden ist, und nachdem wir diese Sache an Ort und Stelle mit den Geschädigten besprochen und bereinigt haben, beginnt dieser Mann wieder frei und fröhlich seine Straße zu ziehen.

Ein andermal kommt ein Geschäftsmann und bekennt, daß er geheimen Groll in seinem Herzen gegen seinen Bruder habe. Es handelt sich um eine Erbschaftsangelegenheit. Wir besprechen die Sache. Uns wird klar, daß die Betroffenen auch miteinander reden müssen. Wir vereinbaren einen Treffpunkt. Nach einem kurzen Gebet, in dem wir um die Leitung des Heiligen Geistes bitten, kommen wir sofort auf die Angelegenheit zu sprechen. Wir finden einen Vergleich, der den einen versöhnt und dem andern den Frieden seines Herzens wieder einbringt.

Gewiß, wir wissen innerhalb der Gemeinde Jesu um den Willen Gottes, um Sünde, Erlösung, Gnade und Gebet, aber dieses Wissen ist weithin nur noch Wissen an der Oberfläche, ein Wissen ohne Tiefenwirkung. Es wird nicht umgesetzt in die gängige Münze des Alltags, in praktizierte Liebe. So wird auch selten die bedrängende Frage lebendig: Wie kommt mein Leben mit Gott in Ordnung? Wie werde ich gerettet von dem verderbenbringenden Weg, den ich eingeschlagen habe? Wie hört mein Umgetriebensein auf? Wie bekomme ich ein gutes Gewissen? Wie finde ich endlich Frieden, die

Ruhe meines Herzens und wirklich bleibende Freude? Vor allem: Wie wird mein Leben für Jesus Christus wieder ein Zeugnis?

Wenn Schuld und Sünde nicht mehr ernst genommen werden, werden auch die Vergebung und Versöhnung nicht mehr ernst genommen. Wenn aber die Versöhnung und Vergebung nicht mehr ernst genommen werden, geschieht auch keine echte Befreiung des Lebens mehr. Aufgrund dieses kausalen Zusammenhangs sind viele Nachfolger Jesu müde und beladen. Sie sind Reisenden mit Traglasten zu vergleichen, und zwar tragen sie unnützes Gepäck mit sich herum. Das hemmt sie im Vollzug der Nachfolge. Darum lädt Jesus ein: »Kommt doch zu mir; ich will euch die Last abnehmen. Ich quäle euch nicht und sehe auf keinen herab. Stellt euch unter meine Leitung und lernt von mir; dann findet euer Leben Erfüllung. Was ich anordne, ist gut für euch, und was ich euch zu tragen gebe, ist keine Last« (Matth. 11, 28). Dieses Angebot gilt es ganz nüchtern zu durchdenken. Was habe ich zu verlieren, was kann ich gewinnen?

Wie Gott zu seinem Angebot steht, zeigt folgende Begebenheit, die stellvertretend ist für viele ähnlicher Art. Es war mitten in der Nacht, so gegen 3 Uhr. Das Telefon läutete. Eine gequälte Stimme schrie um Hilfe. Verzweifelt kamen die Worte: »Ich muß sterben, wenn Sie mir nicht helfen.« Was war geschehen? Ein junger Mann hatte wieder einmal, wie so oft in der letzten Zeit, einen Trip unternommen und zu stark gespritzt. Die höhere Dosis war zuviel für seinen Körper. Er machte diesen Streß nicht mehr mit. Die Schmerzen wurden so arg, daß er sich wand und die Sinne ihm zu schwinden drohten. Man machte sich auf den Weg und suchte ihn in der Stadt. In einer Telefonzelle wurde er gefunden. Der nächste Weg führte ins Krankenhaus. Auf der Intensivstation wurde ihm erste Hilfe zuteil. Die nächsten Tage wurden mit seelsorgerlichen Besuchen ausgefüllt. Der junge Mann erkannte, daß sein Leben so nicht weitergehen konnte. Er wurde nach manchen Gesprächen aufgeschlossen für Jesus. Wieder aus dem Krankenhaus entlassen, wurde er weiterhin betreut und besucht. Durch seine Beschäftigung mit dem Neuen Testament, das man ihm geschenkt hatte, wurde er mit der Person Jesus Christus bekannt. Sie fesselte ihn. Ein Stärkerer kam über ihn. Ihm vertraute er sein Leben an. Alles Verpfuschte wurde Jesus im Gebet bekannt. Man spürte das Aufatmen, das diesem Bekenntnis folgte. Dieser junge Mann erlebte durch Jesu Hilfe, durch Wegweisung von Menschen, in seinem Leben reale Schuldbewältigung durch die Vergebung seiner Sünden. So fand er den Mut zu einem neuen Anfang seines Lebens.

Ein Mann lebte Jahre im Ehebruch, ohne daß seine Familie etwas davon merkte. Sein Doppelleben war so gekonnt, daß selbst die Gemeinde nichts davon erfuhr. Aber es kostete ihn viel Kraft nach Leib, Seele und Geist. Dieses Wissen, bewußt in Sünde zu leben und damit Schuld auf sich zu laden, machte ihn so fertig, daß er beschloß, seinen Beruf und seinen Wohnort zu wechseln – alles unter bestimmten Vorwänden. Als dieser innere Kampf auf seinem Höhepunkt war, erreichte ihn ein Brief, in dem ihm die Möglichkeit der Aussprache in Gottes Gegenwart angeboten wurde. Einer seiner Freunde hatte die Lage erkannt und diesen Weg unter Gebet vorbereitet. Gottes Stunde im Leben dieses Mannes war gekommen. Er war am Ende seiner Kraft und hatte nur noch das Verlangen, erlöst und von allen Lasten befreit zu werden. Ein schwerer Weg mußte gegangen werden, aber er ging ihn. Er bekannte seine Schuld Gott und auch seiner Frau, und beide vergaben ihm. Unter Handauflegung wurde ihm die Vergebung seiner Sünde gewiß. Er konnte sein Leben neu beginnen!

Dem bekennenden Aussprechen dessen, was einen belastet, kommt eine große Bedeutung zu. Die Sünden werden ans Licht gerückt, sie werden offenbar, und damit wird ihnen die verderbenbringende Macht genommen. Dieses Schwelen im Dunkeln bringt den Menschen nach Leib, Seele und Geist auf den Hund. Die Angst, einmal kommt doch alles heraus, macht auf die Dauer kraftlos, bzw. verhärtet das Herz und macht den Menschen bitter. »Denn da ich's wollte verschweigen, verschmachteten meine Gebeine durch mein täglich Heulen, denn deine Hand lag Tag und Nacht schwer auf mir. Da bekannte ich dir meine Sünde und verhehlte meine Missetat nicht. Ich sprach: Ich will dem Herrn meine Übertretungen bekennen. Da vergabst du mir die Missetat meiner Sünde« (Ps. 32, 3–5). Ich sprach: »Schaffe in mir, Gott, ein reines Herz und gib mir einen neuen, gewissen Geist. Verwirf mich nicht von deinem Angesicht; tröste mich wieder mit deiner Hilfe, laß den Jubel meines Heils mir wiederkehren, und mit einem freudigen Geist rüste mich aus« (Ps. 51, 12–14).

Die Erfahrung Davids, aus dessen Bekenntnissen diese Worte stammen, ist nicht einmalig. Immer wieder wird sie gemacht, auch in unseren Tagen. Deshalb wird, wo Angst und Not über die eigene Sünde groß geworden sind, zu Jesus gerufen, um bei ihm Befreiung von Sünde und Schuld zu bekommen und damit ein neues, sinnvolles Leben.

Mit dem Bekennen und Aussprechen der ganz persönlichen Schuld ist dem Streben nach eigener Gerechtigkeit, nach der eigenen sauberen Weste, ein Ende gesetzt. Der Widerstand gegen die Gnade, den Neubeginn des Lebens, ist gebrochen. Aussprechen ist Hilfe gegen die Verniedlichung der eigenen Übertretungen und damit der große Gegenschlag gegen die Sünde. Der Mensch gibt sich der angebotenen Gnade in Jesus Christus preis. Damit ist der Weg in die Gemeinschaft mit Gott offen. Denn Beichte geschieht immer vor ihm, ihm gegenüber ist alle Schuld geschehen. »Was ihr nicht getan habt einem unter diesen Geringsten, das habt ihr mir auch nicht getan« (Matth. 25, 45). Nun ist uns aber als barmherziges Angebot Gottes der an Jesus Christus Glaubende zur Seite gestellt, und wir können unsere Beichte vor Gott in der Gegenwart dieses Menschen ablegen. Es liegt die Frage nahe: Warum das? Darauf können wir antworten: Weil Jesus Christus es uns in seiner Liebe anbietet. Dadurch wird verhindert, daß wir die Sünde und Schuld vor uns selbst verharmlosen oder in Wirklichkeit gar nicht vor die heilige und richtende Gegenwart des allwissenden und allmächtigen Gottes treten, daß wir uns selbst etwas vormachen: Bekennen und doch nicht bekennen. Doch Beichte ist nicht Selbstgespräch. Sie ist Dialog mit Gott. Dieses Gespräch wird gesichert und erleichtert durch die hörende Gegenwart des an Jesus Christus Glaubenden.

Nun erhebt sich die Frage: Wer kann dieser Mithörende sein. Es ist die Frage nach dem Menschen mit dem priesterlichen Herzen, die Frage nach dem Menschen, der selbst die Erfahrung der eigenen Vergebung gemacht und die letzte, tiefste Selbsthingabe an Jesus vollzogen hat. Es ist die Frage nach dem Menschen, der selbst gebeichtet und sein Leben dadurch mit Gott hat in Ordnung bringen lassen. Denn dann lebt auch der Geist Gottes in ihm (Joh. 20, 22 f.). Vollmacht, zu lösen und im Namen Jesu zu vergeben, ist unauflöslich verbunden mit der Gabe des Heiligen Geistes. Jesus spricht: »Nehmet hin den Heiligen Geist! Welchen ihr die Sünden erlasset, denen sind sie erlassen, und welchen ihr die Sünden behaltet, denen sind sie behalten.«

Beichte will also barmherzige Hilfe sein für Menschen, die angefochten und umgetrieben sind, die rast-, ruhe- und friedlos sind. In der Beichte darf alles ausgesprochen werden, was bis in die tiefsten Tiefen hinein beschwert. Es soll jedoch nicht nur von sündigen Zuständen gesprochen werden, wie, ich kann nicht glauben, ich kann der Predigt nicht folgen, ich kann mich im Gebet nicht konzentrieren, sondern es soll geredet werden von den sündigen Taten, und zwar von den eigenen und nicht von denen anderer. Schuld, die vor Menschen bereinigt werden kann, ist nicht durch die Beichte von vornherein bereinigt, wenn sie vor Menschen nicht in Ordnung gebracht wird. Das gilt aber auch umgekehrt, denn alle Wiedergutmachung ist kein Ersatz für die Beichte. Das entspricht ganz der seelsorgerlichen Mahnung Jesu: »Ehe du zu Gott kommst mit deinen Anliegen, bereinige zuvor das, was zwischen dir und deinem Bruder zu bereinigen ist; dann aber komm und tritt vor Gott« (Matth. 5, 23 f.). Wenn die Beichte vor Gott geschieht, dann soll die eigene konkrete Sünde in aller Deutlichkeit und ohne Umschweife ausgesprochen werden in dem Wissen, persönlich dafür verantwortlich zu sein. Die Sünde soll bejaht werden als eine eigene Tat. Hat mit solch einer persönlichen Sünde noch ein anderer Mensch zu tun, dann soll von diesem anderen möglichst wenig geredet werden, und wenn es trotzdem nötig wird, kurz und sachlich. In der Beichte geht es immer nur um mich selbst, um meine Schuld und nicht um die eines anderen.

Sollten Sie nun denken, das hat mit meinem Leben alles nichts zu tun, dann ist die Besinnung auf die Zehn Gebote gewiß hilfreich. Sie bieten eine Hilfestellung zur Selbstprüfung. Aber auch noch andere Fragen der Selbstprüfung tragen dazu bei, psychische Hygiene zu treiben und damit zur Befreiung von Belastungen zu kommen, zu einem geheiligteren Leben mit Gott.

Das Ziel der Aussprache, der Beichte vor Gott in der Gegenwart eines an Jesus Christus glaubenden Menschen, ist die Absolution, der Zuspruch der Vergebung, der Freispruch. Es ist jenes Wort, das sich der Mensch selbst nicht sagen kann. Es ist das Wort der Vergebung, das ihm nur von außen zugesprochen werden kann, als Wirklichkeit und gegenwärtige Tat des barmherzigen Gottes. Auf dieses Wort hin kann man glauben, daß alle bekannte Sünde, weil sie von Jesus Christus am Kreuz von Golgatha gesühnt worden ist, auch wirklich vergeben ist und den begnadigten Sünder nicht mehr verklagen kann. Dadurch ist ein neuer Anfang gegeben, weil die Vergangenheit bereinigt und die Belastung des Herzens weggenommen ist. Die Bedingung, die von Gottes Seite gefordert ist, ist gegeben: Es ist das vergossene Blut Jesu. Die Voraussetzung von Seiten des Menschen ist das erschrockene Gewissen über die eigene Sünde, die tätige Reue und die Bereitschaft, den neu geschenkten Anfang zu verwirklichen. Wer dies bezeugt, dem wird nach Gottes Wort die Vergebung im Glauben zuteil. Absolution, als Zuspruch der Vergebung der Sünden, kann nicht nach den Gesetzen der Psychologie oder der Psychotherapie begriffen oder begründet werden. Es handelt sich um ein Wunder der Gnade Jesu, denn wirksam wird die vom Menschen im Namen Jesu zugesprochene Vergebung erst durch das Handeln Gottes in seiner Vollmacht und in seinem Erbarmen und in seiner Bestätigung durch die Kraft des Heiligen Geistes im Leben dessen, der die Vergebung für sich persönlich in Anspruch nimmt.

Die erfahrene Wirklichkeit der Vergebung bleibt nicht ohne Auswirkung. Gott beantwortet die Abkehr von der Selbstherrlichkeit und Selbstgerechtigkeit, von der Sünde und der Schuld und die völlige Übereignung des Lebens an ihn, mit der Gabe des Heiligen Geistes. Wer mit seinen Belastungen allein bleiben will, der bleibt allein, wer aber in Demut und Reue sich Gott zuwendet, der findet aufs neue den Zugang zur Leben spendenden Gemeinschaft mit Gott. Die erfahrene Vergebung weckt und stärkt die eigene Vergebungsbereitschaft, schenkt eine Entlastung des Gewissens und des Gemüts und gibt damit neue Widerstandskraft im Kampf gegen das Böse. Nun ist der Weg nach vorne frei, denn es gilt: »Ich vergesse, was dahinten ist, und strecke mich zu dem, das da vorne ist, und jage – nach dem vorgesteckten Ziel – nach dem Kleinod, welches vorhält die himmlische Berufung Gottes in Christo Jesu« (Phil. 3, 13 f.).

Wenn unvergebene Sünde und Schuld fertig machten, dann schenkt die Vergebung ein Freiwerden und Aufatmen, Freude und Frieden. Vergebene Sünde entbindet gebundene Kräfte zu neuem, lebendigem Wirken. Solches Wirken wird nun nicht mehr geschehen aus dem Bemühen heraus, selbst zu bestehen und sich selbst zu rechtfertigen, sondern es wird geschehen aus der inneren Demut, als freudiger Gehorsam des Glaubens dem neuen Gesetz der Freiheit und des Geistes gegenüber. Das Geschehen in der Beichte und der zugesprochenen Vergebung bedeutet oftmals den entscheidenden Wendepunkt zu einer freudigen, vollmächtigen Jesusnachfolge. Außerdem bleibt es eines der Geheimnisse der Gnade Gottes und seiner Liebe, daß unter solchem Geschehen immer wieder nicht nur die Seele gesundet, sondern Heil und Heilung für Leib, Seele und Geist gegeben werden.

Wer Beichte und Vergebung bisher nicht den rechten Stellenwert in seiner Jesusnachfolge zukommen ließ, ging damit eines barmherzigen Angebots Gottes verlustig. Doch wir haben die Beichte und die Vergebung zum Wachsen im Glauben und in der Heiligung nötig. »Denn so wir sagen, wir haben keine Sünde, so verführen wir uns selbst, und die Wahrheit ist nicht in uns« (1. Joh. 1, 8). Das Verschweigen muß bezahlt werden mit dem schweren und bitteren Preis der Leere, der Verkrampfung, der Frustration im Glauben. Neubelebung im Glauben beginnt immer dort, wo Menschen durch das Tor der Buße zur Freude eingehen. Darum Jesu Aufforderung: Denkt um! Ändert eure Gesinnung! Mit der Beichte wird uns von Gott eine gnadenvolle Möglichkeit gegeben, Stärkung, Trost, Vergebung, Heilung, Befreiung, Hoffnung, Freude zu haben. Nutzen Sie diese Möglichkeit!

Gelegentlich machte ich im Krankenhaus einen Seelsorgebesuch. Im Verlauf des Gesprächs las ich auch Worte aus dem Buch des Propheten Jesaja und betete mit dem Patienten. Im gleichen Zimmer lag ein Mann, der vor ein paar Tagen mit einer Überdosis Schlaftabletten sein Leben beenden wollte. Die Ärzte konnten im letzten Augenblick helfen. Während meines Besuches hatte es den Anschein, als schliefe dieser Mann. Doch später stellte sich heraus, daß er alles gehört hatte, was ich gesprochen hatte. Und er nahm es für sich persönlich an: »Fürwahr, er trug unsere Krankheit, unsere Schmerzen hat er auf sich genommen. Wir aber hielten ihn für den, der geplagt und von Gott geschlagen und gemartert wäre. Aber er ist um unserer Missetat willen verwundet und um unserer Sünde willen zerschlagen. Die Strafe liegt auf ihm, auf daß wir Frieden hätten, und durch seine Wunden sind wir geheilt. Wir gingen alle in der Irre wie Schafe, ein jeglicher sah auf seinen Weg; aber der Herr warf unser aller Sünde auf ihn« (Jes. 53, 4–6).

Nach ein paar Wochen besuchte mich dieser Mann. Im Gespräch kam manche Not und Schuld zutage, die dazu beigetragen hatten, Hand an sein eigenes Leben zu legen. Nun aber wollte er sein Leben Jesus anvertrauen. Im gemeinsamen Gebet geschah es dann auch. Mit schlichten Worten bat er Jesus um die Vergebung seiner Sünde; er sagte ihm, daß ihm sein bisheriges Fehlverhalten leid tue, er bereue es, und er wolle in Zukunft nach dem Willen Gottes leben. Jesus möge ihm dabei helfen. Ich konnte ihn segnen und ihm im Namen Jesu die Vergebung seiner Sünden zusprechen. Gott bestätigte die Zusagen Jesu an diesem Menschen. »So wir unsere Sünden bekennen, so ist er treu und gerecht, daß er uns die Sünden vergibt und reinigt uns von aller Untugend« (1. Joh. 1, 9). Es war ein beglückendes Erlebnis, die Befreiung von der Macht des Bösen im Leben dieses Menschen mitzuerleben.

Es ist etwas Großartiges, daß diese Befreiung uneingeschränkt allen zur Verfügung steht, die Jesus mit Ernst anrufen, um sich von ihm helfen zu lassen und ihm allein die Ehre zu geben. Schuldbewältigung gibt es nur bei Jesus.

Kapitel 16

Fragen zur persönlichen Gewissensforschung

»Herr, du weißt alle Dinge« (Joh. 21, 17).

Weise Leute unterziehen sich zu bestimmten Zeiten immer wieder einer gründlichen ärztlichen Generaluntersuchung. Sie lassen ihren Gesundheitszustand testen. Entsprechend dem Ergebnis werden Konsequenzen gezogen.

Als an Jesus Christus glaubende Menschen sollten wir uns auch einer anderen Untersuchung regelmäßig unterziehen: der Gewissenserforschung unseres geistlichen Lebens. Dazu wollen die folgenden Fragen, sie sind zum Teil verschiedenen »Beichtspiegeln« entnommen, anleiten. Gehen Sie dieselben langsam, nachdenklich und betend durch. Wenn sie dabei bestimmte Fragen ärgern, eilen sie nicht in Gedanken weiter; es könnte sein, daß gerade diese Fragen für Sie besonders wichtig sind. Wenn etwas weh tut, ist meistens auch ein Schaden da.

Wenn Sie sich diesen geistlichen Testfragen stellen, sollen Sie auf keinen Fall ungerecht gegen sich selbst werden. Wo Sie mit einem Ja antworten können, vermerken Sie es und sagen Sie Jesus Christus danke. Wo Sie jedoch mit einem Nein antworten müssen, sollten Sie das nicht unbezeichnet lassen. Bitten Sie Jesus Christus, daß er Sie in diesem Falle heiligt, Ihnen den Mut und die Kraft zur Beichte schenkt, damit Sie zum Aufatmen durch den Zuspruch der Vergebung im Namen Jesu kommen.

I

1. Spreche ich immer die Wahrheit?
2. Steht Gott bei mir an erster Stelle?
3. Lasse ich mich von Gott korrigieren?

4. Was tue ich überwiegend: Beten, loben, danken oder fluchen, schelten, jammern, meckern?
5. Ist mein Sonntag ein Tag der Sammlung oder der Zerstreuung?
6. Kenne ich noch Ehrfurcht meinen Eltern gegenüber?
7. Kümmere ich mich um andere, wenn sie in Not sind?
8. Welche Wege gehen die heimlichen Gedanken meines Herzens – saubere oder schmutzige?
9. Kann ich mich freuen mit den Fröhlichen – oder sitzt der Neid in meinem Herzen?
10. Geht eine gute Beeinflussung von meinen Worten und meinem Wesen aus – oder vergiftet meine Gegenwart stets die Atmosphäre?
11. Lasse ich mich bestimmen von dem, was in mir und um mich ist oder von dem, der mein Herr ist, Jesus Christus?

II.

1. Habe ich heute meine Zeit sinnvoll zugebracht?
2. Habe ich meine Gelegenheiten genutzt?
3. Habe ich meine Gedanken unter die Zucht des Heiligen Geistes gestellt?
4. War ich gesinnt, wie Jesus Christus auch war?
5. Verklagen mich keine meiner Worte?
6. Bin ich freundlich und zuvorkommend gegen alle Menschen?
7. Hüte ich meine Sinne, Augen und Ohren in besonderer Weise?
8. Gehen meine ersten und letzten Gedanken zu Jesus Christus?
9. Bin ich frei vom egoistischen Eigenwillen?
10. Steht bei mir Gottes Sache bei allen Entscheidungen an erster Stelle?
11. Reagiere ich auf den Anspruch des Geistes Gottes?

III

1. Weiß man in meiner Hausgemeinschaft, daß ich Jesus Christus nachfolge?
2. Schrecke ich durch mein Verhalten meine Mitmenschen ab, den Weg mit Jesus Christus zu gehen – oder ermutige ich sie dazu?

3. Bezeuge ich Jesus Christus in allen Lebenslagen, oder schäme ich mich seiner in bestimmten Situationen?
4. Bin ich morgens, wenn ich noch nicht hellwach bin, oder abends, wenn ich übermüdet bin, immer noch ein höflicher, dankbarer und froher Nachfolger Jesu Christi?
5. Spreche ich das Dankgebet zu Tisch, ob Gäste da sind oder nicht, zu Hause und im Restaurant?
6. Geht mir meine persönliche Gemeinschaft mit Gott und dazugehörend meine Andacht über alles?
7. Vermisse ich etwas, wenn es einmal am Tag nicht dazu kam, daß ich Zeit zum Gespräch mit Jesus Christus hatte?
8. Bin ich auf allen Gebieten meines Lebens ein aufrichtiger Haushalter der mir anvertrauten Gaben?

IV

1. Prüfe ich meine Worte, ehe ich sie ausspreche?
2. Weiß ich, daß auch die Gedanken nicht zollfrei sind?
3. Ist meine Phantasie rein?
4. Bin ich gegen übertriebenes Reden?
5. Stimmen Wort und Tat in meinem Leben überein?
6. Weiß ich, daß negative Kritik zersetzt, und hüte ich mich davor?
7. Bin ich gegen unfreundliche Worte?
8. Kann ich vergeben, auch wenn man mir Unrecht getan hat?
9. Arbeite ich gegen Eifersucht und Neid in meinem Leben?
10. Habe ich gesundes Selbstvertrauen?
11. Werde ich mit meiner Geschlechtlichkeit fertig?

V

1. Bin ich wirklich wiedergeboren?
2. Habe ich mich heute bewußt der Leitung Jesu Christi unterstellt?
3. Bin ich mir meines Heils gewiß?
4. Wachse ich im Glauben?
5. Lese ich täglich in der Bibel?
6. Führe ich ein regelmäßiges Gebetsleben?

7. Suche ich die Gemeinschaft mit an Jesus glaubenden Menschen?
8. Weiß ich, daß das wichtigste, das ich überhaupt zu tun vermag, die Anbetung ist?
9. Bin ich anderen Gläubigen gegenüber loyal und nehme ich sie gegen Angriffe in Schutz?
10. Bete ich für andere, denen ich Fürbitte versprochen habe?
11. Bin ich im Glauben gewachsen, so daß mir frühere Schwierigkeiten kein Problem mehr sind?
12. Bin ich wirklich froh und befreit, weil ich ein Kind Gottes bin?

VI

1. Gebe ich bei meiner Arbeit mein Bestes?
2. Bin ich bereit, im Team zu arbeiten?
3. Nehme ich anderen Arbeit ab, wenn ich es kann?
4. Vermag ich es, die zweite Geige zu spielen?
5. Freue ich mich aufrichtig, wenn andere gelobt werden für ihre Leistungen?
6. Kann ich es ertragen, wenn andere gelobt werden, obwohl ich die eigentliche Arbeit getan habe?
7. Setze ich mich auch ein, wenn das Ziel nicht vom Erfolg bestimmt ist, wenn es uneigennützig ist?

VII

1. Gebe ich mindestens den Zehnten von meinem Einkommen für Gottes Sache?
2. Gebe ich regelmäßig?
3. Gebe ich für Gottes Sache mehr als für meine ganz persönlichen Interessen?

VIII

1. Vermag ich heute, was ich vor fünf Jahren noch nicht fertig brachte?

Etwa:
> andere zu Jesus führen;
> mir zugefügtes Unrecht vergeben;
> Gottes Führung von meinen Wünschen unterscheiden;
> eine längere Zeit gesammelt beten;
> mich auf die Ewigkeit freuen?

2. Was meine ich, wenn ich an mein »Vorankommen« in der Zukunft denke?

> Ehre bei Menschen; besseres Einkommen, oder
> eine größere und tiefere Erfahrung des Glaubens,
> gewirkt aus der Leben schaffenden Gemeinschaft
> mit Gott durch Jesus Christus?

Gottes Heiliger Geist will es in Ihnen wirken – öffnen Sie sich ganz neu seinem schöpferischen Walten.

Hörerechos

auf die Sendereihe »Mit Streß leben«, die im Evangeliums-Rundfunk ausgestrahlt wurde.

»Zunächst einmal möchte ich mich bedanken für diese Sendung, die mir den richtigen Weg gezeigt hat, auf dem ich zum vollen Glauben an Jesus Christus komme.

Ich bin 22 Jahre alt und z. Z. *noch Soldat.* Durch eine Bekannte, die als Gemeindehelferin tätig und eine überzeugte Christin ist, habe ich vor zwei Monaten zum Glauben gefunden.

Ich habe Jesus Christus mein Leben übergeben, und er hat mich auch angenommen. Mein Leben war vorher so leer und trist, bis ich eben den Weg zu Gott fand. Obwohl mein Leben durch Jesus Christus sinnvoll und ausgefüllt ist, hatte ich noch immer in meinem Inneren Zweifel. Ich war in meinem Leben immer ein Einzelgänger, der Angst vor den Menschen hatte. Komplexe, Hemmungen, Angst vor der Einsamkeit, das waren alles Probleme ihrer Sendung und auch meine Probleme.

Die Bibel war vorher für mich ein Buch mit sieben Siegeln, jetzt verstehe ich die Bibel und ihre Zusammenhänge.

Ihre Sendung am 4. August hat mir erst die Augen geöffnet und mir gezeigt, wieviel Jesus für mich bereits getan hat. Ihre Sendung hat mir aber auch Kraft gegeben mit dem Motto: »Fürchte dich nicht!«

Bevor ich bekehrt wurde, war das Leben für mich ohne Sinn und ich hatte oft Selbstmordgedanken, weil ich innerlich ausgebrannt war. Depressionen waren bei mir an der Tagesordnung, und ich schrie meine Eltern oder meine Geschwister oft ohne Grund an.

Seitdem Jesus mich führt, bin ich innerlich ausgeglichen und freue mich des Lebens, trotzdem habe ich nicht wie früher Angst vor dem Tode, denn ich weiß, daß nur mein Körper stirbt und nicht meine Seele.

Weil mich ihre Sendung überzeugt hat, möchte ich Sie bitten, mir das Manuskript dieser Sendung zu übersenden.«

»Ich habe Ihren Sender vor gut zwei Monaten zufällig entdeckt und durch Ihre Sendungen zu einem lebendigen Glauben an Jesus Christus gefunden. Mein Leben hat erst durch IHN einen Sinn und ein Ziel bekommen. Ich bin von einer unbeschreiblichen Freude erfüllt! Was ich durch autogenes Training seit Monaten vergeblich zu erlangen suchte, hat Jesus Christus mir von einem Tag auf den anderen geschenkt. Er hat mich von meinen starken Minderwertigkeitskomplexen, lähmenden Erwartungsängsten, meiner Nervosität und sich laufend verstärkenden Depressionen befreit. Er hat mich aus meiner Ich-Bezogenheit gelöst und endlich frei für andere gemacht. Da ich früher sehr schüchtern war und Spott sehr fürchtete, kam es zu einem großen inneren Kampf, als ich erkannte, daß ich das, was mit mir geschehen war, unmöglich für mich behalten konnte, wenn ich ein wirklicher Christ sein möchte. Jesus Christus hat gesiegt: er gab mir Kraft und Mut! – Da alle meine Bekannten sofort merkten, daß ich mich verändert hatte, fehlte es mir gleich zu Anfang nicht an Gelegenheiten, zu verkünden, was ER vollbracht hat. – Ihre Sendungen mache ich – wo immer möglich – bekannt und bete täglich für Ihre Arbeit.«

Eine *Predigersfrau* schreibt: »Jesus hat Ihre Krankheit gebraucht, um Sie fähig zu machen, andern zu dienen, die auch unten durch müssen. Ich freue mich über das Zeugnishafte Ihrer Ansprachen und daß Sie es zu sagen wagen, daß der Gläubige nicht immer über allem steht, aber daß Gott ihm doch immer wieder das Licht leuchten läßt und er wieder den Durchblick bekommt. Mein Mann ist Prediger, wir haben vier Kinder zwischen 5 und 11 Jahren. Eines davon ist geistig und körperlich behindert. Also schon einiges, was man als Streß bezeichnen könnte. Aber alles muß dazu dienen, brauchbarer für Gott zu werden und sich immer rückhaltloser auf ihn zu verlassen.«

»Am Mittwoch hörte ich Ihre Sendung ›Mit Streß leben‹. Da haben Sie direkt für mich gesprochen. Wie Sie von sich gesagt haben, so war es mir an jenem Tag auch ergangen. Ich war am Ende und ganz verzagt und mutlos. Schon jahrelang bin ich *Gemeindeschwester*. Hier gibt es viele alte Leute, direkt ein ›zerstreutes Altersheim‹. Und da erlebe ich so mancherlei. Seit einem Vierteljahr scheint es mir gerade so zu sein, als käme ich durch allerlei Bosheiten unter die Räder. Dazu die rücksichtslosen Forderungen, die laufend an mich gestellt werden. Das alles hatte mich dazu gebracht zu denken: Wie soll das nur weitergehen? Es stellten sich Minderwertigkeitsgefühle ein. Und da hat der Herr mir durch Ihr Zugeständnis wieder Mut zugesprochen und den richtigen Weg gezeigt: Mich selber anzunehmen, denn der Herr Jesus Christus hat mich auch so angenommen, wie ich bin. Daraus kommt auch die Kraft, die andern wieder anzunehmen.«

»Soeben Ihren Vortrag ›Mit Streß leben‹ gehört. Alles goldrichtig und weithin selbst erlebt. Bin sehr dankbar. Genau mein Fall. Bin 82 Jahre – Leben im Altersheim. 100 Gelegenheiten zum Liebe üben: die besuchen, der etwas besorgen, für jene einen Brief schreiben, Knopf annähen. Von Ihren Worten waren mir am wichtigsten: ›Stille Zeit wichtiger als Leistung‹, ›Mehr Stille vor Gott als Arbeit für Gott‹, ›Verantwortungsvoll planen mit Einschluß der Freizeit‹, ›Ablehnen können‹. Da bleibe ich am Lernen.«

»Wie gut tut es«, schreibt ein *Sozialarbeiter,* »wenn Menschen einen verstehen. Ich kenne Sie nicht, habe aber Vertrauen zu Ihnen. Sie trafen genau ins Schwarze, als würden Sie mich kennen, als Sie davon sprachen, daß Gott kein Miesmacher ist, sondern will, daß wir uns freuen. Ich steh mir da oft selbst im Weg.«

Eine *Lehrerin* schreibt: »Nachdem ich Ihre Sendung über die Dankbarkeit gehört habe, konnte ich nur Gott um Verzeihung bitten für mein bisheriges gleichgültiges Leben. Ich will lernen, bewußter zu leben, denn Dankbarkeit vermehrt wirklich die Lebensfreude.«

Ein *Schüler* schreibt: »Sie haben mir neu deutlich gemacht, daß Gott für mich ist. Und ich kann das Meine dazu beitragen, das Leben besser zu bewältigen, wenn ich täglich in der Bibel lese und positive Gedanken in mein Denken aufnehme.«

Eine *Hausfrau* schrieb: »Voll Dank gegen Gott schreibe ich Ihnen gerade für die Sendung ›Grund der Freude – Grund zur Freude‹. Meiner lieben Mutter mußte vor vier Wochen das linke Bein amputiert werden. Für sie ist es unendlich schwer, Gottes Handeln anzunehmen und zu bejahen. Sie haben erneut ein Licht in unseren Herzen angezündet und uns in unserer Dunkelheit, in der wir uns befanden, Trost und Mut gespendet.«

»Ich stieß auf Ihre interessante Sendung während einer Autofahrt«, schreibt *eine Frau,* die den Evangeliums-Rundfunk bisher noch nicht kannte. »Leider konnte ich nur noch die letzten paar Minuten dieser Sendung hören. Das bißchen, das ich aber noch mithörte, sprach mich als Mensch sehr an, besonders daß mich Gott auch liebt, wenn ich nicht so gut bin wie ein klügerer. Wir Menschen suchen doch immer nach Liebe und Geborgenheit, und so oft hört man nur: Gott wird dich strafen, aber selten: Er hat dich sehr lieb.«

»Als *Diplom-Volkswirt* weiß ich, was Streß für fatale Auswirkungen haben kann. Ihr offenes Wort, die Beispiele aus Ihrem persönlichen Leben, das Zugeständnis, daß dem Glaubenden nicht alles gelingt – das alles hat mir geholfen. Vor allem fand ich es toll, daß Sie darauf aufmerksam machten, daß ich Gott nie lästig werde, daß er immer Zeit für mich hat. Das ließ mich direkt aufatmen.«

»Ihre Ermutigung, mich nach dem Ausräumen der Schuld ganz neu Jesus Christus zuzuwenden und mich ihm ganz bewußt auszuliefern, hat mir entscheidend zu einem neuen Anfang verholfen. Ohne diesen Ihren Zuspruch hätte ich meine Angst wohl nicht überwinden können, daß bei künftigen ähnlichen schwierigen Situationen mein Glaube wieder nicht ausreichen könnte.

»Gott hat Sie in seine Leidensschule genommen, daß Sie andere in ihrem Leiden besser verstehen, trösten und ihnen weiterhelfen können. So hat Ihr Leiden, wenn Sie zurückblicken, doch einen Sinn.«

»Ihre Sendungen ›Mit Streß leben‹ haben mir in ganz besonderer Weise geholfen. Ich schreibe an Sie, um Ihnen für Ihre offenen, klaren Worte zu danken, die mir eine konkrete Hilfe bedeuten. Durch ›Zufall‹ schaltete ich ihre Sendung ein – es war die dritte Folge – und war hellwach. Das, was Sie sagten, war offensichtlich eine Antwort Jesu auf meine Verzagtheit und Ratlosigkeit. Ich bin neben Hausfrau und Mutter noch als Lehrerin in einer Hauptschule tätig. Ich brauche Ihnen wahrscheinlich nicht zu erklären, daß nicht viel Raum zur Stille mit Gott blieb. Durch Ihre Sendung bekam ich den Anstoß, vor Gott völlig ehrlich zu sein und wieder mit ihm zu sprechen. Ich möchte lernen, täglich konkret Führung von Gott zu erwarten.«

Leserechos

»Mit einem Heißhunger geradezu habe ich Ihr Buch ›Mit Streß leben‹ durch-betet, so muß ich schon sagen. Beim Kapitel 5: ›Verwende Liebe verschwenderisch‹ habe ich kapituliert. In den Kapiteln 13 und 14 war ich dann wieder ›in‹. Das Wort Liebe kann ich nicht verkraften . . .«

»Ihr Buch ›Mit Streß leben‹ ist ein Glaubensbuch, in dessen Tiefe ich je mehr je weiter beim Lesen und Betrachten eindringe. Vor allem lerne ich die Bibel erst richtig kennen und *leben,* wonach meine ganze Sehnsucht geht.«

Ich ärgere mich über Mitarbeiter, die mir früher, als ich öfter unter Alkohol stand, im Grunde egal waren. Der Ärger nimmt mich so gefangen, daß ich nicht schlafen kann. In dem Buch »Mit Streß leben« steht: »Nicht die mich ärgernde Person bekommt das Magengeschwür, den erhöhten Blutdruck, sondern ich selbst bin der Leidtragende. In Anfeindungen und Anfechtungen gelassen bleiben!« Assoziationen zum Gelassenheitsspruch der AA ergeben sich da. Jesus blieb gelassen. »Liebe deinen Nächsten wie dich selbst«, sagte er (Matth. 19,19).

»Bitte grüßen Sie Herrn Pfr. Kurt Scherer dankbar von mir. Ich kenne ihn nicht, doch habe ich sein Buch ›Mit Streß leben‹ mit ganz großem Gewinn gelesen und auf Weihnachten vielfach weitergeschenkt.«

Wie wird man seine Bitterkeit los?

Vergebung

von
Kurt Scherer

Pb., 132 S.,
Nr. 55 373

Vergeltung und Vergebung sind das zentrale Problem im menschlichen Miteinander. Wie viele Menschen tragen eine tiefsitzende Bitterkeit mit sich herum, die sie an einer unbefangenen und offenen Gemeinschaft mit anderen hindert!
Pastor Kurt Scherer, Leiter der Seelsorge-Abteilung des ERF, leitet dazu an, sich dem heilenden Einfluß des Wortes Gottes zu öffnen. Das führt zum Frieden mit Gott – und mit Menschen, denen man bisher etwas nachgetragen hat. In der Bereitschaft zur Vergebung liegt das Geheimnis eines frohen Christseins.

**Leseprobe aus »Vergebung – das zentrale Problem«
von Kurt Scherer**

Umgang mit der Bitterkeit

Die Brief- und Telefonseelsorge beim Evangeliums-Rundfunk zeigt, daß viele Christen trotz Wiedergeburt und Innewohnung des Heiligen Geistes immer noch innerlich leiden. Unsere Bibel- und Seelsorgefreizeiten bestätigen das: Es gibt viele Verletzungen, offene Wunden im seelisch-geistlichen Bereich, die ihre Auswirkungen auch im körperlichen zeigen.

So ist z. B. Bitterkeit, ob sie nun offen oder versteckt zutage tritt, außerordentlich häufig anzutreffen. Gerade auch junge Menschen leiden darunter. Meistens haben sie im Elternhaus wenig Liebe empfangen, wurden zu hart angefaßt, fast alles wurde ihnen verboten. Sie konnten nicht recht erwachsen werden, weil ihnen die Abnabelung vom Elternhaus nicht gelang. Beim Erwachsenen sind oft schwere Wegführungen und Enttäuschungen die Ursache. Er wird bitter gegen Menschen und gegen Gott. Gegen Gott, weil er kein Ja findet zu dem Weg, den er geführt wird; gegen Menschen, weil er nicht annehmen und verarbeiten will, was andere ihm zugefügt haben. So isoliert er sich mehr und mehr. Er schluckt alles in sich hinein, statt im seelsorgerlichen Gespräch sein Herz vor Gott auszuschütten. Die Bitterkeit wirkt als ein Leib, Seele und Geist zerstörendes Gift. Gerade davor warnt Gottes Wort: »Sehet darauf, daß nicht jemand Gottes Gnade versäume; nicht etwa eine bittere Wurzel aufwachse und Unfrieden anrichte.«

I. Solche Bitterkeit ist nicht nach Gottes Willen. Gott will Offenheit statt Verschlossenheit, Überwindung statt Verdrängung, Versöhnung statt Haß, Vergebung statt Aggression. Denn Bitterkeit hemmt die Verbindung mit Gott und öffnet das Herz dem Einfluß des Bösen. Sie hindert somit ein gesundes Wachstum des Glaubens.

1. Trotz der bedrängenden inneren Nöte fällt es dem Menschen schwer, die Wurzel der Bitterkeit aus seinem Herzen

zu reißen und wegzuwerfen. Das kann verschiedene Gründe haben:

- Der Mensch hat die Zusammenhänge, die zur Bitterkeit geführt haben, noch nicht erkannt. Oft hängt dies mit mangelnder Bereitschaft, sich selbst gegenüber aufrichtig zu sein, zusammen.
- Der Mensch bemüht sich, scheinbar gewichtige Gründe anzuführen, warum er seine Bitterkeit nicht aufgeben, warum er dem anderen nicht vergeben könne.
- Der Mensch scheut die harte Arbeit an sich selbst, wenn es darum geht, unter dem Einfluß des Heiligen Geistes die Vergangenheit aufzuarbeiten.
- Dem Menschen fehlt die Bereitschaft, sich verändern zu lassen und damit die Waffe – denn oft ist Bitterkeit eine heimliche, ja unheimliche Waffe – aus den Händen zu geben, also ganz auf Gottes Gnade angewiesen zu sein.

2. Damit bekommen wir auch Antwort auf die Frage: Was macht innere Heilung notwendig? Das Wunde, das Kranke, der Verborgene.

Oft meinen die Betroffenen im Hinblick auf ihre unangenehmen Erinnerungen: »Aus den Augen, aus dem Sinn!« Doch mit dieser Meinung ist es so ähnlich, als würden wir allerhand alte Sachen in einer Abstellkammer aufbewahren. Wenn wir die Tür schließen, sehen wir das Gerümpel zwar nicht mehr, doch sobald wir sie einmal öffnen, weil wir noch mehr Gerümpel dazustellen wollen, kommt uns das ganze alte Zeug entgegen. Ähnlich ist es mit dem verdrängten Innenleben. Wir mögen die alten, unangenehmen Dinge wie Ängste, Groll, Ärger, Neid, Bitterkeit, Enttäuschungen, Schuld im letzten Winkel unserer Seele verstauen und nun glauben, sie würden uns nicht mehr belästigen, doch tief in unserem Unterbewußtsein sind sie vorhanden und werden fortwährend auf unser Gefühl einwirken und Einfluß auf das nehmen, was wir tun oder nicht tun. So verdrängte Ängste und Aggressionen können gerade in dem Augenblick wieder aus dem Unterbewußten hervorbrechen, wenn wir es am wenigsten erwarten.

Viele gehen durchs Leben und kämpfen fortwährend gegen

dieses Unterbewußte. Sie haben ihre Mühe, es zu verdrängen. Gedanken wie »wenn doch bloß . . .« oder »was wäre gewesen, wenn . . .« rauben ihnen die Kraft und bedrängen sie. »Ach, wäre doch . . .« Gott verspricht uns in seinem Wort, uns vor diesen negativen Einflüssen, dieser zerstörenden Einstellung zum Leben freizumachen.

Furchtsame und enttäuschte Menschen trinken riesige Mengen Alkohol, schlucken massenweise Beruhigungs- und Schlaftabletten, um dadurch mit ihren Seelenwunden, der Vergangenheit und Gegenwart fertig zu werden. Millionen Mark werden deshalb für Ärzte, Psychologen, Psychiater und Medikamente ausgegeben – und wie wenig Hilfe bringt es!

Um Mißverständnisse zu vermeiden, betone ich ausdrücklich, daß ich dankbar bin für die Erkenntnisse der Medizin und Psychologie. Doch Ärzte behandeln, Gott heilt! Psychotherapie kann Verwirrungen in der Persönlichkeitsstuktur eines Menschen lösen, aber keine Erlösung in der Schuldverflochtenheit geben. Zu oft behandeln eben Medizin und Psychologie nur Symptome, doch Jesus will die Wurzel, die Ursache heilen.

3. Deshalb muß das Verborgene des Herzens – in unserem Beispiel die Bitterkeit – offenbar gemacht werden. Jesus will durch den Heiligen Geist die Zusammenhänge erhellen. In der Regel verbirgt nämlich der Mensch die tieferen Ursachen unbegreiflicherweise vor sich selbst. Er macht sie bewußt vergessen, weil er »weiß«, daß eine solche Haltung, solche Reaktion oder krankhaftes Verhalten nicht in Ordnung ist. Jeder möchte aber vor sich und anderen in Ordnung sein. Darum verdrängt man das Unangenehme, versteckt es in seinem Innern, schafft es aus seinem Bewußtsein weg. Das tut der Betroffene so gründlich, daß er ohne fremde Hilfe nicht in der Lage ist, die damit entstandenen Schwierigkeiten zu beheben. Auf der anderen Seite melden sich aber die verdrängten und im Herzen versteckten Ereignisse deutlich zu Wort, und zwar als unnormales, unangebrachtes Verhalten, als körperliche Schmerzen und Krankheit, als Unfähigkeit, Gott uneingeschränkt zu vertrauen und den Glauben zuversichtlich, siegreich zu praktizieren.

Kurt Scherer
Im Alter geborgen
Pb., 260 S., 12 Abb., Nr. 56 554,
DM 22,80, ISBN 3-7751-0865-3

Interviews bekannter christlicher Persönlichkeiten, die den Segen des Alters bezeugen: Schriftstellerin Elisabeth Dreisbach, Schwester Berta Isselmann, Pastor Heinrich Kemmner, Dr. Adolf Köberle, Prof. Dr. Hans Rohrbach u. v.

Kurt Scherer
». . . wenn's hoch kommt, so sind's 80 Jahre . . .«
Pb., 210 S., 12 Abb., Nr. 56 513,
DM 21,80, ISBN 3-7751-0865-3

Senior sein – Sackgasse oder Segen? Kurt Scherer hat bekannte christliche Persönlichkeiten im ERF interviewt. Männer und Frauen bezeugen hier, wie stark die Hoffnung des Glaubens sie im Alter trägt und diese Zeit bewußt gestalten läßt.

Kurt Scherer
Die Sprechstunde
Pb., 220 S., Nr. 71 276, DM 24,80
ISBN 3-7751-1116-6

In unserer immer komplexer werdenden Welt wächst das Bedürfnis nach persönlicher Lebensberatung. Bei Kurt Scherer wird sie praktiziert. Ein hilfreiches Buch für Betroffene und Beratende.

Bitte fragen Sie in Ihrer Buchhandlung nach diesen Büchern!
Oder schreiben Sie an den Hänssler-Verlag, Postfach 12 20,
D-7303 Neuhausen-Stuttgart.

Kurt Scherer
Mein Gott, mein Gott, warum?
Tb., 160 S., Nr. 70 409, DM 8,80
ISBN 3-7751-0380-5

Sie ist uralt und doch ewig neu, diese Frage nach dem Warum des Leidens. – Leidgeprüfte Menschen geben Lebens- und Glaubenshilfe weiter, die sie selbst erfahren haben. Das aus der Seelsorge heraus entstandene Buch bietet keine leichtfertigen Patentrezepte, wohl aber mutmachenden Zuspruch.

Kurt Scherer
Zu seiner Zeit
Tb., 112 S., Nr. 70 091, DM 6,80
ISBN 3-7751-0147-0

Ermutigende Worte zum Tage, die aus der Fülle des Wortes Gottes und reicher seelsorgerlicher Erfahrungen schöpfen. Der Leser lernt dadurch mit Konflikten zu leben und Schwierigkeiten zu bewältigen. Denn »zu SEINER Zeit« wird Gott handeln.

Kurt Scherer
. . . aber weil du da bist!
Pb., 100 S., Nr. 71 252, DM 12,80
ISBN 3-7751-0980-3

Den zwölf Aussagen dieses Buches liegt jeweils ein Wort Gottes zugrunde, das mit einem »Aber« beginnt. Dieses »Aber« des Glaubens wird in seinen verschiedenen Aussagen buchstabiert. »Aber weil du da bist« ist deshalb eine mit Zeugnissen durchsetzte Ermutigung zu einem vertrauenden Leben mit Gott.

Bitte fragen Sie in Ihrer Buchhandlung nach diesen Büchern!
Oder schreiben Sie an den Hänssler-Verlag, Postfach 12 20, D-7303 Neuhausen-Stuttgart.